外汇改革实践点滴论
（2019）

北京市国际金融学会　编

中国金融出版社

责任编辑：王雪珂
责任校对：孙　蕊
责任印制：陈晓川

图书在版编目（CIP）数据

外汇改革实践点滴论（2019）/北京市国际金融学会编．—北京：中国金融出版社，2019.6

ISBN 978 - 7 - 5220 - 0093 - 0

Ⅰ.①外…　Ⅱ.①北…　Ⅲ.①外汇管理—经济体制改革—研究—中国—2019　Ⅳ.①F822.2

中国版本图书馆 CIP 数据核字（2019）第 087772 号

外汇改革实践点滴论（2019）

Waihui Gaige Shijian Diandilun（2019）

出版
发行　中国金融出版社

社址　北京市丰台区益泽路 2 号
市场开发部　（010）63266347，63805472，63439533（传真）
网上书店　http://www.chinafph.com
　　　　　（010）63286832，63365686（传真）
读者服务部　（010）66070833，62568380
邮编　100071
经销　新华书店
印刷　保利达印务有限公司
尺寸　169 毫米 × 239 毫米
印张　15.5
字数　282 千
版次　2019 年 6 月第 1 版
印次　2019 年 6 月第 1 次印刷
定价　59.00 元
ISBN 978 - 7 - 5220 - 0093 - 0
如出现印装错误本社负责调换　联系电话（010）63263947

目　录

一、跨境人民币业务及汇率风险

二、展业三原则

三、美联储加息

一、跨境人民币业务及汇率风险

美国缩表对人民币汇率风险控制的影响

大连银行总行资产管理部　赵明阳①

为应对 2008 年金融危机，美联储采取大幅度降息和四轮量化宽松货币政策（QE），为市场注入了充足的流动性，但在促进经济恢复的同时也导致其资产负债表急剧扩张。随着美国经济企稳回升，美联储也着手退出量化宽松政策，回归正常货币政策。2017 年 9 月 21 日，美联储议息会议宣布从当年 10 月开始按计划缩减资产负债表规模。2018 年 3 月，美国联邦公开市场委员会（FOMC）声明缩表规模将在 4 月扩大。本文将分析美联储缩表行为对我国人民币汇率、对外贸易及外汇储备估值的影响，给出政策建议，借此主动把握缩表带来的机遇与风险。

一、美联储缩表的原因分析

（一）历史上美联储六次缩表情况

本轮缩表前，历史上美联储曾进行过 6 次缩表。

1. 1920—1921 年缩表

第一次世界大战结束后，美国出现恶性通胀，美联储即开始以收缩票据贴现和短期贷款为手段的缩表进程。由于缩表手段过于激烈，此次缩表导致工业生产总指数下降 25%，农业生产总指数下降 11.4%，失业率最高达到 23.1%。但缩表结束后，美国迎来经济飞速发展的"柯立芝繁荣"期。

2. 1929—1931 年缩表

1929 年股市崩盘后，市场悲观情绪迅速蔓延至银行系统。资产价格的迅速崩溃使市场贴现融资需求大大降低，美联储票据贴现与短期贷款规模快速下跌，进而导致了资产规模的被动收缩。

3. 1947—1951 年缩表

此次缩表是美联储为解决第二次世界大战形成的巨额财政赤字而主动缩减国债规模。缩表当期，美国 GDP 增速由前一年的 4.10% 跌至 0.50%，CPI 则由正转负，经济过热情况得到缓解。

---

①　赵明阳，经济学硕士，大连银行总行资产管理部。

4. 1957—1965 年缩表

战后的扩张性财政货币政策使美国的投资过剩。为控制较大的国债规模和通胀压力，美联储采取缩表，减少黄金持有量，导致当期经济增速从 6.9% 跌至 2.6%，形成较大冲击。

5. 1978—1979 年缩表

这时期美国经济出现低增长、高通胀的"滞胀"现象。美联储通过控制货币数量抑制恶性通胀，减少短期国债持有规模进行缩表，同时多次实行加息政策。

6. 2000—2001 年缩表

在互联网泡沫破裂后，美联储减少了短期国债的购买，回购协议项目持有规模显著下降，资产规模整体减少 9%。

表1　　　　　　　　　　　　　美国历史上六次缩表基本情况

时间	背景	主要缩表方式	性质	经济表现
1920—1921 年	第一次世界大战结束	票据贴现与短期贷款减持	主动	经济增速急剧下降 经济形势转为通货紧缩
1929—1931 年	经济大萧条	票据贴现与短期贷款减持	被动	陷入长期严重衰退
1947—1951 年	第二次世界大战结束 战争融资停滞	长期国债减持	主动	经济高速增长 通货膨胀水平低
1957—1965 年	布雷顿森林体系瓦解前	黄金减持	被动	美国经济增速 3 年后开始恢复
1978—1979 年	石油危机	短期国债减持	主动	严重滞胀
2000—2001 年	互联网泡沫破裂	回购协议减持	主动	经济增速低 通货膨胀处于合理水平

数据来源：美联储经济数据。

（二）美联储资产负债表构成

四轮量化宽松货币政策导致美联储资产负债表迅速扩张。美联储总资产自 2007 年 8 月的 0.87 万亿美元上升至最高时的 4.5 万亿美元，是金融危机前的 5 倍，总资产占 GDP 比重从 6% 上升到 24%。以 2018 年 10 月 24 日美联储公布数据为例，在美联储资产负债表中，由证券、外汇和其他资产构成资产端；负债端由联邦储备券、逆回购、准备金、其他负债和基本金构成。从资产结构上看，美联储所持有的证券总规模为 3.974 万亿美元，占全部资产的 95.23%。其中，国债规模为 2.294 万亿美元，占比 54.97%；抵押支持债券（MBS）规模为 1.677 万亿美元，占比 40.19%。迅速膨胀的国债和 MBS 是实施量化宽松货币政策累积的资产，也是缩表的主要对象。

（三）本次缩表原因分析

随着美国经济的复苏，庞大的资产负债表将阻碍美联储货币政策的正常化，并可能导致经济出现过热等风险，需要通过缩表来消除潜在风险。

1. 缩表有利于美联储货币政策正常化

庞大的资产负债表已完全改变了美联储货币政策框架。金融危机之前，由于准备金规模大约在 200 亿～500 亿美元，美联储通过公开市场操作，可以有效调节隔夜拆借利率。金融危机之后，准备金规模迅速扩大，公开市场操作无法有效调节隔夜拆借利率。对此，美联储创立了新的政策操作工具，即通过支付超额准备金利息和实施隔夜逆回购操作对隔夜拆借利率进行上下限管理，引导利率走势，并防止隔夜拆借利率跌到零。

但该操作本身并不稳定，实践中经常出现隔夜拆借利率低于存款准备金利率的现象。主要原因：一是由于美联储支付的准备金利息并不针对所有金融机构，故部分金融机构愿意以低于准备金利率的价格拆出隔夜资金；二是受杠杆或资本比率等监管指标和银行存款保险制度的影响，部分机构无法或不愿进行套利，即当拆借利率低于准备金利率时，机构无法通过借入资金后存入美联储进行套利。此外，美联储逆回购操作降低了金融机构持有风险资产的意愿，导致信用紧缩。因此，美联储当前货币政策操作不具有长期性，需要回归正常化，而缩表有利于加快货币政策回归正常化。

2. 缩表有利于防范通货膨胀水平的意外升高和经济过热

金融危机前，美联储主要通过货币发行来调节货币供给，年均货币发行增速低于 GDP 增速。货币乘数方面，M1 平均为年 GDP 的 2.53 倍，M2 为 8.85 倍。金融危机期间，美国货币乘数快速下降，M1 的乘数下降到 1 以内，M2 的乘数下降到 4 以内。对此，美联储加大了货币发行量以补充流动性，年均货币发行增速约为 GDP 增速的两倍。由于金融机构不愿意持有风险资产，而是将资金以超额准备金的方式存到美联储，因此多发的货币没有对 CPI 形成压力。当前，美国经济已稳步复苏，流动性充裕，如果美国企业投资意愿增强，大量的超额准备金进入实体经济，使货币乘数上升，可能导致通胀水平意外攀升。

金融危机期间，美联储买入大量的长期国债有效压低了长期利率。较低的长期利率有利于促进民间投资、改善就业、减轻财政负担和推动经济复苏；但经济复苏之后，过低的长期利率将导致经济过热，扭曲金融市场的运行机制，并可能催生资产泡沫。尽管美联储可以通过加息来抑制经济过热，但过去几轮加息均出现了"格林斯潘之谜"，即美联储加息对提升短端利率有效，对长端利率推升作用有限。如果此轮加息不能有效传导至长端，过低的长期利率或将导致经济过热。

3. 相对于加息，缩表本身有诸多优点

首先，美联储在量化宽松期间购买了大量优质金融资产，缩表操作方式就是向市场释放优质金融资产，同时回收投机性资金，这样有助于增强金融市场的稳定性。其次，通过释放含有财政赤字约束的国债资产，收紧美元的流动性，将有助于降低美元的投机属性，重塑美元的全球信誉。最后，通过释放优质金融资产，不仅可以吸引全球资本回流美国，刺激美国经济增长，也可以缓解全球"资产荒"的困境。

二、美联储缩表过程分析

（一）美联储缩表计划安排

自 2017 年 10 月正式启动缩表，美联储的缩表计划应为：

第一步，2017 年国债缩减 180 亿美元，MBS 缩减 120 亿美元；

第二步，2018 年国债缩减 2 520 亿美元，MBS 缩减 1 680 亿美元，合计 4 200亿美元，资产规模将缩减至 4.1 万亿美元；

第三步，2019 年国债缩减 3 600 亿美元，MBS 缩减 2 400 亿美元，合计 6 000亿美元，资产规模将缩减至 3.5 万亿美元；

第四步，2020 年国债缩减 3 600 亿美元，MBS 缩减 2 400 亿美元，合计 6 000亿美元，资产规模将缩减至 2.9 万亿美元。

（二）2018 年美联储缩表进度分析

在公布缩表计划后，美联储的资产规模确实在逐步降低。但是截至 2018 年 11 月，美联储缩表进程落后于计划，对国债和 MBS 的减持分别相对于计划滞后 209 亿美元、345.6 亿美元，累计实际减持占计划的 90.6%、76.6%。

这符合美联储"快加息＋慢缩表"的货币政策正常化组合。2017 年世界各国经济同步复苏，2018 年在税改刺激下，企业生产和雇佣都在稳健甚至强劲扩张，美国失业率屡创新低，时薪增速稳步上升，同时居民消费也受税改提振，形成"需求和盈利增长—扩大招工—时薪上涨—收入增加—消费上行—通胀升温"的正向链条。这为美联储加息提供了支撑，2017 年初至今已加息 6 次，2018 年 7 月美国核心 PCE 物价指数四年来首次突破 2% 的通胀目标。在此情况下，美联储或有意放慢缩表速度以配合加息节奏，避免市场利率过快上行对经济增长构成威胁。

缩表不及计划的另一重要原因在于，相比于 2009 年至 2015 年的低利率时期，近两年美国按揭利率上升明显加快，导致抵押贷款还款速度放慢，MBS 的减持因而被动降速。

万亿美元

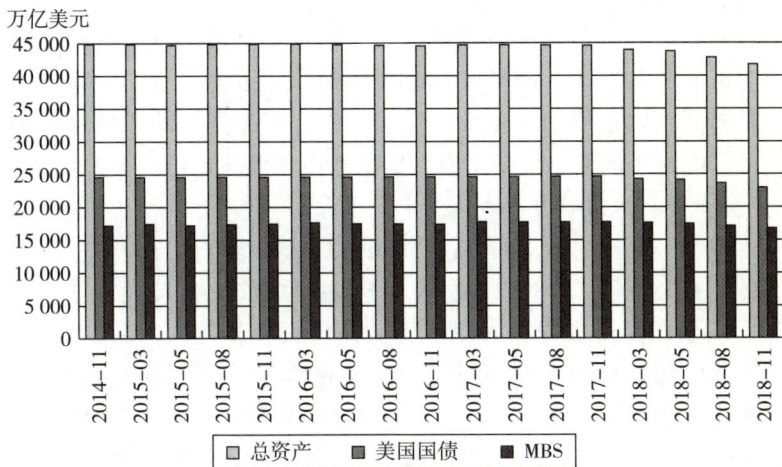

数据来源：美联储经济数据。

图1　美联储资产规模变化

三、美联储缩表对人民币汇率产生的影响

（一）加剧中长期资本流出

"8·11汇改"以来，中国外汇储备规模不断下降，已经由4万亿美元下降至约3万亿美元。2016年，中国资本流出规模约为7 250亿美元。2017年以来，资本流出压力有所缓解，但依然维持净流出趋势。虽然外汇储备在2017年增加了1 417亿美元，然而，2017年中资美元债融资总额高达3 139亿美元，因此净储备水平是趋于下降的。一旦美联储启动缩表，不仅是短期资本，中长期资本也可能会加速流出。资本流出将产生两方面的影响：一是以中长期投资为目的的资本流出会对实体经济造成负面影响；二是导致外汇储备进一步降低，影响国内金融稳定。

（二）人民币将持续面临贬值压力

自2015年12月16日美联储宣布加息后，人民币贬值压力持续加大。2017年9月21日美联储宣布缩表开始，人民币兑美元汇率中间价整体呈现贬值趋势，由658.67上升至高点664.93，随后降至654.12。虽然2017年以来在人民银行的多次干预下，人民币汇率基本维持稳定，然而由于当前美国已进入加息周期，人民币贬值压力依然较大。一旦开启缩表，美元将继续升值，会进一步加大人民币贬值压力，给外汇储备管理和国内经济结构调整带来更大挑战。

（三）中性货币政策或难以维系

考虑到资本流出以及人民币贬值可能给国内金融稳定造成冲击，人民银行将不得不采取略微紧缩性的货币政策进行应对，甚至可能被动加息，以缩小中美利差，减轻资本流出和人民币贬值压力。而紧缩货币则意味着企业融资成本上升，同时也会加大房地产市场泡沫破裂的风险。因此，货币政策将面临更为严峻的两难局面：如果不紧缩货币，资本流出和汇率压力难以缓解；而一旦紧缩货币，又可能给经济稳定带来压力，房地产市场风险也可能加大。

（四）金融市场风险将趋于加大

2014年9月以来，为了降低汇率压力，央行不断采用中期借贷便利（MLF）、抵押补充贷款（PSL）等新型结构性货币政策工具代替降准，使当前MLF和PSL的余额变得极为庞大，单笔操作规模越来越大，期限也越来越长，央行每次公开市场操作都会给市场造成一定的影响。在美联储缩表的背景下，如果资本继续流出，国内流动性将进一步趋紧，MLF和PSL的余额将继续增大，市场流动性的波动性也将继续加大，届时有可能会出现更多机构违约和债券违约的事件。国内的影子银行系统也将遭受冲击，甚至可能酿成系统性风险。另外，如果人民币继续贬值，外债偿付难度也会增加，外债风险也将加大。

四、为防范人民币汇率风险，我国应采取的措施

本次美联储缩表主要是其自身资产负债表的调整，意在缩减过多的超额准备金并恢复至原有货币政策操作框架。缩表行为将在一定程度上收紧全球美元的流动性，抬高全球资金成本，推升美元汇率，产生溢出效应，加大人民币贬值和我国资本流出的压力，增加我国货币政策的操作难度，并会对我国实体经济带来不利影响。因此，本文建议应高度关注美联储缩表动向，并从以下几个方面着手，强化人民汇率风险防控能力，维护我国金融安全。

（一）积极落实去产能政策，促进经济结构调整

美联储缩表可能给中国资本流动、人民币汇率等方面带来冲击，看似是外部冲击，实则还是内部经济问题。必须要坚决落实去产能政策，促使资金流向新兴产业，珍惜扩张性宏观经济政策所换来的时间，尽快实现经济增长动能的转换和经济的触底回升。只要中国的经济实现稳步复苏，货币政策与美国同步进入加息周期，人民币也将重新进入升值趋势，资本也将恢复流入，届时美联储缩表对中国的影响也将逐渐减小。

同时，继续积极推动实体经济健康稳定增长，提升跨境贸易和投资的便利化水平，增强投资者对中国经济和资本市场的信心，吸引更多海外资金来华投资；减少国内企业在"走出去"过程中的非理性行为，缓解资本外流的压力。

（二）积极调整我国外汇储备结构

鉴于美联储已同时进入加息和缩表的进程，美元资产近几年内可能依然处于强势地位。因此，应积极调整外汇储备的结构，提高美元资产的配置比例。

同时，考虑到缩表会导致未来美国中长期债券供给上升，价格将会下跌，因此应适当减持中长期美国国债和其他长期债券，并增持短期美国国债，以确保外汇储备的保值增值。

（三）深化汇率形成机制改革

不断增强汇率的灵活性与弹性，提高汇率政策的规则性、透明性，加强对市场预期的引导，保持人民币汇率在合理均衡水平下的基本稳定，不断淡化对美元的关联度；完善跨境资本流动的预警和响应机制，丰富跨境资本流动的宏观审慎管理框架工具，维护境内外资金的合理流动，防范跨境资本流动风险的交叉传染。

（四）积极防范金融市场风险

人民银行应该进一步加大金融市场去杠杆的力度，防范市场出现大规模违约事件，抑制房地产泡沫，防止出现区域性和系统性金融风险；寻找合适时机替换新型结构性货币政策工具，为后续流动性调控增强灵活性；做好政策储备应对汇率风险，积极研究托宾税等抑制短期资本流动的政策工具，加强"一委一行两会"间的政策协调，强化宏观审慎管理，有效防止资本流动风险的跨市场传染，确保不出现系统性风险。

（五）继续实施稳健中性的货币政策

将央行资产负债表规模保持在合理范围内，维护流动性基本稳定和中性适度；加强金融监管协作，平稳有序地推进金融去杠杆进程，合理引导市场利率，抑制资产价格泡沫，防范系统性金融风险，维护国家金融安全。

（六）进一步强化"一带一路"倡议

应加大我国在国际贸易投资中人民币支付和清算的比重，降低美国货币政策、美元流动性等变化对我国经济和金融市场的不利影响。一方面，帮助沿线国家发展经济的同时，实现产能输出，强化贸易顺差，减少货币外流。另一方面，逐步实现人民币国际化，减小对美元的依赖。

在岸离岸人民币汇率浮动的基础研究

中国建设银行北京市分行　李昀阳

一、导论

2004 年 2 月 24 日，中国香港特区的银行正式开始办理人民币业务，包括兑换、存款、汇款及信用卡业务等，开启了离岸人民币市场的发展篇章。2009 年 4 月 8 日，国务院常务会议在几个主要试点城市（上海、广州、深圳、珠海和东莞等）开展跨境贸易人民币结算，对离岸市场提出了更高要求，加速了人民币离岸市场的发展，拉开了人民币国际化的序幕。2010 年 6 月，中国人民银行宣布重启由于 2008 年金融危机冻结的汇率制度，重新应用有管理的浮动汇率制度，进一步推进了人民币汇率形成机制改革。随后在系列政策支持下，离岸人民币市场得以迅速发展。2015 年 8 月，中国人民银行完善了人民币兑美元汇率中间价报价机制，每日人民币兑美元中间价在更大程度上参考前日收盘价，推动了人民币汇率形成机制的市场化进程，汇率弹性增强并开始呈现出升贬交替、波幅加宽的双向浮动。2015 年 12 月，国际货币基金组织在审核了人民币在各国外汇储备中占比、外汇现货市场及衍生品市场交易量等条件后，正式对外宣布人民币将于 2016 年 10 月纳入特别提款权（SDR），所占权重为 10.92%，人民币国际化进程迈出关键一步。近年来，习近平总书记提出"一带一路"重大合作倡议后，各金融机构积极加快了海外机构的布局拓展和产品创新优化，"走出去"和"引进来"并重，拓展国际融资业务，同时利用境内外业务发展平台将跨境人民币业务深入渗透至经常项目及资本项目等各业务领域，既支持了"一带一路"倡议，也使人民币国际化水平大幅提升，人民币汇率市场化形成机制得到有力推动。

随着人民币国际化进程的迅速发展和人民币汇率形成机制的市场化程度不断提高，人民币离岸市场也得以逐步地成熟与完善。然而，我国人民币离岸市场是在国内尚未完成金融改革，资本项目也没有完全开放的情况下产生，这种跨越式的发展轨迹带来了非常大的系统性风险。具体地，离岸市场的建立和发展虽然为资本账户开放提供了缓冲的时间和试错的空间，可在各方力量的角逐中，一旦离岸市场无法与在岸市场协同发展，在岸离岸人民币汇率大幅波动并出现明显汇差，将引发跨境套利等系列问题，对金融稳定形成巨大冲击。因此，对人民币在岸与离岸汇率浮动情况及汇率传导机制的研究具有重要意义，其研究结果对于中国人民银行汇率政策的制定以及推动"一带一路"建设具有一定的参考价值。

二、在岸离岸人民币汇率定义及内涵

在岸人民币（CNY）市场即传统的境内市场，发展时间长、规模大，但在岸市场的金融机构从事金融活动须受到中国人民银行的管制与干预。在岸人民币汇率就是中国大陆的人民币即期汇率，由中国人民银行授权中国外汇交易中心公布。由于在岸市场受到央行的管制较多，因而在岸人民币汇率也是一个受管控的汇率，受央行的政策影响较大。

离岸人民币（CNH）市场是在中国境外从事人民币存贷款业务的金融活动的市场，发展时间短，规模较小，它是一个不受管制的自由交易的国际金融市场。近年来，自香港形成人民币离岸市场之后，伦敦和新加坡等也陆续开始建立人民币离岸市场（但香港仍是最重要的人民币离岸市场，人民币离岸市场的业务占比高达 70%）。随着人民币离岸市场的发展壮大，越来越多的人民币交易在离岸市场上完成，形成了离岸人民币汇率。

三、在岸离岸人民币汇率浮动情况浅析

目前境外在汇率价格形成机制以及汇率传递方面的研究已经较为成熟，但对同一货币两种价格间的关系研究仍处于发展阶段。近年来，人民币在岸和离岸价格的差异作为一种特殊现象正逐渐受到诸多国内学者的重视。

（一）在岸离岸人民币浮动趋势分析

为了研究人民币在岸市场和离岸市场汇率的浮动情况，本文选取了样本区间为 2012 年 5 月 2 日至 2017 年 12 月 26 日的美元对人民币日交易收盘价数据（除去因节假日数据缺失和交易日变量间不匹配的数据），数据来源为 Wind 数据库。图 1 表示在岸人民币汇率和离岸人民币汇率 2012 年至 2017 年的基本浮动情况。

根据图 1 我们不难发现，在岸离岸人民币汇率的浮动趋势整体相同，但汇率间一直存有价差且价差波动明显。

值得注意的是，在 2014 年以前，人民币兑美元汇率总体上处于不断上升态势，而从 2014 年中旬开始出现贬值现象。2015 年 8 月，央行宣布完善人民币兑美元汇率中间价报价机制，在很大程度上参考前日收盘价，导致在岸和离岸市场人民币骤然大幅贬值，自此在岸离岸人民币汇率浮动的弹性显著增强，呈现升贬交替、波幅加宽的双向浮动。

图 1　在岸离岸人民币汇率浮动图

（二）在岸离岸人民币浮动的影响因素分析

在岸离岸人民币市场的参与主体、价格形成机制、交易规模以及金融管制等方面都存在较大的差异，但表现出的汇率浮动趋势却基本相同。而在大体趋势相同的情况下，二者的价差却处于频繁浮动中，在岸离岸人民币汇率的这种浮动现象引发了业界和学术界人士的深入研究。

目前已形成共识的是：在岸离岸人民币汇率价差的存在及不断浮动主要是由于我国资本账户尚未完全开放，在岸人民币市场和离岸人民币市场是两个不完全统一的市场，在岸人民币市场发展的时间长、交易量较大、受央行的政策影响也较大，不能充分反映市场对人民币的供求情况；而离岸人民币市场建立的时间较短、交易量较小，受市场的影响较多，更能充分反映人民币的供求情况。除上述影响因素外，陈珂和王萌（2017）在对以往境内外人民币汇率价差的研究情况进行梳理的基础上，针对目前在岸离岸人民币汇率双向浮动的背景，选择了比以往所有研究更长的数据时间轴，利用向量自回归（VAR）模型量化解释了各影响因素对汇率价差的影响程度，得到与前人研究相似的发现：在岸与离岸人民币利率之差是影响汇率价差的重要因素之一，利差的增加将使在岸与离岸人民币汇率价差增加；同时，在岸与离岸人民币汇率价差会自动收敛，周期大约为 3～5 个月。

明确了在岸离岸人民币汇率浮动的影响因素后，当已知的影响要素发生变化，两种汇率将如何随之发生浮动无疑是在岸离岸市场有效性情况的重要反映。吴建涛（2009）选取 2001 年 1 月至 2009 年 2 月区间内在岸离岸人民币的日汇率数据，以及人民币 1 月期远期汇率和对应的未来即期汇率的日数据，发现 2005 年的汇改提升了人民币汇率市场的有效性。盛斌等（2010）同样针对 2005 年汇改前后的汇率市场进行了研究，运用近似熵分析法得出汇改使人民币对日元和欧元间汇率市场的有效性下降，而人民币对美元间汇率市场的有效性在增强的结论。严佳佳和张鑫然（2017）针对人民币加入 SDR 事件，以 USD/CNY 和 USD/CNH 即期汇率为研究对象，从异常收益率检验、汇率浮动性检验等方面研究发现：离岸人民币汇率市场对加入 SDR 的反应比在岸人民币汇率市场更加敏捷和充分，而且恢复较快，在更长的时间区间内离岸人民币汇率的浮动性依然大于在岸人民币汇率，表明离岸人民币汇率市场的有效性更高。阮华和宣文俊（2016）对 2015 年汇改前后的数据进行实证分析发现，报价机制改革后在岸人民币汇率市场化程度显著提高，在岸离岸市场价差浮动幅度比之前剧烈但汇差有所减少，说明汇改对于汇率市场化进程是有一定成效的。

由此可见，不同的计量和分析方法得出的在岸离岸人民币汇率市场有效性的结论虽然不尽一致，但总体上离岸市场的浮动程度依旧大于在岸市场，离岸人民币汇率浮动情况更加及时、准确反映了人民币的供需变化以及市场影响因素的变化。当前我国面临着在实现汇率市场化、人民币国际化的同时将风险抑制在可控水平的巨大挑战，离岸市场为我国在岸人民币汇率政策的改革提供了宝贵借鉴。

（三）在岸离岸人民币汇率传导机制分析

在当前的人民币离岸市场中，香港离岸市场占据着最重要的地位。在香港离岸市场诞生之前，对人民币汇率的研究主要集中在无本金交割远期外汇交易（NDF）与人民币即期汇率、远期汇率的关系；在 2010 年香港离岸市场建立后，研究的重点转移至离岸市场与在岸市场汇率的互动关系。从图 1 可以看出，虽然当特殊事件发生时在岸离岸人民币汇率存在一定的差异，但总体上二者的联动关系是极为紧密的。

甄峰和陈丽（2016）对现有关于在岸离岸人民币汇率浮动的研究进行了较为全面深入的梳理，发现香港离岸人民币市场和在岸市场存在信息传导的现象已被广泛认可，但信息传导的方向仍存在争议。

以 2012 年至 2016 年为样本区间，刘一楠和宋晓玲（2017）借鉴国外学者的研究建立了一个两地区、两商品的理论模型，并引入金融资产交易成本，最大限度地模拟随机冲击导致的经济结构变化来研究在岸离岸人民币汇率的动态均衡。崔学刚和邓衢（2016）、阮华和宣文俊（2016）、张晶睿（2016）等学者均进行了类似研究。研究发现，在岸市场和离岸市场会通过跨境贸易结算、直接投资和金融市场等渠道的资本流动传递人民币供给与需求的变化，形成非对称性和时变性的在岸离岸人民币汇率随机动态均衡：非对称性即离岸市场对在岸市场的影响大于后者对前者的影响，这主要是离岸市场汇率的定价机制更为市场化导致；时变性即在人民币升值期内在岸汇率对离岸汇率的影响更强，而人民币贬值期内离岸汇率对在岸汇率的影响更强。

在岸离岸人民币汇率的这种动态均衡在特定事件发生时，往往会发生结构性突变。近年来，人民币汇率市场有两个重大事件：一个是2015年的中间价报价机制改革。在改革前，在岸人民币汇率表现出强势引导离岸汇率。汇率改革之后，在岸市场的汇率定价机制市场化程度不断提高，在岸离岸人民币汇率价差缩小，表现出在岸离岸市场的互相引导与推拉关系。另一个是人民币纳入SDR。从国际货币基金组织宣布消息到人民币正式加入后的一段时间内，在岸离岸人民币汇率价差波动剧烈且有急剧扩大趋势。针对这种汇率价差增大时的结构性变换现象，王芳等（2016）采用门限误差修正模型对汇率价差大小对在岸离岸人民币汇率的影响是否存在结构性的区制转换进行了深入研究，实证结果表明：在岸离岸人民币汇率的联动机制可以被划分为"均衡区制"和"偏离区制"，在"均衡区制"下，在岸离岸人民币汇率可在很大程度上依靠市场作用来维持动态均衡关系；而在"偏离区制"下，在岸人民币汇率对离岸人民币汇率的引导作用大大削弱，均衡关系的重建需要很长的时间，汇率政策应推动市场回到"均衡区制"从而更好地发挥市场自调节作用。监管机构对人民币汇率市场的调控政策应该要区分不同区制才能达到更好的效果。

四、在岸离岸人民币汇率浮动对人民银行汇率政策的影响及建议

随着在岸离岸市场的不断发展，在岸与离岸间价格的双向通道已经打通，基于汇率浮动的风险传导机制也随之打通。规模日益扩大的离岸市场很有可能成为境外资本冲击国内经济稳定的潜在渠道，增加我国汇率政策的调控难度，因而人民银行在制定汇率政策目标时应充分考虑到这种浮动性，保持汇率体系与金融体系的稳定。

通过前文对在岸离岸人民币汇率浮动的研究分析，建议在短期，由于在岸离岸人民币汇率浮动的联动关系存在时滞，应合理依靠外汇干预政策收敛在岸与离岸汇差；在中期，由于我国经济增速回落的现状，可以实施适当宽松的货币政策和财政扩张举措，维持汇率的平稳浮动；在长期，完善香港离岸人民币中心建设，引导离岸市场对在岸市场产生良好的影响作用，将在岸与离岸人民币汇率价差控制在合理水平，保证人民币外汇市场平稳运行。本文给出以下建议：

一是遵循宏观审慎、循序渐进的原则，加快离岸人民币市场建设。目前离岸人民币市场的交易规模还比较小，但研究发现离岸人民币市场对在岸人民币市场的影响正逐渐增强，加快离岸人民币市场建设不仅有利于汇率市场化改革，还可以为我国经济结构的转型提供切入点。为此，可以通过适当放宽准入规则以吸引更多交易主体、创新开发境外人民币理财产品、推动建设以人民币为中心的多边结算制度等方式扩大人民币境外资金池，促进离岸市场快速、稳健

发展。

二是借助人民币国际化进程机遇，推动在岸人民币市场发展。我国人民币离岸市场的产生是在国内尚未完成金融改革，资本项目也没有完全开放的情况下进行的，随着离岸人民币市场交易规模扩大，其对在岸市场的影响力也会相应增强，更需要在岸人民币市场以足够的容量和能力进行容纳。人民币加入SDR后，资本双向流动规模将进一步扩大，不断健全在岸人民币市场，丰富投资者的投融资渠道等是降低金融风险发生可能性的重要措施。

三是基于在岸离岸汇率互动，加强内地和香港特区在监管层面的合作。在岸离岸市场的信息处于不断的双向传导和互相影响中，但目前内地和香港在市场机制和模式上有较大差异。建议日后应加强沟通交流及合作，从而使监管机构在面对市场的剧烈变化时可以迅速准确地采取应对措施，化解潜在风险。

四是深化金融体制改革，健全金融风险预警机制。市场稳定的根本在于合理体制的支撑和制度的保障。随着人民币国际化进程的加快，人民币面临着来自国际金融领域的巨大压力，只有不断深化金融体制改革、健全金融政策机制、提升系统性金融风险的识别和应对能力，才能为人民币国际化的进一步发展提供支持与保障。

五、结语

中国人民银行发布的《2018年人民币国际化报告》指出：2017年，中国经济稳中向好，经济结构不断优化，对外开放不断推进，人民币汇率在合理均衡的水平上保持基本稳定，人民币国际化稳步发展。截至2018年1月，人民币已经成为全球第五大支付货币。未来人民币国际使用范围将进一步扩大，使用渠道将进一步拓宽。

随着国际化进程的推进，市场供求在人民币汇率决定中的作用将进一步显现。研究在岸离岸人民币汇率浮动情况，更好地理解汇率浮动，将在岸离岸人民币汇率价差控制在合理区间，对防范国际金融风险、保障人民币外汇市场稳健运行具有重要意义。

人民币资本金使用审核难点及对策

中国银行北京市分行　张　莹

自 2009 年 7 月国务院批准开展跨境贸易人民币结算试点以来，我国人民币跨境业务从小到大，直接投资取得了飞速发展。随着资本市场的逐步开放，我国直接投资项下资本流入/流出规模迅速增长，现已成为世界最大的吸引外国直接投资的国家。但为了防范资金违规跨境流入或套利，维护国内金融市场稳定和国际收支平衡，人民银行要求，由银行代为审核外商投资企业的人民币资本金使用的真实性、合法性、合规性。本文将结合业务实际就银行在上述审核过程中遇到的困难及相关对策进行分析。

一、银行在资本金使用审核中遇到的困难

（一）审核所需的知识范围广

日常业务中，企业人民币资本金使用范围较广，包括购买土地、设备，支付货款、工程款、服务费，发放工资和缴税等，其真实性审核涉及国家法律和行业规定等方方面面，银行经办人员很难通晓所涉及的所有相关知识，因此资本金使用的审批对于银行员工来说是非常大的挑战。

（二）"表面真实性"无法满足监管要求

人民银行要求外商投资企业的人民币资本金使用需要银行代为审核，各家银行需要对资金支付的真实性、合法性、合规性负责。但银行在日常办理业务中，很难仅凭企业提供的背景资料审核其资本金用途的真实性。违规企业已改变以往单纯的、直接的违规思路，而是结合政策管理规定，钻政策的空隙，违规手法日渐隐蔽，审核难度越来越大。比如，有的外商投资企业存在利用关联交易隐瞒人民币资本金使用的真实用途，以采购原材料的名义与关联企业签订合同，将人民币资本金转入关联企业账户，关联企业再将人民币资金直接转回该企业账户。因此，银行在对资本金使用进行审核时，仅满足于"表面真实性"的审核将无法满足现行监管的要求。

（三）经银行审批后再擅自改变资金用途

银行在资本金使用审核后，存在企业擅自改变资金用途的风险。例如，个别企业为达到套取资金的目的，刻意通过先向银行提交真实的交易背景资料，待资金支付使用后，再将合同或发票作废处理，买卖双方约定将被退回的资金

汇到企业一般账户，企业便可以对人民币资本金进行自由支配，而银行之前的审核工作也随之成为无用之功，导致银行失去了对该类资金使用用途的有效监管。

二、应对审核困难的措施

（一）银行员工需不断加强业务学习

由于资本金的使用审核涉及知识面特别广，随着业务的发展，相关的政策、法律、法规、行业规定也在不断更新。因此，银行员工需要关注市场动态，不断加强自身业务的学习，完善自己的知识体系，丰富自己的知识积累，从而对审核人民币资本金使用的合规性和合理性提供判断依据。同时，银行间可以通过自律机制，加强对业务的沟通和交流，分享相关的业务案例，学习彼此成功的经验、好的工作方法等，从而促进各银行在资本金使用审批方面业务能力的提高。

（二）严格落实"展业三原则"要求

目前，"表面真实性"的审核已经不能满足监管的要求，因此，银行需要严格落实"展业三原则"的要求，真正做到"了解你的客户"、"了解你的业务"、"尽责审查"，全方位地了解客户的商业模式、业务能力和交易意图，再结合对基础交易的真实性、支持文件的完整性、商业逻辑的合理性进行全方位的审核，从而确保资本金使用审批业务的"表面"及"实质"的合规性。

（三）加强资本金审批的事后监督管理

首先，银行在关注事前、事中审核的同时，还需加强资本金审批的事后监督和管理。例如，银行在审批下笔资本金业务时要求企业提供上笔资本金使用的银行付款回单，核实上笔资金是否按照前期审批的资金划款路径进行支付；其次，银行还可要求企业发生退货、撤销交易和发票作废等情况时将退回的人民币资金按原路退回原付款银行，并要求企业提供退货、撤销交易和发票作废等相关证明材料，退回的人民币资金进入原资本金账户。最后，不定期对企业之前提交的发票进行二次核查，确保发票未被注销或退回等情况。

外部环境恶劣，人民币是否依然稳健

华夏银行北京分行　方　方

2018 年，较为不利的外部环境影响人民币汇率的走势。10 月以来，人民币汇率中间价跌破 6.90 关口，市场悲观情绪蔓延，是否破 7 的讨论再次升温。

自 2015 年"8·11 汇改"之后，回顾整个人民币汇率的波动过程，人民币汇率的走势同美元指数的趋势建立了正相关关系，2016 年和 2017 年的走势已经证明了这一点。然而 2018 年以来，以 4 月为分界的一升一贬的两段波动似乎与"8·11 汇改"之后确立的人民币汇率定价机制有所脱钩，使当下预期人民币汇率未来走势时，仿佛偏离了原先的定价机制。6 月 15 日，贸易战引起的加征关税增加了美国的市场通胀预期，由此将会导致美联储加快加息的步伐，作为以预期为主导的外汇市场，在这一因素的影响下促使美元指数迅速突破 95。我国外交部发言人陆慷对此回复："我们将立即出台同等规模、同等力度的征税措施，双方此前磋商达成的所有经贸成果将同时失效。"巧合的是，正是从这一天起人民币汇率打破之前未随美元指数上涨而贬值的稳定状态，开始快速贬值。然而后续走势再次表明，2018 年以来人民币汇率与美元指数在趋势上仍是一致的，人民币汇率只是增加了自己的"活动空间"，或提前或有所迟滞地偏离美元指数的趋势，在后续的走势中显示这样的偏离只是阶段性的，当前 6.90 的"背景"是美元指数多次测试 96，最高触及 96.99，因此 6 月中旬以来的人民币汇率走势，可以理解为在美元指数连续上涨的背景下，人民币汇率在阶段性迟滞之后的趋势回归。

美国贸易保护主义的威胁

2018 年，中美贸易摩擦成为了中国经济最大的不确定性。而每次贸易摩擦有新的动态，似乎总能在汇率上引起不小的波澜。本轮人民币汇率贬值始于 2018 年 3 月中旬的中美贸易摩擦。6 月 15 日，美国正式宣布将对中国价值 500 亿美元的输美商品征收 25% 的进口关税，人民币大幅跳水。此后持续发酵，悲观的情绪令市场的调整超过了基本面所能解释的程度。7 月 20 日，在岸与离岸人民币汇率日间双双跌破 6.8。此后随着贸易摩擦的进一步升级，人民币汇率波动加剧，从 4 月的 6.27，快速且大幅度的贬值到了 10 月的 6.90 上方，跌去了超过 6 200 点，贬值幅度近 9%。这样的单向大幅波动在人民币汇率历史上是罕有的，在当前中美贸易摩擦背景下被赋予了更多意义。

中美贸易摩擦这一政治事件通过调整市场预期，从而影响人民币汇率走势，同时对我国经济增长和国际收支带来压力。对中美贸易摩擦的担忧自然加剧投资者对于未来外汇供求状况改变和人民币汇率走弱的恐慌情绪。2018 年上半年，我国贸易顺差同比下降 22.2%，第一季度经常账户甚至出现逆差，为近 15 年来首次。出口作为拉动经济增长的"三驾马车"之一，在贸易摩擦加剧背景下会拖累经济增长。经济下行压力逐渐显现，经济增长前景对人民币汇率走势不利。

但同时我们也应注意到，中国经济依然保持中高速增长，稳定的经济基本面依然确保市场信心回升。从全年看，预计中国经济增速将达到 6.7%，已经连续 12 个季度处于 6.7% ~6.9% 区间，经济依然保持稳定。考虑到当前我国经济对工业生产的依赖度下降，而工业产出对出口的依赖度也在下降，对"一带一路"地区和东欧新兴经济体的出口增速显著高于整体贸易增速，因此，与美国之间的贸易摩擦对我国经济增长并不会产生实质性冲击。目前，我国货币政策逐渐转为中性偏松，财政政策也逐渐发力，地方政府发债规模大幅增加，将刺激企业投资和基建投资。进入第四季度，随着经济指标陆续公布，市场紧张情绪将得到极大缓解，人民币汇率也将逐渐稳定。

本轮人民币贬值与以往最大的不同是跨境资本并未出现大规模外流，我国跨境资本流动依然保持稳定。2018 年第二季度非储备性质的金融账户顺差 182 亿美元，延续 2017 年以来的净流入趋势，与此同时，今年以来外汇储备余额逐渐稳定在 3.1 万亿美元左右；第二季度银行代客结售汇每月均保持顺差，代客涉外收付款逆差也逐月收窄。此外，过去资本外流的主要目的地美国对中国资本的吸引力也在下降，2018 年上半年中国对美直接投资骤降 90%。因此，稳定的跨境资本流动和宏观审慎管理将确保人民币汇率最终实现稳定。

强美元的负面影响

2018 年以来，随着美国经济的明显复苏，美联储升息步伐加快，美元指数强势上涨，使美元强势地位得以巩固，美债收益率加速上行，显示资本回流美国。美元重新走强在全球美元流动性收紧的背景下，叠加 2018 年以来美国先后对俄罗斯、土耳其、伊朗等国实施制裁，全球主要经济体的经济和货币周期开始明显分化，国际资本开始从新兴市场流向以美国等成熟市场的安全资产，新兴经济体的经济增长表现平平，且不断有发展中国家陷入本币大幅波动的麻烦，新兴市场货币承受了较大的调整压力，包括中国在内的大部分新兴市场货币近期都出现了不同幅度的贬值，新兴市场货币指数从年初高位的 71.9 回落到目前的 61.5，回落幅度达 14.5%。在此情况下，为应对贬值及其带来的通货膨胀，土耳其和阿根廷等新兴经济体需要大幅提高政策利率，新兴市场国家金融市场短期波动急剧放大，相关风险蔓延至国内，也同时放大了本币的短期波动。

国际清算银行认为，贸易战可能导致美国通胀水平超预期的上升，带来更高的美元利率水平和汇率水平，使新兴经济体融资条件恶化。并且，强美元可能进一步导致美国贸易状况恶化从而引发变本加厉的贸易保护主义行动，使贸易保护和强美元之间形成一个恶性循环。另外，强美元和美元计价的跨境银行贷款存在负相关关系，与新兴经济体的实体投资动能负相关。强美元引发离岸美元荒，进一步导致国际资本流出新兴经济体，从而使其陷入"美元走强同时资本外流"的负反馈。美联储加息和长端利率的上行给新兴市场、特别是依赖国际资本和外债流入的国家带来较大压力。中国虽然并不依赖外债，但并非不受全球利率水平上升的冲击。

但就目前看来，中国资本外流情况存在，但压力已经有所释放。2018 年，尽管中国国内有金融市场震荡，外有中美贸易摩擦，但随着人民币股票和债券陆续纳入相关国际指数，境外配置人民币资产的兴趣不减。前 8 个月，境外机构增持中国国债 4 278 亿元，同比增长 477%；陆股通累计买入 A 股成交净额新增 2 241 亿元，增长 54%。据人行统计，上半年境外持有人民币金融资产累计增加 6 007 亿元。据外汇局统计，同期，我国经常项目逆差 283 亿美元，由于各类外资大量流入，资本项目净流入 784 亿美元，抵销经常项目逆差后，剔除估值影响后的外汇储备净增加 494 亿美元。

同时，美元指数上涨动力已然不足，数次从 95 上方跌落。进入第四季度，制约美元指数走势的因素将逐渐凸显，并占据上风。一是美国中期选举临近，政党博弈会冲击特朗普民意支持率。民众对特朗普政府支持度和认可度下降，将抑制美元走势。二是贸易战对美国国际收支的负面影响也将显现。2018 年上半年，美国货物贸易逆差同比增长 7.2%，随着中国加大对美征收关税规模，第四季度逆差将进一步扩大。三是特朗普可能会继续发表指责言论，将抑制美元走势。四是欧元区货币政策紧缩预期在年底将升温，欧元在年底有望反弹，将限制美元指数继续上涨。综合上述因素，预计美元指数在第三季度短暂上涨后将在第四季度出现回调。

综上，人民币汇率在短期内的波动是汇率市场化的正常表现，也是国际收支调整的需要；从中长期看，中国稳健的经济基本面、较高的资产回报率、不断开放的金融市场和逐渐完善的产权保护制度，将确保国际资本不断流入。美国经济在连续加息和贸易战的双重打击下，将短升长降，美元指数在"双赤字"问题不断加剧的背景下也将进入周期性下跌通道。作为国际收支调节工具，人民币汇率不可能持续贬值，随着贬值压力快速释放，人民币将逐渐接近均衡汇率，最终围绕均衡汇率上下波动。从时点上看，诸多因素表明第四季度贬值压力将部分缓解，人民币贬值并不会失控，人民币将维持稳健表现，为全球贸易和投资的健康发展注入稳定基因。

跨境人民币业务风险防控研究

中国工商银行北京市分行　宋　维

　　随着人民币国际化进程的不断加深，人民币跨境使用日益频繁，商业银行的跨境人民币业务正在更多的创新领域快速发展。面对近年来日趋复杂的内外部经济金融形势，工商银行秉承一贯的稳健经营风格，高度重视跨境人民币业务风险防控工作，在合规体系建设、人员队伍培养等方面加大投入力度，切实落实"展业三原则"管理要求，在客户准入、业务受理以及持续监控等工作中的有效执行，全面提升业务风险控制水平，业务发展与风险控制并重。

一、跨境人民币业务的发展

　　2016 年，随着人民币国际化发展的有序推进，人民币在全球货币体系中持续保持着稳定地位。据环球银行金融电信协会（SWIFT）统计，2016 年 12 月，人民币成为全球第六大支付货币，市场占有率 1.68%；跨境人民币连续第六年成为中国第二大跨境收付货币，收付金额合计 9.85 万亿元，占同期本外币跨境收付金额的比重为 25.2%；① 2016 年 10 月 1 日，人民币正式纳入国际货币基金组织特别提款权（SDR）货币篮子，是人民币国际化道路上的重要里程碑。

　　除此之外，近年来人民币资本项目可兑换进程稳步推进，进一步开放境内人民币债券市场、简化人民币合格境外机构投资者 RQFII 管理、沪港通、深港通以及债券通等的相继启动；人民币国际化使用日益广泛，截至 2016 年末，人民银行与 36 个国家和地区的央行签署了双边本币互换协议，在 23 个国家和地区建立了人民币清算安排，共有 60 多个国家和地区将人民币纳入外汇储备②；跨境人民币基础设施进一步完善，人民币跨境支付系统 CIPS 上线，人民币跨境收付信息管理系统 RCPMIS 日益完善与规范。这些都标志着跨境人民币业务正在更多的创新领域中快速发展，也必将在逐步规范的环境与制度下更加健康稳健的发展。

　　工商银行跨境人民币业务自 2010 年开展以来，经历了多年的发展，从最初的年交易量 300 亿元，截至 2017 年 10 月末，已站上了 3 000 亿元的台阶。业务

----

　　① 数据来源：《2017 年人民币国际化报告》。
　　② 数据来源：《2017 年人民币国际化报告》。

范围也涵盖了货物贸易、服务贸易、收益与经常转移、直接投资、证券投资等各个领域，2016 年的业务规模占到我行国际收支总规模的约 29%。业务在高速发展的同时，对商业银行风险控制的水平提出了更高的要求，要加强跨境人民币合规风险、信用风险以及反洗钱等各方面风险的识别与防控，促进业务更加健康有序的发展。

二、跨境人民币业务中的风险分析

（一）合规压力不断加大

近年来，随着人民币跨境资金规模不断攀升，本外币在越来越多的境外国家和地区混合使用，逐步形成了在岸和离岸两个市场、两种价格。尤其是 2015 年下半年以来，受美联储加息预期和国内金融市场震荡等多重因素影响，人民币汇率出现较大波动，出现了部分不法企业通过虚假交易套利的现象。银行应研究如何有效落实人民银行政策与窗口指导措施，支持实体经济，识别虚假交易，提升合规风险防控能力。

（二）跨境融资信用风险加大

为跟随企业"走出去"步伐，积极贯彻落实"一带一路"战略，为企业走出去和国际产能合作提供优质金融服务，商业银行为企业在跨境并购贷款、跨境担保、跨境人民币项目贷款等重点领域进行了金融创新。但同时，针对这些跨境融资的信用风险防控也是一大课题。

（三）国别风险、涉敏风险以及洗钱风险

随着人民币跨境使用的国家范围不断拓展，业务发展中所面临的国别风险、涉敏风险以及洗钱风险凸显。对商业银行建立和完善相应的管理系统、及时更新涉及制裁名单等信息、提高基层人员的风险意识等方面提出了更高的要求。

（四）个人业务尽职调查难度大

2014 年人民银行出台的《关于贯彻落实〈国务院办公厅关于支持外贸稳定增长的若干意见〉的指导意见》规定，商业银行可为个人开展货物贸易、服务贸易跨境人民币业务提供结算服务。个人业务的开展，有别于对公业务，尽职调查与"展业三原则"的难度更大，情况更为复杂。

三、高度重视跨境人民币业务风险防控工作，业务发展与风险控制并重

人民银行对于跨境人民币业务的管理，采取市场化的管理方式，遵循"低调务实有效推动、尊重市场顺应需求、循序渐进风险可控"的原则，鼓励市场主体在跨境交易中优先使用人民币，淡化事前审批，相关政策以原则性规定为主，辅以事后监督、"负面清单"和信息共享等手段。各商业银行经过近年来的经验

积累，都建立起与自身机构设置、人员配置以及风险偏好相适应的风险管理机制。工商银行秉承一贯的稳健经营风格，高度重视跨境人民币业务风险防控工作，业务发展与风险控制并重。

（一）合规风险防控

在合规风险管理方面，工商银行高度重视合规体系建设，发布行内操作规程等业务制度，加强"展业三原则"等日常合规管理，强化人员配备等合规资源配置，提升 RCPMIS 系统数据报送质量，全面提升合规风险控制水平。

1. 加强行内制度体系建设，夯实合规发展基础

为更好地配合人民银行关于跨境人民币业务管理方式，同时更好适应合规管理建设新发展、新要求，工商银行总、分行出台了系列行内配套制度，进一步细化了包括账户管理、业务合规审查、系统数据报送等操作规程；同时严格执行全国外汇市场自律机制发布的《跨境人民币业务展业原则》以及《跨境人民币业务操作指引》，规范全行跨境人民币业务开展。在业务合规审查方面，我行建立了分级审批制度，对于资本项目业务明确严格执行网点、支行及分行分级审批，系统规范行内业务审核材料、审核标准、操作步骤，在保证业务效率的同时有效控制了大额高风险事件的发生；在人民币跨境双向资金池、跨境电商人民币结算等较为新兴的业务中，以分行直营的业务模式，理顺业务流程、规范业务操作，并发布相应的行内操作规程，明确数据报送要求等。通过充分发挥制度指导与约束机制，确保全行开展跨境人民币业务有据可依的综合化管理体系，进一步夯实业务合规发展的制度基础。

2. 切实贯彻落实"展业三原则"的管理要求

为切实落实"展业三原则"要求，工商银行要求在客户准入、业务受理以及持续监控等三方面做好"了解客户、了解业务、尽职调查"的管理要求。

一是在客户准入阶段，我行要求所有机构按照人民银行以及总行相关规定审核客户提交资料的合法性、真实性和有效性，特别对客户提供的有效身份证明、地址证明、相关批准证书、登记文件等资料进行认真核实并予以登记，确保客户身份合法、真实、有效。同时，要通过各种信息渠道掌握并了解客户的经营范围、经营规模、经营特点及资金流动规律等。

二是在业务受理阶段，除要切实落实人民银行的现有法规、总分行反洗钱涉敏等各项管理规定外，应根据在客户准入阶段对其主营业务情况的了解基础上，对该笔业务的交易背景真实性、交易目的的合理性以及收支情况的一致性进行审查；确认该笔业务的交易规模属于企业正常经营范围，交易频率、交易特征符合行业平均水平，交易主体、金额等要素与其申请办理的收支相一致，从而杜绝以套利等为目的的虚假交易背景等涉嫌违法的行为发生。另外，对于"出口货物贸易人民币结算企业重点监管名单"内的企业，工商银行要求在办理

货物、服务贸易及其他经常项目下的业务时，不得执行《关于简化跨境人民币业务流程和完善有关政策的通知》文件规定，应强化对企业、对业务的"展业三原则"的执行力度，提高风险防范意识，严格进行单证审核与审查。对交易真实性有疑问的，应要求客户补充其他相关证明材料，将"了解业务""尽职调查"落到实处。

三是要求持续监控，及时监测客户的业务变化情况，对客户进行动态管理。我行要求各机构定期监测客户的账户资金往来及各类业务办理情况，如发现可能存在异常，应及时上报可疑交易，要求客户提供或收集客户进一步的证明材料。如有必要，应暂停办理该客户的业务，按照人民银行的要求逐级上报相关部门。

在"展业三原则"的执行过程中，不仅要求我行的从业人员具有过硬的业务素质，更应具有高度的工作责任心。工商银行一方面强化培训，提升人员业务素质；另一方面更重视从业人员职业操守的教育，加强从业人员工作责任心的培养，推进跨境人民币业务队伍建设。

3. 推进队伍建设，提升业务人员合规素质

工商银行始终不断完善行内合规队伍建设，在分行国际业务部设立专门负责全行跨境人民币业务的管理团队；在支行科室组建政策辅导员队伍，负责指导支行及辖内网点外汇业务以及跨境人民币业务合规开展；在各网点建立网点协管员队伍，负责本网点日常合规管理。分行、支行以及网点三级机构合规政策专业人员各司其职、相互配合完成跨境业务政策在全行各层级经营机构的传导与落实，通过分行、支行和网点三道合规政策风险防线，保障业务稳健发展。

4. 加强统计分析，做好 RCPMIS 数据报送工作

重视和加强 RCPMIS 数据报送工作，为监管部门提供及时、准确的跨境人民币业务数据，是人民银行制定切实有效监管措施的必要条件。工商银行在 RCPMIS 数据报送工作中，制定了"分行牵头、定期检查、落实到人、违规处罚"的管理措施，在分行、支行均设立有专人负责该项工作。在分行层面，我行定期对全行的 RCPMIS 数据报送进行检查分析，将错误、疑问数据下发至支行专管员，要求及时反馈。对于问题较多的支行，将采取通报批评、分行约谈、违规积分等方式进行处罚，在全行形成了良好的工作氛围，认真学习人行下发的《跨境人民币收付信息管理系统信息报送指引》，切实提升了我行的数据申报质量。

（二）信用风险防控

在信用风险管理方面，工商银行切实落实银监会发布的《关于规范银行业服务企业走出去　加强风险防控的指导意见》，在跨境信用贷款中，与工行境外分支机构联动加强尽职调查、境内外信息共享、贷后管理等方面的工作。总行

陆续制定了《关于印发〈中国工商银行出口买方信贷业务管理办法〉的通知》、《关于印发〈"走出去"企业境外承包工程相关信贷业务管理规定〉的通知》等制度办法，在境内外分行内外联动、贷前业务推动，贷前信用审查，贷中和贷后管理等方面进行了规范。

（三）洗钱风险防控

工商银行针对跨境人民币以及外汇业务专门成立了分行国际业务反洗钱专业小组，由分行国际业务部牵头，成员部室包括国际业务部、内控合规部、运行管理部、个人金融业务部、网络金融部、银行卡业务部、业务处理中心等32个部门。在分行反洗钱领导小组的领导下，落实国际业务反洗钱有关政策、制度和措施；组织、指导、监督和检查我行国际业务反洗钱工作；指导我行国际业务大额和可疑交易报告报送情况；对我行国际业务反洗钱工作中存在的问题进行调查研究，提出有关意见和办法。

在反洗钱专业小组的工作机制下，工商银行针对跨境人民币业务不断发展所暴露出的新问题以及薄弱环节，有针对性地强调了强化客户身份识别，健全国别风险管理体系，严格涉敏跨境结算业务审批及管理等工作措施，围绕反洗钱工作要求，认真贯彻、执行国际反洗钱各项工作要求，达到了洗钱及涉敏风险可控的工作目标。

（四）个人业务风险防控

针对近年来个人跨境人民币业务的不断放开，业务日常办理中涉及的洗钱、超业务范围违规办理业务等问题不容忽视。工商银行发布了个人跨境人民币业务操作细则，在行内规范了个人跨境人民币业务的办理范围、操作流程、统计报送要求等。并通过针对个人客户经理、网点大堂经理、网点柜员等的专项培训，强调个人跨境人民币业务的风险防控，并积极向我行个人客户宣传跨境人民币政策，将监管部门的相关文件与要求积极对外进行普及与解释。同时，工商银行利用数据监测等方式，将行内有疑问的业务进行逐笔检查，并进行全行通报学习，对后续业务的合规开展起到积极的示范效应。

人民币汇率市场研究及应对策略

中国工商银行北京市分行　成　宇

随着中国经济的不断增长，人民币汇率国际化进程的不断深化，人民币汇率顺应市场变化的自由度继续增加。2015 年"8·11 汇改"标志着人民币的市场化进程大幅加快。此次人民币中间价报价机制的改革使人民币汇率更加贴近市场报价，转变了此前的"引导性报价"，随后中国人民银行又同步放开了人民币汇率波动区间，从原先的 1% 调整至 2%，给予人民币汇率更大的市场弹性。人民币汇率从"8·11 汇改"开始，一改此前连续数月的在极窄区间内的微幅波动态势，走出了单边大幅走弱，单边大幅走强以及在区间内宽幅震荡等多个阶段。

人民币汇率在经历了两年的大幅波动后，维持在 6.60~6.6 区间内，而两年的人民币汇率市场化改革，也使人民币汇率市场面临新的问题。

本文选取了中国 GDP 数据、外汇储备数据，美元指数作为基本影响因素，中美利差作为短期影响因素，离岸 CNH 市场作为预期管理和套利管理因素，对人民币汇率市场进行分析，探寻新周期下的人民币汇率变动应对策略。

一、人民币汇率市场基本面

从经典的经济学角度出发，一国汇率水平应该符合其国家的基本经济状况。影响汇率的因素多种多样，汇率中长期的趋势反映着国家经济发展水平，而短期则更多地受到外汇储备、短期利率、境内外市场等因素的影响。对于人民币汇率市场及汇率走势来说，影响因素则更加的复杂、多样。我国的汇率政策主要为：以市场供求为基础、参考一篮子货币进行调节、实行有管理的浮动汇率制度。而在汇改后，我国人民币汇率呈现了更多的特点：人民币汇率在与我国经济基础相匹配的前提下，结合短期市场风险及市场状况，在人民银行的有效监管下合理波动[①]。

（一）经济走势和外汇储备

自 2017 年初以来，人民币汇率市场走势较此前两年出现了显著的变化，汇率出现了较为明显的单边走强态势。美元指数走势、外汇储备、中国经济基本

[①]　白金鹭：《人民币汇率走势及影响因素研究》，载《现代经济信息》2016 年第 24 期。

面变化是影响人民币汇率的根本因素，也成为观察人民币汇率走势的最好指标。

1. 经济走势、外汇储备和人民币汇率。一个国家的经济走势是决定其国家汇率走势的基础，如何衡量经济走势则需要关注"三驾马车"对于经济的拉动作用。当前我国的消费、投资和进出口情况整体处于良好的势头，消费方面，从 2015 年以后稳中有升，保持缓慢增长。投资方面，尽管"十二五"期间主要依靠房地产投资，但在去杠杆、将房地产回归住房本质的政策引导下，释放房地产"灰犀牛"的风险已经提前完成。同时，人民银行也采用温和、渐进的方式逐步把投资引导到实体经济，投资质量增加。进出口在 2017 年也体现出较强的复苏态势，尽管因人民币汇率走强，进出口较第一季度有些许下降，但较2016 年则有较大幅度的提高。在三大需求全面企稳回升的态势下，中国经济走势将呈现更好的增长势头。当前人民币汇率的下方底线基本已经确定。

2. 外汇储备是保证央行政策独立性的重要因素，也可以为汇率提供基点或者成为汇率波动的稳定器。我国外汇储备在 2015 年汇改以后呈现大幅回落的趋势，在 2017 年 1 月跌破 3 万亿美元的关口。外汇储备回落的同时，人民币汇率也经历了大幅走弱的情形。随后，伴随外汇储备的回升，人民币汇率也企稳走强。因此，对于人民币汇率是否存在大幅下跌的基础，外汇储备的变化将给予更加明确的方向性指引。

（二）美元指数及人民币汇率

若美元兑人民币汇率能够和美元指数出现较高的相关关系，则可以在一定程度上解释人民币汇率已经体现了更多的市场变化。将自变量设为美元指数（USD index）、将美元兑人民币汇率作为因变量（USD/CNY）建立回归模型。

表 1　　　　　　　　　美元指数及人民币汇率线性回归模型

年份	（自变量系数）	常数项	解释程度	相关系数
2017	0.0391	2.991	84.79%	92.08%
2016	0.0719	−0.327	59.61%	77.21%
2015	0.1322	−6.444	11.59%	34.04%
2014	−0.1142	15.591	2.63%	16.22%

2015 年开始的人民币汇率市场改革，经过两年多时间，逐步提升了人民币与美元的相关性，而相关性的提高，也标志着人民币汇率市场化的提升。人民币汇率市场已经逐步摆脱了与美元几无相关性的走势，人民币与美元相关性从2014 年的 16.21% 提高到 2017 年 11 月的 92.08%。人民币可自由波动程度也逐渐增加。

二、人民币汇率与 Shibor 和即期、远期市场影响

利率对于汇率市场的影响是显而易见的。在经典的经济学理论中，从"利率平价理论"，到后来的"抛补利率平价理论"等无不说明了一个问题，一个国家的利率水平将直接影响其汇价。一国的利率水平一般来讲，是由其国家中央银行决定的，具有较大的独立性。其国汇率则因为利率水平的相对变化而变动。汇率市场上的套利交易、即期交易、远期交易均在不同程度上影响着汇率水平。

（一）人民币汇率市场及 Shibor

当前国内利率市场整体表现中性。央行建立货币政策和宏观审慎政策双支柱的调控框架。在货币政策方面，央行继续维持稳健中性的货币政策，货币政策框架从数量型调控为主转向价格型调整为主，所使用 SLF、SLO、MLF 等宏观调节工具影响当前市场利率，从而进一步影响当前汇率水平。

随着美联储的逐步加息，美国联邦基金利率与 3 个月 Libor 均呈现上行态势，并与人民币利率之间的利差出现缩小，人民币汇价因此呈现一定的贬值压力。为保持人民币汇率稳定，人民银行在维持存贷款利率不变的前提下，逐步调整了 7 天、14 天、28 天逆回购的利率，并引导 1 年期 Shibor 走高，整体维持人民币及美元利差保持在区间之间，有效地打压了因利差产生的套利交易，稳定了人民币汇价。

（二）人民币即期市场

人民币即期市场是人民币汇率走势的风向标，其价、量指标及人民银行中间价均称为市场参考的准绳。对于价、量指标及央行中间价的管理将有助于稳定人民币汇率，促使人民币汇价更好地反映当前经济基本面的情况，扭转市场单边预期。

1. 央行人民币中间价。在人民币即期市场上，人民币中间价作为每日人民币即期汇率的"锚"，使人民币即期汇率围绕人民币中间价波动。在"汇改"初期，尽管人民币汇率单边走弱，但人民币即期汇价始终围绕在央行每日公布的中间价附近位置，略微弱于央行中间价，其差值均值不超过 50 个点值。而进入 2016 年，人民币即期汇价和中间价价差均值也仅仅扩大为 55 个点值。随着 2017 年人民币贬值压力逐渐减弱，人民币即期汇价和央行中间价之间的价差也呈现缩窄态势，之间的价差均值缩小至 36 个点值左右。央行中间价的锚定作用凸显，作为市场参考准绳、人民币汇率稳定器，央行中间价将越发成为当前市场的首要观察指标。

2. 逆周期因子。逆周期因子是央行在人民币汇率出现极度贬值，严重偏离经济基本面的情况下，提出的人民币汇率中间价调整因素。逆周期因子在短期内抑制贬值预期，在中长期避免市场形成"羊群效应"，导致汇率螺旋式大幅偏

离基本面的情况出现。逆周期使央行中间价回归引导即期市场汇率的本质。引入逆周期因子不仅仅在短期有稳定汇率的作用，也意味着在短期内人民币汇率弹性的增加。

（三）人民币远期市场

在远期市场上，市场中的升贴水点，代表着未来期限的购汇成本。人民币汇率远期升水越高，意味着整体购汇成本的上升。升水抬高，也有抑制市场中的购汇冲动的作用。2015 年 9 月 1 日，中国人民银行下发通知，要求从 10 月 15 日开始，办理远期售汇业务的银行需向人民银行上海总部专用账户缴存 20% 的风险准备金，冻结期限一年，利率为零。此举措意在控制因"汇改"而导致人民币大幅贬值压力，起到了稳定人民币汇率的作用。

办理远期业务所要求缴纳的风险准备金，意在督促银行方面加强对于贸易背景真实性的审核。在人民币汇率不稳定的时期，监管部门都会依据当时客观情况出台临时的监管措施，2012 年人民币大幅贬值时，监管也有相应举动。此类监管措施没有限制市场中的正常购汇，而目的在于限制市场中的跟风购汇行为。监管措施出台当日，在岸人民币汇率就出现走强态势。2017 年 9 月 11 日，人民银行将外汇风险准备金调整为零，预示着远期市场的价格回归，也暗示着人民币汇率已经摆脱了前期的单边走势阶段，双向波动能力增强。

三、离岸人民币市场与在岸人民币市场

我国在外汇市场上形成了较为独特的市场体系，即在岸和离岸市场并存的人民币汇率市场，同时，随着我国企业"走出去"脚步的逐步加快，企业也能够通过多种渠道在境内外市场间进行套利。离岸和在岸两个市场之间相互影响的，相互引导的机制也越发成熟。

（一）在岸市场（CNY）和离岸市场（CNH）价差的研究

在当前人民币还未能完全自由兑换的情况下，离岸人民币汇率走势就成为反映市场预期的风向标。离岸和在岸的汇价价差加大则暗示了人民币汇率会有方向性的选择。在汇率存在大幅贬值预期的情况下，境内人民币汇价因人民币中间价的限制和人民银行所采取的管理措施，导致人民币汇价的波动性较小。一般来讲，在岸人民币汇价低于离岸人民币汇价，存在套利机会，在岸人民币汇价有贬值压力。

从 2015 年"汇改"后至 2015 年底，境内外价差均值超过 435 个点值，使得境内人民币汇价面临着较大的贬值压力。而进入 2016 年，境内外价差已经缩窄至 110 个点值左右。人民币贬值压力较 2015 年明显回落。在 2017 年，境内人民币汇价已经高于境外，均值在 82 个点值。境内外价差由负转正，人民币汇价则一举扭转了单边贬值趋势，2017 年呈现一定的升值趋势。

　　通过分析在岸人民币和离岸人民币汇价可以明显看出，有效控制境内外人民币汇率价差能够有效维护人民币汇率的稳定。

　　（二）离岸人民币汇率和 CNH 回购利率的比较

　　离岸人民币汇率对于境内人民币汇率走势有一定的预期引导作用。在离岸人民币出现大幅贬值情况下，有效控制离岸人民币利率则成为稳定汇率走势的重要一环。

　　2017 年，离岸人民币有突破"7"的趋势，为扭转离岸市场 CNH 贬值趋势，CNH 回购利率一度超过了 50%，在此后，CNH 汇率回到了 6.8 至 6.9 的区间之内。而在 2017 年 6 月，CNH 再次出现贬值预期抬升的情况，CNH 回购利率再一次突破 20%，至此，离岸 CNH 汇率就呈现了单边走强的走势。

　　利率是影响汇率走势的重要决定因素之一。提高 CNH 回购利率可以有效打压借助境内人民币贬值的预期做空人民币的行为，明显抬升借贷成本，为恶意做空境外人民币汇率设置障碍。

四、人民币汇率波动的应对策略

　　（一）人民币国际化及人民币汇率稳定相辅相成

　　当前，中国作为全球第二大经济体和第一大进出口贸易国，人民币国际化是必然的趋势，同时，沪港通、深港通以及未来的沪伦通都为人民币的全球流动提供了良好的渠道。在更广泛的全球范围内使用人民币，可以有效减少汇率风险。

　　人民币国际化的加强和人民币影响力的增加，又要求人民币汇率的稳定，而稳定的本质就是中国经济的稳中有升、外汇储备维持在可控水平之内。因此，在当前经济转型、结构性调整尚未完成的关键时期，保持外汇储备维持在合理的水平上方是保证人民币汇率相对稳定的基石。

　　（二）加快利率引导，正确影响汇率市场预期

　　利率对于汇率的影响是显而易见的。加快利率引导，有助于市场形成正确的汇率预期。在外部市场加息周期中，可以采取稳步提高境内市场利率的方式，维持境内、外利差的相对稳定，抵消可能的大幅贬值压力。而在外部市场降息周期中，则可以逐渐降低境内市场利率，避免汇率水平被迫大幅拉升和热钱的集中涌入。

　　同时，央行在引导利率时，也更加具有独立性，其调整手段多种多样，而利率调整方式也更加的透明，方便市场参与者了解央行意图，形成与央行一致的外汇市场预期。

　　（三）形成统一的汇率市场，减少双市场中的套利

　　在统一的汇率市场中，单一的人民币汇率更加有利于境内外投资者客观地

观察人民币汇率水平，对持有资产进行计价。同时，减少双市场的套利行为，避免在单边市场中形成相互牵引的螺旋趋势。

当前在岸人民币和离岸人民币汇率的关联性逐步增强，在岸人民币因央行中间价及逆周期因子的存在，具有"内在稳定"的基础，而离岸人民币市场的价格外溢及波动率外溢都将在一定程度上影响对于人民币汇率的整体预期。统一的汇率市场也有利于央行对人民币汇率进行更加有效的管理，减少由于双市场定价而导致的政策效率损失。

（四）在极端汇率情况下，应果断采取管制措施

汇率的自由浮动和管制措施本就是相互矛盾的。但在极端情况下，短期汇率走势不再反映基本面，而更多的是反映市场的恐慌行为，恐慌性贬值将直接打击一国经济，在亚洲金融危机中就有直接的体现。因此，在极端的情况下，央行应果断采取外汇管制措施，对人民币汇价进行干预，采取提高交易准备金、限制交易等措施，打破"羊群效应"，维持市场稳定。而当单边快速贬值趋势被打破后，也应及时解除相应的外汇管制，以市场为基准。

（五）企业客户面对人民币汇率市场波动的应对策略

随着人民银行逐步开放人民币汇率市场，人民币汇率市场将更加真实地反映市场的供需情况和国内经济的整体运行走势。在叠加短期利差及突发因素的影响后，人民币汇率或将在中长期呈现"稳中有序"，短期宽幅震荡的走势。这种趋势给企业的外汇敞口管理带来更大的难度与挑战。

进出口企业在面对人民币短期单边走势时，应保持谨慎的态度，避免因恐慌、盲目交易而导致的损失。北京地区的结售汇因总部的集中效应，多体现为购汇交易，在人民币汇率出现单边走弱的情况时，极易出现大规模购汇的趋势，从而加剧人民币汇率的单边行情，企业必然要承担以更差的价格进行购汇而导致的损失。面对这样的状况，企业应综合考虑当前市场环境、经济走势等因素，理性判断，切勿盲从。

面对纷繁复杂的人民币汇率市场形势，企业客户应该主动投身人民币汇率市场，从而占据人民币汇率管理的制高点，有针对性地评估自身风险敞口和风险承受能力，主动运用远期、掉期、期权及期权组合等风险管理工具对敞口进行套保，通过对外汇敞口的有效套保，规避短期人民币市场的宽幅波动所造成的不确定性。

新兴市场国家经济动荡对人民币
影响有限但仍需关注

中信银行总行营业部国际业务部　王冠南

2018 年 4 月以来，受美国经济强劲复苏和美联储持续加息的影响，美元指数在年初经历短暂下跌后强劲反弹，从年内低位 88.2491 最高反弹触及 96.9937，创最近 13 个月以来新高，累计涨幅最高达 9.9%，同时美债收益率维持在多年来的高位，随着欧洲、日本、英国、加拿大等主要发达国家货币政策出现收紧预期，新兴经济体正面临着严重通胀、资本外流及货币大幅贬值的压力。加之美国掀起的全球贸易战愈演愈烈，导致新兴市场经常项目下顺差收窄或逆差扩大、外储大幅下降，非美市场美元流动性迅速收紧，新兴市场国家遭遇"股、债、汇"三杀，这或将引起部分国家经济体系崩溃，对我国经济金融稳定运行，特别是人民币汇率的冲击影响值得关注。

一、市场概况

从三十多年的全球金融市场发展规律来看，基本上呈现十年一轮回的周期性，从 1997 年的亚洲金融危机，到 2008 年的金融危机，再到 2018 年新兴市场货币的大幅波动。新兴市场基于其自身的经济结构特点，以及美元自身的周期性波动，在特殊时点容易呈现出单向、大幅的变动，本轮新兴市场货币的波动最早可追溯到 2013 年美联储开始向市场传导退出宽松货币政策的意愿，其中叠加各国自身的经济变化，汇率整体呈现贬值走势。进入 2018 年，由于美国经济表现持续强劲，加息缩表进程加快，导致与其他国家间货币政策出现明显分化，并最终体现在汇率的波动上，加之美国挑起的全球贸易关系紧张，导致新兴市场货币遭遇大幅动荡，部分国家货币体系接近崩溃。截至 10 月 8 日，阿根廷比索兑美元自年初以来贬值 50.8%，成为贬值幅度最大的货币；土耳其里拉紧随其后，贬值幅度最高时达到 45.6%，近日虽略有好转，但年内跌幅仍超 30%；此外南非兰特、巴西雷亚尔、印度卢比、俄罗斯卢布、巴基斯坦卢比、伊朗里亚尔、印尼盾贬值幅度也均在两位数。人民币兑美元汇率经历了明显的双边大幅波动，跌幅按收盘价计最高虽然也达到了 10.6%，但与欧元、英镑等主流币种对美元的年内最大跌幅基本相当，远好于其他新兴市场国家货币。

本轮新型市场货币变动，既有上述周期性的变动，也体现了一些新的因素的影响，人民币汇率相对其他新兴市场国家货币，表现相对稳定，甚至在某些时点体现出了一定的"避险货币特征"，这与我国经济结构的调整，以及汇率形成机制逐步完善密不可分，人民币汇率相对于 1997 年亚洲金融危机时期变得更具弹性，在很大程度上可以发挥汇率的自发调节功能。尽管外围市场的波动还是在一定程度上传导到了人民币，但其基本呈现了双向波动的特点，市场交易整体平稳有序，暂时没有引发市场恐慌情绪，也没有出现类似 2015—2016 年资金大幅外流的情况。

二、新兴市场货币贬值原因分析

美联储持续加息缩表导致全球流动性收紧。自 2015 年 12 月起，美联储已累计加息 8 次。2018 年 9 月末，美联储将联邦利率提升至 2.0% ~2.25% 水平，并且在随后发布的报告中将"货币政策立场仍然宽松"的表述整体删除，这是 2015 年开启加息周期以来首次，同时维持加息预期次数不变，即 2018 年 12 月还将加息 1 次，明年加息 3 次。美国十年期、五年期以及七年期国债收益率随后均创出 2 月以来最大单周涨幅；两年期美债收益率创最近三周最大单周涨幅；30 年期美债收益率创 2016 年 11 月以来最大单周涨幅；三年期美债收益率创 4 月以来最大单周涨幅，中美十年期国债收益率差甚至一度收窄至自 2011 年以来新低。美国加息缩表导致市场上的美元供给减少，刺激部分跨境资金回流美国，冲击新兴市场国家。对新兴经济体来说，美元流出带来的压力会导致本币贬值，此时若该国央行美元储备不足，则本币贬值无法得到抑制，若该国央行同时采用跟随加息方式抑制资本外流，又可能造成本国融资成本上升，带来债务违约风险的上涨，形成汇率、利率倒挂的恶性循环。

国际环境复杂动荡是货币贬值的导火索。地缘政治冲突不断，再加上美国发动贸易战导致国际贸易环境恶化，严重挫伤了部分国家的外商投资信心，导致资金大幅外逃。例如，土美两国因叙利亚问题和土耳其购买俄制 S-400 型防空导弹而关系紧张，随后又因美籍牧师安德鲁·布伦森的释放问题导致关系恶化，最终招致美国对土耳其的经济制裁。美国总统特朗普在 8 月 10 日下令，对土耳其的钢铁、铝征收 50%、20% 的高额关税，此项经济制裁成为土耳其里拉大幅贬值的直接导火索，最终导致土耳其货币体系濒临崩溃。此外，2018 年 8 月 8 日，美国以俄罗斯政府在英国制造神经毒剂暗杀事件为由，宣布对俄罗斯实施制裁，具体内容包括全面禁止俄罗斯石油进口、禁止农产品以外的"所有其他商品和技术"出口，以及限制美国银行的贷款，这对俄罗斯经济造成重大冲击，受此影响，俄罗斯卢布也在宣布制裁消息后大幅贬值。人民币汇率也受全球贸易战影响，6 月 15 日美国正式宣布对中国进口商品加征关税后出现急速贬值走势。

　　国内政治不稳与经济结构缺陷为货币创造了贬值空间。一国货币的稳定是以良好的经济状况为基础的，而土耳其自 2016 年以来，国内政治局势持续动荡，7 月军人政变，次年 4 月修宪成功，政治体制从议会制改为总统制。政治局势恶化最终给经济带来深层次问题，对外债的依赖也限制了土耳其政府自救的空间。另外，土耳其经济增长模式单一，长期以来严重依赖于外商直接投资（FDI），2018 年第一季度，土耳其外债总额达到 4 667 亿美元，占 GDP 的52.7%。过高外债率导致土耳其经济积累了诸多弊病，并最终反映在汇率上。此外，诸如巴西、俄罗斯和委内瑞拉这样的资源型国家，在美元计价的货币体系下，经济易受美元走势影响，在强美元背景下，容易形成高通胀、高利率的双高局面，导致经济形势恶化，进一步为货币贬值创造空间。以委内瑞拉为例，该国推行高福利政策，但国家收入极其依赖石油出口赚取的美元，制造业极度落后。在 2014 年国际原油价格暴跌之后，委内瑞拉经济陷入国际债务危机，最终在多次违约后受到美国金融制裁，被暂停用美元支付原油交易，最终导致国内货币体系崩溃。

三、本轮新兴市场货币贬值对我国经济金融稳定运行的影响

　　新兴市场国家汇率大幅波动，导致经济及金融危机风险增大。20 世纪 90 年代末，新兴国家普遍实施固定汇率与扩大资本自由流动结合的货币金融政策。在该政策组合下，本国货币面临较大贬值风险时，外资的迅速离开会加速货币的贬值，随着美元快速走强，美元流动性骤然收紧，给以索罗斯为首的国际炒家有机可乘，导致部分新兴市场国家货币大幅贬值，国内出现严重的滞胀，并与经济失衡形成负反馈，GDP 失速下行，最终酿成金融危机。而此轮新兴经济体货币贬值，同样是美元走强背景下，主要新兴市场国家已从被动跟随美元的固定汇率制度转为软盯住或浮动汇率制度，拓宽了汇率和政策的弹性空间。同时，新兴经济体中体量较大的"金砖四国"中，中国的外债/外汇储备为59.1%、外债/GDP 为 15.1%，印度分别为 137.5% 和 20.4%，巴西为 90.0% 和15.7%，俄罗斯为 136.6% 和 33.0%，整体外债压力有限。据此判断，阿根廷、土耳其等国的金融风险不具备大范围扩散的能力，即使风险进一步释放，对全球经济的影响也较为有限。但是，此轮汇率波动，仍对新兴市场国家的股市、债市造成显著影响。此外，贸易摩擦作为新的风险因素，特朗普政府的贸易保护主义再叠加上美联储缩表加息，是没有完成经济结构升级，且仍处于出口替代模式的新兴国家出现危机的导火索，对局部的汇率波动起到了推波助澜的作用，而这一风险因素是过往的金融危机所不具备的。

　　从目前看，此次新兴市场货币贬值对我国银行业和经济金融稳定影响较小，主要原因如下：

1. 新兴市场危机的根源来源于本国经济局面恶化，而我国目前经济增速仍处于较高水平，通胀温和。高层也在审慎调整金融监管政策，逐步由"去杠杆"转为"稳杠杆"。

2. 从汇率制度来看，我国实行以市场供求为基础、参考一篮子汇率进行调节、有管理的浮动汇率制度。后期汇率形成机制中又加入了逆周期因子，增加了对人民币汇率预期的管理能力。而且从 2018 年以来人民币汇率双向波动的走势来看，汇率的弹性逐渐加强、偏清洁浮动特征更加明显，汇率变动自发调节内外部经济的功能开始体现。

3. 我国尚未全面放开资本管制，资本无法完全自由流动。而土耳其等新兴市场国家实行资金自由流动和完全浮动汇率制度，当他们面临货币贬值时，外资快速撤离加速贬值速度。

4. 我国外汇储备充足且稳定，国际收支平稳，为应对货币贬值提供基石。

5. 我国政局稳定，经济政策的持续性强，央行对金融市场的调控能力强。

综上所述，现阶段新兴市场国家的经济动荡还不具备形成大规模金融危机的能力，对我国金融稳定的影响也暂时不大，但是我们也应该意识到，人民币依然属于新兴市场货币，影响其他新兴市场货币波动的因素对我们同样适用，特别是 2018 年以来我们的国际收支出现了经常项目逆差，虽然随着股市、债市、合资企业外资持股等领域对外放开力度加大，带来了一定的资本项目下的外资流入，但资本项目资金极易受市场情绪影响，对汇率短期波动影响较大，如果未来贸易摩擦长期化导致经常项目逆差扩大，则我国需要密切关注，谨慎对待短期资本流入流出带来汇率的大幅波动，坚守"底线思维"，运用政策及金融工具进行微调，把主要精力放在做好自己的事情上，加大改革开放力度，坚定不移推动财税、金融、国企等领域改革，在稳杠杆的同时疏通货币政策传导机制，支持实体经济、小微企业的发展，持续优化经济结构，稳步进入高质量发展阶段，最终实现中华民族的伟大复兴。

世界主要货币汇率波动对我国经济的影响与对策

中国工商银行北京市分行

赵 欣 杨鹏达 张 彬

随着全球经济一体化以及国际贸易自由化的推进，世界主要货币的汇率波动产生的影响作用变得越来越大。近年来，伴随着我国外汇市场的自主交易程度不断提高，我国与世界各国的贸易往来不断加深，汇率波动对中国经济的稳定也带来了不容忽视的影响。本文拟通过对世界主要货币汇率波动现状的分析提出我国应采取的应对措施，以引起监管部门、专家学者对此问题的关注。

一、主要货币汇率波动现状

（一）美元指数

美元指数（DXY）是综合反映美元在国际外汇市场的汇率情况的指标，通过衡量美元对一篮子货币的汇率变化程度来衡量美元的强弱程度。目前国际金融市场上的绝大多数商品以美元计价，因此在通常情况下，大宗商品的价格波动与美元指数波动呈现出明显的负相关性。进入 2018 年以来，美国快速稳定的经济发展，美联储持续推进的加息、缩表以及由贸易紧张局势引发的避险需求等因素均为美元指数的上涨提供了源源不断的动力。

图1　2018 年美元指数走势图

（二）欧元/美元

作为当前世界上两个最大经济体的官方货币，欧元/美元是最受欢迎的货币对。自1999年1月1日欧盟国家实行统一货币政策至今，欧元/美元先后在科技泡沫危机、房地产泡沫危机及欧洲债务危机等全球性风险事件的冲击下大幅波动。进入2018年以来，欧元在英国脱欧事件与美欧贸易摩擦的影响下持续走低，各成员国间经济复苏程度的巨大差异和无法统一的财政政策使欧元在面对强势美元时节节败退。

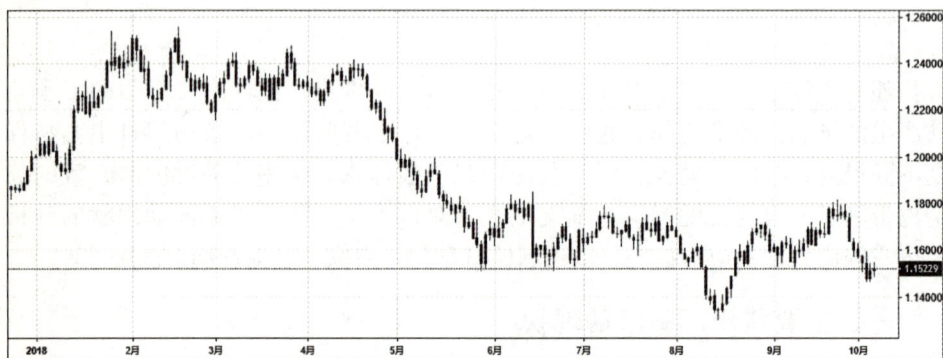

图2　2018年欧元/美元走势图

（三）英镑/美元

英镑/美元是世界上最古老的货币对之一，在经历了第一次世界大战与第二次世界大战的浩劫后，英国的经济地位大幅下降，基于英国现有的经济体量及英国伦敦作为世界级金融中心的地位，英镑至今仍是全球贸易中最常使用的货币之一。自2018年年初以来，英国经济表现平平，英镑则持续受到美元走强和脱欧事件的拖累，当前随着脱欧大限的临近，脱欧谈判的后续发展已成为了左

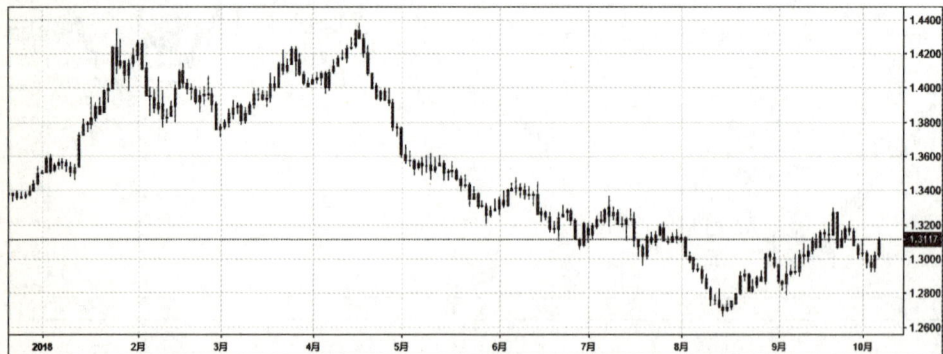

图3　2018年英镑/美元走势图

右英镑走势的最主要因素。

（四）美元/日元

由于日本央行长期施行低利率政策，套利交易的吸引力使日元成为了世界上交易量最大的货币之一。美元/日元汇率除了受到美联储以及日本央行货币政策的影响外，市场风险偏好的变化也是驱动该汇率的重要因素。自2018年以来，随着扩张性财政政策、宽松货币政策和劳动力政策的有效实施，日本经济在过去9个月的时间里实现了稳定、高效的增长，但与此同时，日元在日本政府积极推进的扩张性宏观经济政策和强势美元的共同作用下一路走软。

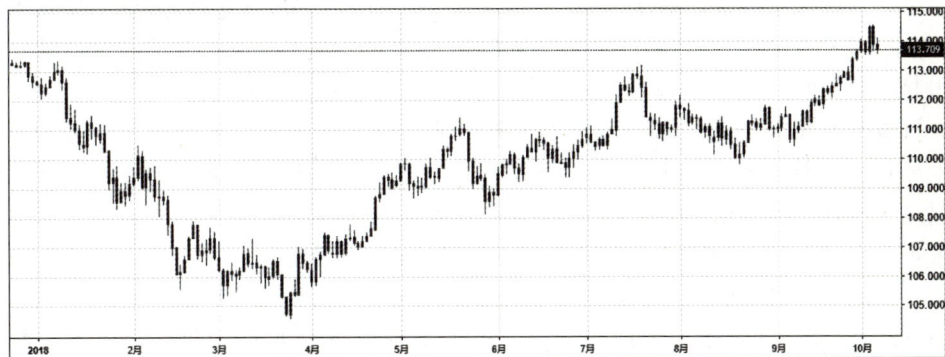

图4　2018年美元/日元走势图

二、当前美元、欧元汇率波动的主要影响因素

（一）宏观经济政策

1. 财政政策

财政政策的主要形式是改变政府支出和税收的水平，当政府支出增加时，对货币的需求也随之增加，本币随之升值；反之政府支出减少时，本币贬值。

自特朗普上台以来，美国政府奉行减税＋基建的扩张性财政政策，在短期内对强势美元起到推波助澜作用的同时也大幅增加了美国的财政赤字，随着减税政策效用的缓慢消退及基建计划落地后导致的巨大财政支出压力，特朗普政府目前主张的财政政策从长远来看或难以为继。从历史数据来看，美国财政赤字的增加通常与战争及经济衰退相伴相生，当新一轮经济危机到来时，负债累累的美国政府恐难以在短时间内带领美国走出衰退的泥沼。

自欧元启动后，欧元区成员国的货币政策由欧洲中央银行统一制定，而各成员国则拥有制定财政政策的自主权。尽管欧盟是世界经济一体化程度最高的经济区，但无法统一的财政政策始终是欧元的硬伤。鉴于次贷危机后欧盟国家经济复苏相对缓慢的现状，当前欧盟成员国普遍倾向于温和的财政政策。

2. 货币政策

货币政策的主要形式是改变经济体系中的货币供给量，当货币供给发生变化时，利率也随之变化。就货币政策而言，利率只是一个中间变量，货币供给量才是主体。

2014 年 10 月 30 日，美联储正式宣布退出 QE3，随后美元指数在短短 4 个月内上涨了 15%。经过 6 年内三轮 QE 政策的持续刺激，美国率先从次贷危机中强劲复苏并获得了与其他主要经济体的比较优势。自 2016 年 12 月起，美联储开启了新一轮加息周期，截至 2018 年 9 月共连续加息 7 次，现已将基准利率提升至 2%~2.25% 区间。对于目前绝大多数非美国国家而言，在面对美联储持续货币收缩周期时只有两个选择，要么冒着陷入经济衰退的风险被动跟进加息，要么冒着资本大幅外流的风险坚持不加息。从历史数据来看，每一轮美联储加息均导致了世界范围或一定区域内经济危机的爆发，鉴于当前美国的实际经济状况运行良好，且美联储目前的人员构成中鹰派占多数，对于美国未来的货币政策走向而言，最大的变数或许来自美国自身的金融泡沫。

欧洲央行自 2015 年开始实行量化宽松政策，2016—2017 年欧元区经济在 QE 政策的刺激下逐渐呈现回暖迹象。进入 2018 年后，脱欧事件的持续发酵与全球贸易形势的急剧恶化使欧洲经济发展再次陷入停滞，鉴于当前欧洲正面临着经济二次衰退的风险和英国脱欧最终谈判结果的不确定性，欧洲央行难以在短时间内做出跟进加息的决定。截至目前，欧洲央行利率依然维持在零的水平。

（二）经济状况

1. 宏观经济数据

包含 GDP、失业率、CPI、PMI、ISM 等在内的宏观经济数据不仅影响着一国宏观经济政策的制定，同时也决定了市场对该国发展前景的预期。

自 2008 年金融危机后，美国经济强势复苏，尤其近几个季度的经济数据表现格外抢眼。截至 2018 年 9 月，美国经济已经保持了连续 11 个月的持续增长，为有史以来的第二高纪录，2018 年第二季度美国 GDP 终值环比增速达到了 4.2%，创 4 年新高，最新公布的 9 月失业率更是达到了 48 年以来的最低值 3.7%，宏观经济数据的优异表现使美联储将当前对于美国经济前景预期的措辞从"稳健"转变为"强劲"。如此靓丽的经济数据无疑为美联储持续渐进加息提供了坚实的客观依据，但与此同时，近期美国长短期国债收益率利差逐渐收窄，收益率曲线随着美联储加息进程的推进正面临着倒挂风险，同时美股回报率波动指数下降，从长期来看缺乏进一步上升的驱动力，由此可预见美国经济增长的拐点有可能会在未来数月内到来。

2017 年，欧洲经济增速一度达到金融危机以来的最高水平，随着长期困扰欧元区的欧债危机的缓解和宽松货币政策的有效实施，欧洲经济似乎已经进入了全面复苏的新阶段。然而就在短短数月后，英国脱欧事件和特朗普政府发起的贸易摩擦再次给欧洲的发展前景蒙上了一层阴影。自 2018 年初以来的经济数据暗示着当前欧洲的经济复苏正逐渐失去动力，而未来的经济预期则变得愈加悲观。

2. 国际储备资产

国际储备资产是一国为维持国际收支平衡而持有的用于对外支付，并维持本国货币汇价稳定的黄金和外汇资产的总和。它是一国经济实力的标志，也是清偿能力和资信等级的体现。

随着第二次世界大战后世界经济体系的建立，美国凭借其强大的经济实力、军事实力与科技实力使美元逐渐成为了世界各国不可或缺的战略储备资源。在当前的国际储备体系中，美元资产占有 60% 以上的权重。进入 2018 年以来，随着美联储持续加息及全球贸易摩擦加剧，在全球经济复苏阶段曾过度激进的国家均遭遇了惨烈的股汇双杀。最近一次大事件发生在 8 月 10 日，美国宣布对土耳其钢铁和铝征收双倍进口关税，土耳其里拉应声下跌，8 月 14 日更是创下单日跌幅 16% 的历史纪录，里拉连续数日的暴跌同时引发了市场恐慌，导致新兴市场货币在短时间内集体下挫。事实上，自布雷顿森林体系瓦解至今，美元作为非美货币的锚定物这一点从未改变，当一国的美元储备因各类原因降低至不足以用来稳定本国货币汇率时，危机就会随之发生。近年来随着俄罗斯、阿根廷、南非、墨西哥、土耳其等新兴市场国家货币接连崩盘，全球去美元化的呼声正越来越高。

（三）政治局势与外部环境

1. 贸易战

为重振美国制造业、重塑美国主导的国际秩序，自 2018 年年中以来，特朗普政府向全世界发动了贸易战。从美元的汇率走势来看，贸易战在事实上推升了美元指数，其主要原因有二：一是美元作为世界货币具有的避险属性，二是大众的恐慌心理决定了市场总会向大众普遍认知中更有实力的一方倾斜。如果特朗普政府在北美自由贸易协定之后能持续获得更多更新的谈判进展，纵使贸易紧张局势的缓解会降低市场的避险需求，但对于那些在美国政府看来不属于盟友范畴的新兴市场国家的货币而言却属于明显的利空因素。

2. 美国中期选举

汇率问题的本质不是经济问题，而是政治问题，一国货币的强弱不仅取决于国家的军事实力与经济实力，同时也取决于该国的政治稳定与外部环境。自 2016 年 11 月特朗普胜选以来，美国国内反对声不绝于耳，即使在共和党内部也始终存在着诸多反对特朗普的声音。2018 年 11 月美国即将迎来中期选举，本次选举的结果将在极大程度上决定特朗普在剩余任期内的话语权，如果民主党在中期选举中能至少拿下众议院的话，美元未来持续走升的概率都必然会随着政治不确定性的陡增而大幅降低。

3. 英国脱欧

2018 年 9 月 21 日，英国首相特蕾莎梅正式发表了脱欧声明，在 2019 年 3 月 29 日的最后时限到来前，脱欧谈判进程中出现的任何进展或困局都将在极大程度上主导未来数月内欧元与英镑的走势。综合来看，英国脱欧除了能在一定程度上解决双方在财政政策与国际事务问题上的分歧之外，无论对英国还是欧盟来讲都是明显的弊大于利，在可预见的未来，欧洲将几乎无法避免地陷入经济衰退，而当前正在进行的脱欧谈判也只能在一定程度上降低双方的损失。

三、美元走势对世界经济的影响

（一）美元对现有世界经济体系的重要性

自第二次世界大战结束后美国凭借其强大的综合国力使美元顺利取代英镑成为新的世界货币，在之后长达 70 多年的时间里美元先后通过与黄金、原油挂钩的方式确立了其难以撼动的霸主地位。近几十年随着经济全球化的发展，美元的地位开始受到挑战，但迄今为止美元在全球贸易中的占比依然高达 40% 以上。

（二）美元近期走势及其影响

由于世界范围内绝大多数国家均对美元有所需求，美元的供给情况及其涨跌趋势通常会对非美国家，尤其是发展中国家的金融稳定造成影响。自 2019 年 2 月以来，美元再次回归上行通道，主要非美货币在强势美元的打压下集体走软，总体来讲，美元走强通常会对世界经济产生负面影响。该影响主要体现在以下三点：

一是加剧国际金融市场动荡。美元持续升值将在极大程度上对全球资本流动产生影响，国际投资者在市场情绪的驱使下被迫将大量本币资产转化为美元资产，在美元加速回流的过程中其他非美货币资产则会面临持续的抛售压力。

二是引发全球范围内的泡沫破裂。美元作为世界货币的性质决定了美元的持续上涨会迫使全球金融市场进入流动性紧缩周期，随着全球范围内的债务收紧，大量资产价格泡沫会被强行刺破并最终导致部分经济体陷入长期萧条。

三是对全球经济发展及国际贸易产生遏制作用。理论上讲，美元升值将有助于压降大宗商品价格并改善非美国家的出口贸易。而事实上，美国通过美元霸权对全世界发动的历次"金融战争"均基于美国在特定历史时期经济增长上占有的比较优势，多数非美国家在面对多重不利因素同时叠加的局面时往往会陷入两难境地，选择跟进美国加息的经济体会长时期处于越加严峻的通货紧缩状态，而不跟进加息的经济体又不得不承受资本持续外流带来的巨大冲击。

四、人民币汇率波动对我国经济的影响

改革开放以来，我国的汇率政策经历了三个阶段的变化。

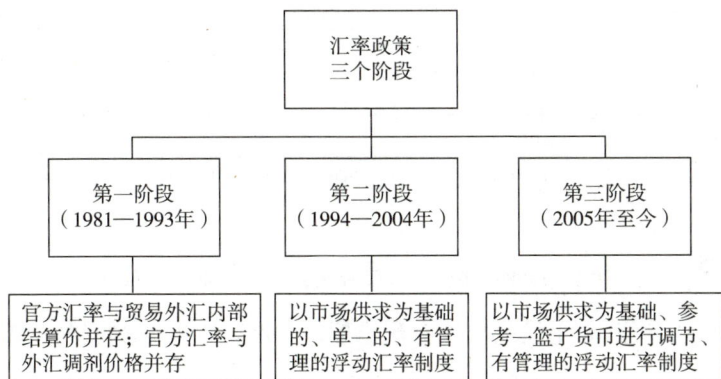

```
                    ┌──────────────┐
                    │   汇率政策    │
                    │   三个阶段    │
                    └──────────────┘
         ┌─────────────────┼─────────────────┐
 ┌───────────────┐ ┌───────────────┐ ┌───────────────┐
 │    第一阶段     │ │    第二阶段     │ │    第三阶段     │
 │（1981—1993年）│ │（1994—2004年）│ │（2005年至今）  │
 └───────────────┘ └───────────────┘ └───────────────┘
 ┌───────────────┐ ┌───────────────┐ ┌───────────────┐
 │官方汇率与贸易外│ │以市场供求为基础│ │以市场供求为基础、│
 │汇内部结算价并存│ │的、单一的、有管│ │参考一篮子货币进 │
 │；官方汇率与外汇│ │理的浮动汇率制度│ │行调节、有管理的 │
 │调剂价格并存    │ │                │ │浮动汇率制度     │
 └───────────────┘ └───────────────┘ └───────────────┘
```

图 5　我国汇率政策的三个阶段

随着我国的经济规模日益发展，国际化水平日益提升，我国浮动汇率政策的溢出效应也越来越明显。一直以来，欧、美、日等发达经济体之间经济周期和经济政策分化所带来的外溢效应冲击，往往是包括人民币在内的许多新兴市场货币汇率波动的重要因素。近20年来，美元兑人民币的平均汇率从平稳状态开始在2005年逐步下滑，2014年开始有抬头趋势。人民币自2005年大幅升值后，在近三年出现贬值趋势，截至2018年第三季度末，美元兑人民币的平均汇率是6.5196。

从2005年到2014年，人民币发生了较大幅度的升值，美元兑人民币汇率下滑幅度累计达34.74%。自2016年英国"脱欧公投"结果出来后，人民币开始贬值，汇率的波动对我国进出口行业带来了极为不利的影响。

（一）进出口贸易

汇率政策是一种调节国内外经济均衡的重要手段。我国的进出口贸易与人民币汇率有着长期密不可分的关系。通常情况下，人民币汇率上升会使我国出口增加、进口降低；反之，当人民币汇率下降时，我国出口降低、进口增长。这是因为，人民币的升值使进口原料和能源的成本相对下降，国内消费者对进口产品的需求也会扩大，从而刺激进口贸易；而我国出口贸易产品的价格相对上升，在外国市场的竞争力被削弱，导致出口水平下降。长期来看，我国经济高速增长对国际贸易的影响远大于汇率波动带来的影响。图7显示，我国进出

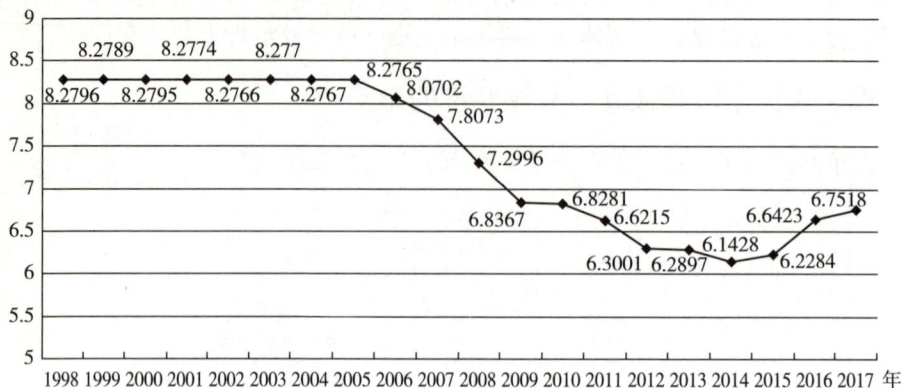

数据来源：国家统计局。

图6　1998—2017 年美元兑人民币年度平均汇率

口贸易额自 20 世纪 90 年代起呈现上升趋势，而近三年内波动较大，偶有下降情况出现。

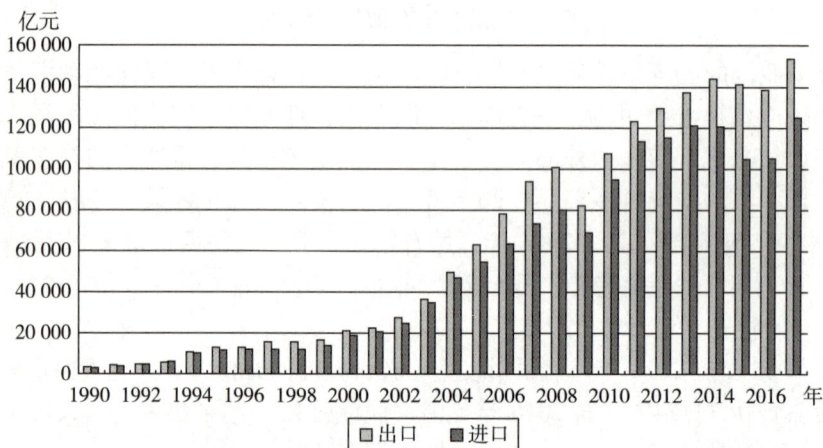

数据来源：中华人民共和国海关总署。

图7　1990—2017 年我国进出口贸易额

近三年来，人民币始终处于贬值趋势，进口原材料和国际能源价格不断上涨，日益紧张的国际形势以及近期中美贸易战的打响更加重了国内进口企业的成本负担。对于出口贸易来说，虽然人民币贬值使我国出口商品拥有了更大的价格竞争优势，对出口贸易有积极正向的影响，但关税壁垒、国际斗争仍为出口企业维持利润带来了巨大困难，影响了出口企业的积极性。从图 8 可以看出，自 2015 年以来，我国贸易差额波动幅度较大，偶有贸易逆差出现。尤其在进入

2018 年后，大多数月份的贸易顺差数值较小，在 3 月有周期性贸易逆差出现。

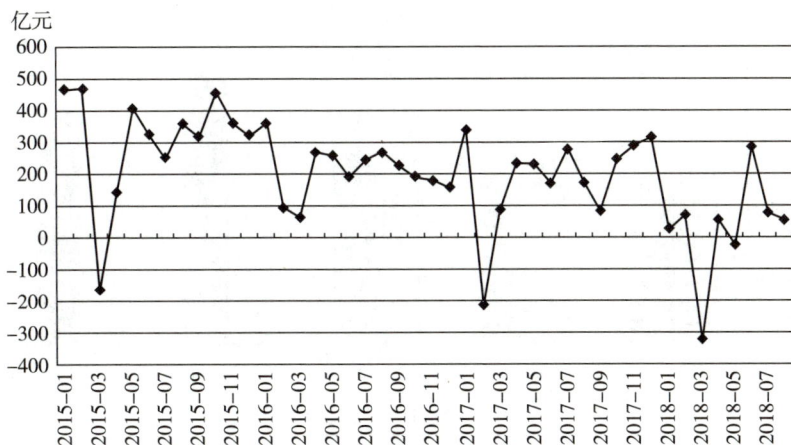

数据来源：国家外汇管理局。

图 8　2015 年 1 月—2018 年 8 月进出口贸易差额

（二）资本流动

中国对外投资在全球对外直接投资中的影响力不断扩大。2017 年中国对外直接投资 1 582.9 亿美元，年投资流量规模仅次于美国（3 422.7 亿美元）和日本（1 604.5 亿美元），位居全球第三（《2017 年度中国对外直接投资统计公报》）。2017 年 1—12 月，全国新设立外商投资企业 35 652 家，同比增长 27.8%；实际使用外资金额 1 310.4 亿美元，同比增长 4%（《2017 年 1—12 月全国吸收外商直接投资快讯》）。2018 年 1—5 月，全国新设立外商投资企业 24 026家，同比增长 97.6%；实际使用外资金额 526.6 亿美元，同比增长 3.6%（《2018 年 1—5 月全国吸收外商直接投资快讯》）。从双向投资情况看，中国对外直接投资流量已连续三年高于吸引外资。

近五年来，人民币出现小幅贬值的情况，外国资本流入有小幅增加，国内资本流出理论上虽受到反向作用，但仍逐年增加，仅在 2017 年首次出现负增长情况。资本流动对于汇率变化的敏感性还受到经济发展、资本管制、投资安全性以及心理预期等因素的影响，在经济发展迅速、资本管制严格的国家，汇率变动对资本流动的影响较小，其作用不能完全体现。

（三）经济稳定

汇率波动会对我国经济稳定形势造成一定的影响，这些影响主要表现在物价水平、就业率及外汇储备等方面。

1. 物价水平

人民币近期的贬值情况使进口商品价格相对上涨，同时增加了以进口原材

亿美元

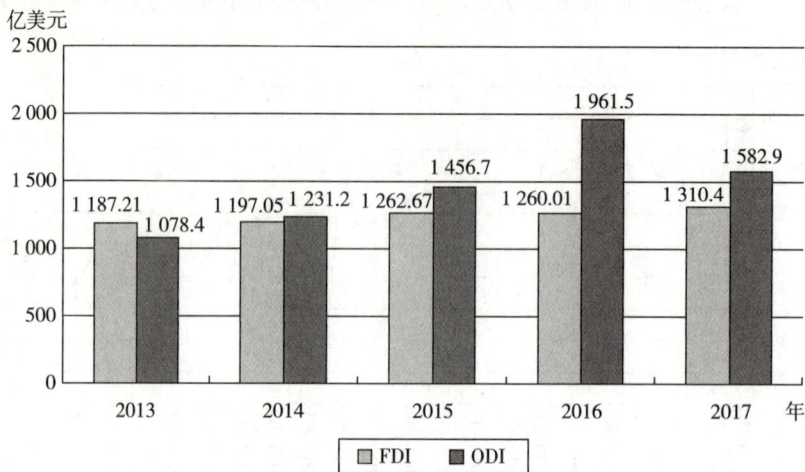

数据来源：中华人民共和国商务部。

图9　2013—2017年我国资本流动情况

料为主的企业的生产成本，不利于国内消费者。同时，由于很多出口企业实际是"两头在外"，出口产品的原材料多来自国外，人民币贬值后，企业进口同样美元单位的货物需要多付人民币，实际上是增加了生产的成本。

2. 就业稳定

近年来，我国的就业形势相当严峻，中国目前出口的产品大部分是技术含量较低的劳动密集型产品，提供新增就业机会的主要是出口和外资企业，人民币汇率持续走高，给出口行业和外商直接投资带来积极影响，最终体现在就业上，有利于稳定就业。

3. 外汇储备

人民币贬值会导致外资外逃的现象出现，使我国的外汇储备规模下降。但由于人民币贬值刺激我国的出口贸易增长，出口企业的创汇能力上升，进而我国的外汇储备规模上升，最终影响取决于我国出口企业的国际竞争力是否过硬。

五、我国应对人民币汇率波动的对策

（一）宏观调控手段

近年来，我国外汇市场运行总体平稳，人民币汇率以市场供求为基础，有贬有升。近期受贸易摩擦和国际汇市变化等因素影响，为防范宏观金融风险，促进金融机构稳健经营，人民银行决定再次将远期售汇业务的外汇风险准备金率从零调整为20%，并决定重启逆周期因子。同时，我国应对资本管制实施相应的对策措施，减少国际资本流动对人民币汇率的波动影响。短期内对资本流动的管制，可通过适当的实行差别准备金制度、鼓励国外机构增加人民币债券的发行数量、适当的放松发行的管制制度等手段进行调节。

（二）调整产业结构

长期以来，我国依靠廉价劳动密集型产品的数量扩张实行出口导向战略，使出口结构一直得不到优化，我国在国际分工中一直扮演"世界工厂"的角色。从企业的长远发展来看，必须提高商品的附加值，走技术发展的道路。汇率市场的波动将有利于推动企业提高技术水平，改进产品档次，从而改善我国在国际分工中的地位。调整产业结构，进一步地促进产业的优化和升级，人民币汇率的波动在一定程度上对我国各种资源的价格都有影响，所以要适应这一变化，就应该促进我国产业结构的调整和优化，增强我国企业的国际竞争力。

（三）推进人民币国际化

强国需要有强币，随着一国经济实力的增强，该国主权货币在国际货币体系中的地位会不断提高。这是一条经过历史检验的规律，英国的英镑、美国的美元等都经历过这一历史发展趋势。积极推进人民币国际化，不仅能够发挥稳定我国经济金融形势的作用，还能在长期情况下使人民币在国际货币体系中占据重要地位。当前人民币国际化在功能拓展上正面临从贸易结算货币向金融交易货币提升的瓶颈期，需要以地域的扩展、强化周边化进而实现区域化的手段来推动。当前中非合作以及"一带一路"的实行，都对推动人民币国际化有着不容小觑的积极作用，我国必须抓住机遇，从区域化入手，积极推进人民币国际化。

综上所述，在全球一体化趋势越来越明显的情况下，汇率水平的波动对一国经济带来的影响日益加大。世界主要货币的波动情况对我国经济社会造成了一定程度的冲击，我国应通过一切可行的手段来积极应对汇率波动造成的压力，从各方面促进我国经济社会的平稳可持续发展。

浅析汇率波动对我国经济金融的冲击

中国银行北京市分行　岳　峥　杜晓丹

一、近期人民币汇率走势

2015 年 8 月 11 日，央行进行新一轮汇率改革，宣布调整人民币兑美元汇率中间价报价机制，使得人民币汇率进一步市场化、透明化，人民币汇率单边升值的态势逐渐转变为双向波动。"8·11 汇改"以来的三年时间里，人民币汇率走势大致可以分为贬值、升值和迅速贬值三个阶段。

第一阶段：2015 年 8 月 10 日至 2017 年 1 月 4 日，外汇局人民币兑美元汇率中间价由 6.1162 震荡下行至 6.9526，贬值幅度约为 13.7%；

第二阶段：2017 年 1 月 4 日至 2018 年 4 月 2 日，外汇局人民币兑美元汇率中间价由 6.9529 震荡上行至 6.2764，升值幅度约为 9.7%；

第三阶段：2018 年 4 月 2 日至 2018 年 8 月 16 日，外汇局人民币兑美元汇率中间价在四个月的时间内由 6.2764 迅速下行至 6.8946，贬值幅度达到 9.8%。不难看出，这一轮人民币兑美元汇率的贬值速度要远快于第一阶段。

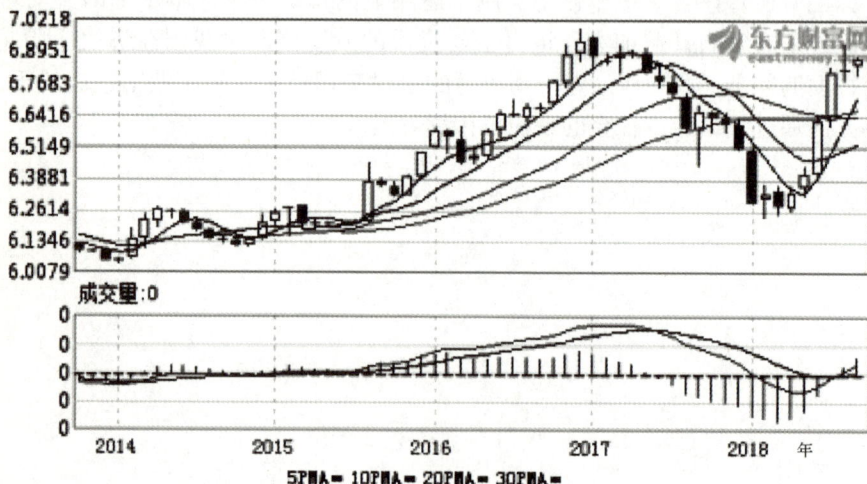

资料来源：东方财富网。

图 1　人民币汇率月 K 线走势图

二、近期人民币汇率波动解析

（一）人民币汇率变动特点

通过观察 3 年来人民币汇率的走势发现，最近一轮人民币汇率迅速贬值呈现以下几个特点。

1. 本轮人民币汇率走低迅速，汇率波动幅度增大

本轮人民币汇率从 4 月 2 日高点的 6.2764，到 8 月 16 日低点的 6.8946，下降的幅度达 9.8%，仅经历 4 个月。而 2015 年汇改后，人民币从 2015 年 8 月 10 日高点的 6.1126，到 2017 年 1 月 4 日低点的 6.9526，下降幅度 13.7%，共经历了将近一年半的时间，可见此轮人民币贬值之迅速。此外，从汇率月 K 线走势图可以明显看出，今年 6 月、7 月两个月均出现大幅度贬值，单月贬值达到 3% ~4%。

2. 离在岸汇率未出现明显差距

2018 年 9 月之前，离岸人民币汇率的走势并未明显领先和超越在岸，显示离岸做空的头寸准备不足。这一点与 2015 年 "8·11 汇改" 后，离岸市场的走势远远领先在岸市场，离岸市场大幅做空人民币的情况，有显著的不同。

3. 政府未出面干预，汇率波动更多由市场因素决定

政府对外汇市场干预程度反映在外汇储备的变化，变化越大，说明干预的力度越大。2017 年 11 月我国外汇储备为 31 192 亿元，2018 年 8 月余额为 31 179 亿元，月均变动在 200 亿元以内，显示央行未干预外汇市场。而 2015 年 8 月至 2017 年 4 月，外汇储备下降 5 278 亿元，尤其 2015 年年末以及 2016 年年末出现两次大幅下降，显示央行通过外汇市场干预，成为这一期间外汇市场最重要的

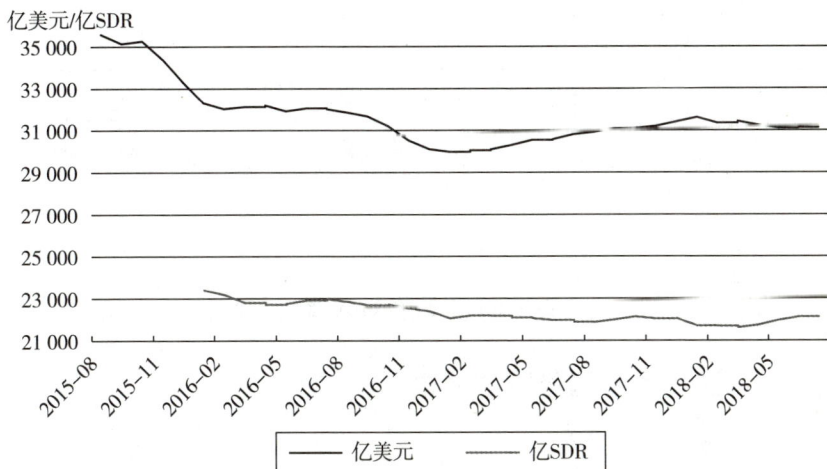

图 2　2015—2018 年我国外汇储备情况

外汇流动性提供者。

（二）人民币汇率变动背景

第一阶段主要受美联储收紧货币政策影响，美国进入加息通道，中美利差不断收窄，人民币兑美元汇率面临贬值压力。而第二阶段尽管美联储依然在收紧货币政策，但由于我国采取了金融去杠杆、控风险的强力举措，一系列窗口指导严控投机行为，防止资本外流，导致人民币兑美元汇率回调。第三阶段，一方面美联储持续加息，另一方面中国人民银行从 2018 年第二季度开始显著放松货币政策，造成中美利差再度收窄，进而导致人民币兑美元汇率面临新的贬值压力。

此外 2018 年初美国发动了世界范围的贸易战，引起了新兴市场货币出现了大幅的贬值，市场担心全球贸易冲突会对以出口为导向的新兴经济体带来负面影响，这令新兴市场货币受到冲击。新兴市场尤其是依靠借入大量外债发展的经济模式遭到重创。一方面美元的升值提高了债券偿还的成本，打破了多年来的收支平衡；另一方面美国强硬的贸易政策也限制了当地的出口经济。4 月以来的短短 5 个月时间，阿根廷比索贬值 96.62%，土耳其里拉贬值 59.83%，这些国家都或多或少地面临债务危机和经济危机。我国也面临贸易冲突带来的贬值压力，贬值幅度达到 8%。

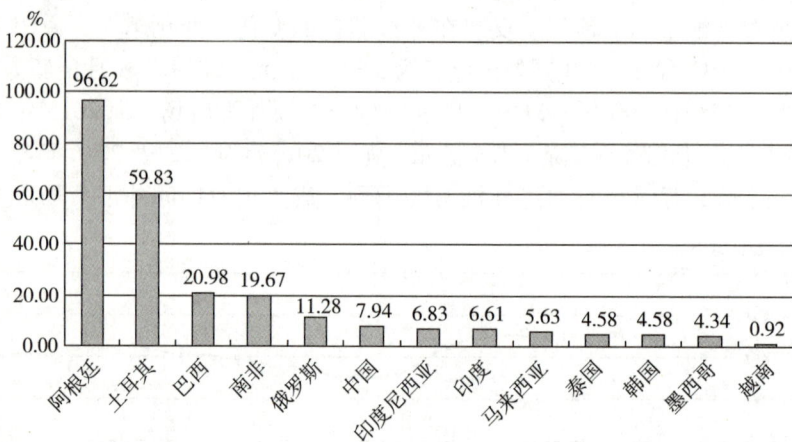

注：数据截至 2018 年 9 月中旬。

图 3　2018 年 4 月以来各国货币兑美元贬值幅度

三、汇率波动对我国经济的冲击

（一）美元波动

2018 年，美国经济表现较好，美联储加息态度明确，导致美元一直走强。

而美元的走强则会导致包括我国在内的新兴经济市场国家资本流出和货币贬值压力增大。在货币贬值压力的基础上有可能会造成国内通胀增加，引发经济动荡。但是，美元在现在已处于高位，在美国大打贸易战、特朗普执政理念和美国政府内部仍对加息有分歧等多种因素影响下，美元是否能持续走强犹未可知。因此，美元指数走强对我国在内的新兴经济体影响有限。

（二）新兴市场货币波动

近期货币大幅贬值的两个新兴市场，阿根廷和土耳其，主要是由于其国内政治动荡，金融环境不稳定，财政常年赤字，债务负担重，通货膨胀高。这两个国家俨然成为现在最脆弱的新兴市场，有可能成为再次经济危机的重灾区。但是，就外债来看，阿根廷和土耳其主要的债权人是欧洲发达国家和美国，因此，就目前来看，这两个国家无论从贸易渠道还是金融渠道，对其他新兴经济体的影响都不大。

而近期货币也出现一定贬值的南非和俄罗斯，汇率波动主要是在美元强势背景下的被动贬值，两国经济较为景气，通胀温和，尤其俄罗斯虽仍旧受到西方国家的制裁，但该国外汇储备及国际收支盈余充沛，使其贬值动能不足。因此两国汇率贬值幅度有限，不会产生大规模的汇率风险，对我国经济影响也十分有限。

（三）汇率波动可通过贸易渠道影响我国经济

汇率波动可通过贸易渠道对一国金融稳定产生影响。一般来说，出口疲软以及由此产生的经常账户赤字往往在金融危机之前出现。但持续的经常账户逆差并不必然导致货币危机产生，它往往需要一定的"催化剂"。如果一国汇率波动范围过于狭窄，在遭遇长期贸易逆差条件下，该国汇率将被迫维持在较高水平，导致汇率高估，而汇率高估容易成为国际游资攻击对象，一旦该国外汇储备不足，就会演变成货币危机，危机进一步深化，波及该国金融体系，导致金融不稳定，金融危机就可能产生。

而对我国而言，1998—2014 年我国经常账户年均结余 1 525 亿美元，其间资本及金融账户年均结余 855 亿美元，形成双顺差。外汇储备因双顺差而大量积累，2014 年达 3.84 万亿美元，比 1998 年增长 26 倍，占全球三分之一。虽然现在中美贸易战仍在持续，我国上半年经常项目收支出现逆差，但是其差额与 GDP 之比都控制在了合理范围内。而我国外汇储备在今年虽有小幅波动，但总体保持稳定。在我国经济平稳运行，改革开放稳步推进的大环境下，近期主要货币大幅波动对我国经济金融的稳定运行的影响十分有限。

四、我国应对之策

基于近期美元持续走强，2018 年人民币对美元汇率贬值近 10%，美国对我

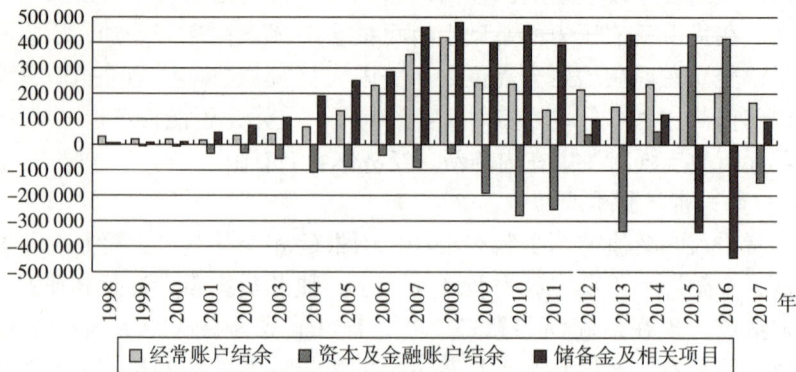

图4　中国经常账户、资本账户及国际储备结余

国贸易冲突不断加剧，市场现在信心不足。对于稳定当前经济金融形势，现提出以下建议。

（一）确保经济基本面的稳定

我国经济金融稳定运行主要取决于经济基本面的情况。目前来看，贸易战开打对我国的出口会造成不利影响，而当前我国投资和消费均出现回落。当净出口、消费、投资均受到影响的时候，我国经济发展的阻力就相应增大了。因此我国应该优化全社会企业资本结构，实施供给侧结构性改革，逐步减少过剩产能，稳定经济发展增长速率，避免过快增长带来的资产泡沫。总体来说，稳定基本面的最主要核心基础还是中国的经济发展，只要确保了经济发展的健康程度，就能较好地控制金融风险。

（二）保持人民币汇率稳定性，提升人民币国际地位

2015 年 11 月 30 日，人民币被纳入 SDR 货币篮子，权重为 10.92%，排名五大货币的第三位。美元、欧元、英镑、日元、人民币构成国际货币体系的新支柱，美元和欧元仍是最主要国际使用货币。但在 2008 年金融危机时，美元和英镑的大幅波动给人民币的国际化带来了发展机会。近年来，人民币在国际化的道路上越走越强，只要能保持人民币汇率的稳定性，不断提升人民币的国际地位，就能减少我国的汇率风险，促进我国国际贸易和投资的发展。

（三）坚持贸易多边主义

我国应积极与主张多边主义的国家和地区发展经贸关系，推进自由贸易机制的落地，促进全球多极化背景下的经济治理结构创新，调整对外贸易区域结构和产品结构，才能抵御局部贸易冲突和汇率动荡对我国带来的影响。

（四）继续合理的汇率机制

我国实行的是以市场供求为基础、参考一篮子货币进行调节、有管理的浮

动汇率制度。这一制度是在我国改革开放进程中，通过不断探索不断实践积累的成果。未来，应继续实行稳健中性的货币政策，深化汇率市场改革，运用行之有效的政策工具，发挥好宏观审慎政策的调节作用，保持人民币汇率在合理水平上保持稳定。

商业银行汇率风险的研究及应对策略

——基于人民币贬值背景

中国银行北京市分行　叶　赫

一、人民币汇率的含义

人民币汇率，就是中华人民共和国的货币兑换其他国家的货币的比例，也叫人民币汇价。现行的人民币汇率主要是人民币与发达国家货币之间的管理浮动汇率，其中以人民币对美元的汇率为基础汇率，人民币与其他货币之间的汇率通过各自与美元的汇率套算出来。自 2005 年 7 月 21 日起，中国开始实行以市场供求为基础、参考一篮子货币进行调节、有管理的浮动汇率制度。

二、人民币汇率改革与汇率变动

从宏观层面来看，2017 年第一、第二季度，我国均实现了 6.9% 的经济增速。明显高于全球平均水平，中国经济保持了稳中有进、稳中向好的态势，制造业先行指数 PMI 连续 12 个月位于荣枯线上方。国际货币基金组织 2018 年第三次上调 2017 年中国经济增长预期。2018 年前 7 个月，我国货物贸易进出口比上年同期增长 18.5%。外贸形势的持续改善，使我国国际收支中经常账户上半年实现 712 亿美元顺差，保持在合理范围。上半年，外国来华投资和对外直接投资双向均保持一定规模，使国际收支中非储备性质的金融账户同样保持了一定规模的顺差。我国国际收支自 2014 年以来，首次连续两个季度实现"双顺差"。国家外汇管理局表示，在供给侧结构性改革深入实施、创新驱动发展战略加快推进的大背景下，我国经济运行中积极的变化还会继续增加，未来我国跨境资金流动仍将保持总体稳定。

从图 1 看来，2015 年汇改以来，我国人民币汇率基本上呈波动下降状态，人民币进入贬值大周期。不过，自上年底以来，人民币对美元汇率呈现出震荡上升走势，近期则加速升值。到今天为止，人民币对美元汇率已累计升值 4% 左右，显波动之势。对于人民币贬值，好坏并不能一概而论。对此，我们要充分利用积极影响，减少消极影响，平衡把握国际汇率的变动。银行虽会受此影响，但更应积极采取措施，规避风险，把握机遇。

图1　人民币兑美元汇率走势图

在风云激荡之中，"8·11 汇改"已经走过第二个年头。回首两年，人民币汇率运行，既经历了险象环生的跌宕起伏，又在制度创新中迎来了企稳反弹。

实际上，今年以来人民币对美元汇率就一直维持着升值的趋势，在本周前从去年年末的 1:6.95 升值至 1:6.72，升值幅度达到 3.33%，但这更多是美元指数的走弱。而在本周之前，即期汇率收盘价相对于中间价变化引导汇率升值的局面发生过两次。第一次发生在今年年初，由于离岸市场的流动性收紧使离岸汇率大幅升值，并向在岸市场传导；第二次发生在 6 月初，在人民币汇率中加入逆周期因子，引发人民币出现了升值。但随着离岸市场流动性压力的缓解，贬值预期很快便重归主导地位。

（一）2015 年 8 月 11 日至 2016 年底，人民币兑美元经历了四轮贬值

第一轮，2015 年 8 月 11 日至 10 月末。随着市场对人民币的贬值预期开始显现，在岸与离岸汇差一度扩大至 1 130 个基点。为此，人民银行通过国有银行于在岸和离岸市场抛售美元以干预汇率。2015 年 8 月末人民币兑美元汇率逐步稳定，并保持到 10 月末，在岸与离岸汇差逐渐收窄。

第二轮，2015 年 11 月至 2016 年 1 月中旬。随着 IMF 宣布人民币加入 SDR 利好的兑现以及美联储启动加息，人民币汇率再次面临较大的贬值压力。2015 年 11 月至 2016 年 1 月中旬，人民币兑美元中间价、即期汇率和离岸汇率分别下跌 2 483 个、2 494 个和 2 685 个基点，在岸与离岸汇差显著加大，一度高达 1 384 个基点。

第三轮，2016 年 4 月至 7 月中旬。受避险情绪以及美联储夏季加息预期重新升温的影响，美元大幅反弹，人民币兑美元汇率开始呈现震荡下行态势。

第四轮，2016 年 9 月至 2017 年初。随着美联储年底加息预期的升温，美元指数迎来了一轮新的上涨周期，在"特朗普行情"的驱动下，2016 年底一度涨

至 103 的高点。与之相应的，则是人民币兑美元汇率的持续贬值，在岸即期汇率一度跌至 6.96 的此轮低点。外汇储备继续缩水，并于 2017 年 1 月跌破 3 万亿美元大关。

（二）2017 年初至今，人民币兑美元企稳回升

2017 年初至今，人民币兑美元逐渐企稳。进入 2017 年之后，人民币兑美元并未继续走弱，而是逐渐趋稳，离岸在岸汇率之间甚至出现了持续时间较长的倒挂。与之相应的，则是外汇储备扭转了连续下滑的局面，从 2017 年 2 月开始止跌回升。这一阶段，一系列政策发挥了非常重要的作用。一是继续收紧资本项目。通过进一步严格企业的对外投资行为以及居民的购汇需求，加强真实合规性审核，限制资本外流。二是离岸市场干预。2017 年 5 月下旬，人民银行再次调整汇率形成机制，在定价模型中加入了逆周期因子，最终形成了"收盘价＋一篮子＋逆周期调节因子"的定价机制。其主要目的是适度对冲市场情绪的顺周期波动，缓解外汇市场可能存在的"羊群效应"。这一新型定价机制，极大地增强了人民银行的公信力和市场的信心。8 月，随着中国经济在第二季度继续走好和美元指数继续下行，人民币兑美元汇率连续突破一系列整数关口，终于走出了"8·11 汇改"以来最强劲的升值行情。2018 年以来，离岸在岸即期汇率之间多数时间以倒挂为主，显示市场上的贬值预期已经明显修复。

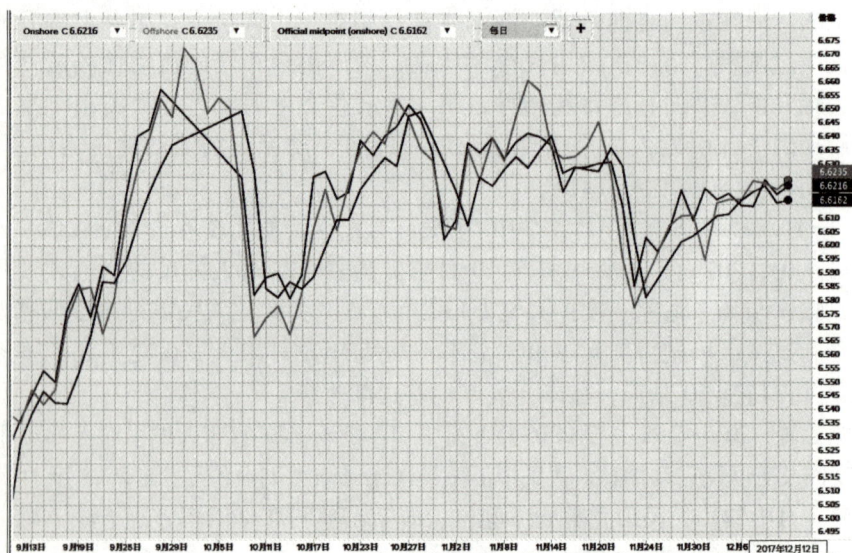

图 2　人民币离岸在岸即期汇率走势图

由此可见，此轮汇改已取得了显著的成效：一是人民币汇率贬值预期有效释放，波动幅度保持在可控范围内；二是经济内外部环境更加均衡；三是汇率

形成机制更加市场化。

展望未来，人民币汇率的"双锚机制"已经确立，在供给侧结构性改革深入实施、创新驱动发展战略加快推进的大背景下，我国经济运行中积极的变化还会继续增加，新挑战和新机遇仍将不断涌现。

三、人民币贬值对我国商业银行的影响

（一）对银行负债的影响

我国逐渐放宽外汇管制，同时对外开放得到了一定的深化，我国居民与企业所拥有的外汇资产也在逐年增加，但是由于外汇投资渠道限制，大量的外汇资产一般是采取定期或者是活期方式存在银行之中，这对银行而言便是成为了负债。银行负债是银行由于授信而承担的将以资产或资本偿付的能以货币计量的债务。随着近年来人民币的不断贬值，相比于企业外汇存款，人民币汇率变动将会对我国居民存款造成更大的影响，那便是一旦人民币出现贬值时，居民通过拥有外汇实现保值，人民币汇率变动尤其是贬值会对居民存款造成更大影响。

（二）对银行资产的影响

随着人民币汇率的变动，在当前股市不稳以及人民币持续贬值的状态下，将会进一步引发居民大规模购汇而导致人民币资产出现大幅度的流出，两个方向同时流出人民币现金，且负债具有短期性，将会为银行带来一定的流动性危机。目前，尽管我国央行一直在对汇市进行干预，希望稳定投资者对于人民币汇率的预期，但目前长期看贬人民币的情绪依然是市场主流，而由于人民币贬值所引发的人民币资产重估也会对商业银行的资产负债表产生一定的影响。期限和币种的错配问题，会使人民币贬值所带来的负面影响更大，甚至出现跨市场的风险传递。

（三）对国际结算业务的影响

人民币汇率出现下跌之后，国内产品出售在国际市场上将会有着较低的成本与价格，这就会进一步促进我国产品出口数量增加，而国外进口数量则会出现一定程度的降低，这对推动我国经济增长有着较为积极的作用。人民币汇率下跌的趋势下，出口增速上升将会使企业收汇量有所增加，同时也对银行发展出口贸易结算方面的业务带来较好的影响。我国出口主要采用的是美元作为结算货币，人民币出现一定的贬值不会对我国企业造成过大的损失。总而言之，虽然人民币汇率下跌，进口结算业务与出口结算业务在业务量上会出现一定的变化，只要保证我国进出口总值维持稳定，便不会对银行的国际结算业务造成较大的影响。

四、降低人民币汇率风险的措施

（一）营造合适的经济环境

受到历史与社会体制等因素长期影响，我国在开展银行汇率管理过程中没有

一个良好的经济环境，在人民币汇率贬值的情况下，要想使我国银行汇率管理能够得到发展，就要为其营造出一个适宜的经济环境。对此我国应该尽快制定出一套完善且统一的管理措施，同时要求各个银行根据本银行实际制定出符合自身情况和特点的管理措施。银行应对国际金融市场进行更为深入的研究，加强相关银行产品的设计与开发。在人民币贬值的情况下，我国应逐渐完善期货市场与外汇期权市场，并适当放宽市场准入要求，使参与主体逐渐增加，进而使汇率形成机制得到不断的深化，使人民币汇率波动范围有所扩大。

（二）强化自身汇率风险管理水平

1. 在人民币贬值的情况下，首要的便是增强银行应有的汇率风险意识，并且对汇率风险相关专业人才加以引进，当前时期，银行外汇业务与风险管理相关工作人员并非全部具备有良好的专业性，业绩不能很好地满足预期要求，导致这一问题出现的原因便是银行不能有效地吸纳并留住具有深厚专业基础的优秀人才。对此银行便要通过采取多种手段进行人才的选拔，并通过构建完善的激励与考核制度，从而有效地留住人才，并使人才的水平不断提高。

2. 此外还要完善汇率风险管理方面的体系与制度，同时银行管理层也要强化对各部门的领导与控制，风险管理和银行内部众多的部门均有所关联，通过各级领导与相关员工共同构建出完整的汇率管理系统。要想建立完善的汇率风险管理体系必须要确保信息沟通的顺畅，通过建立信息报告机制确保程序与政策得以及时且有效的实施。

（三）完善管理信息系统

银行内部风险管理信息系统存在大量的问题，导致这一现象的主要原因在于风险管理信息存在严重的缺失现象，致使银行无法进行有效的度量，进而影响风险管理措施的实施。在人民币贬值的情况下，要想使银行内部的信息系统得到更好的建设，要采取相应的措施加以完善，并且要保证信息与数据能够得到及时的更新。要依照当时发展形势，在银行内部建立涵盖本外币以及资产负债表等相关内容的数据信息系统，对上述数据信息开展集中管理与计量。同时要健全相关的对账程序，进而确保各个部门以及产品业务间能够实现数据的完整与一致，保证输入市场中的数据与价格能够完全对应并且准确无误。此外，还要对国外先进的风险管理经验加以借鉴，使我国银行业的汇率风险识别与管理能力得到不断的提升。

五、银行利用自身金融产品防范汇率风险

（一）推出期权产品，降低人民币贬值风险

为进一步推动国内外汇期权市场的发展，更好地满足经济主体的汇率避险保值需求，2011年12月1日，《国家外汇管理局关于银行办理人民币外汇期权

组合业务有关问题的通知》（汇发〔2011〕43 号、以下简称《通知》）正式施行。自《通知》实施以来，国内各大银行围绕外汇看跌和外汇看涨两类风险逆转期权组合业务在理论与实务方面进行了广泛探索。在人民币汇率升值的大趋势下，国内各大银行结合市场汇率走势与客户避险需求，纷纷推出相关产品，带动了外汇金融衍生交易业务收益的持续增长。

关于人民币汇率走势，短期来看可能会继续贬值，但是长期来看势必会升值，这是毋庸置疑的。货币政策方面中央银行可在人民币贬值阶段推出期权产品，以此方式降低人民币进一步贬值的风险，同时调高再贴现率，从而使市场利率提高，外国短期资本为获得较多的利息收益而会流入，本国资本也不外流，这样在期权资本项目下，流入增加，流出减少，推动中国消费市场的发展，进一步达到调整产业结构的目的。同时提升准备金率，减少基础货币的投放量，稳定人民币汇率。而在人民币升值阶段则相反。

（二）推出外汇组合期权业务模式

1. 为了顺应市场的需求以及受人民币汇率双向波动等因素的影响，国家外汇管理局允许银行推出人民币对外汇组合业务。人民币对外汇期权组合业务即企业同时买入一个和卖出一个币种、期限、合约本金相同的执行价格转组合；外汇看涨风险逆转组合。

2. 一是外汇看跌风险逆转组合，该类型适用于有实际结汇需求的企业：买入一个执行价格较低（以一单位外汇折合人民币计量执行价格）的外汇看跌期权＋卖出一个执行价格较高的外汇。

二是外汇看涨风险逆转组合，该类型适用于有实际购汇需求的企业：卖出一个执行价格较低（以一单位外汇折合人民币计量执行价格）的外汇看跌期权＋买入一个执行价格较高的外汇。

3. 案例：某出口企业收汇 5 000 万美元，近期（几天内）需要办理结汇使用人民币资金。客户对当天即期结汇价格不满意，希望获取更好的价格。

表1 　　　　　　　　　　2017 年 12 月 29 口参考报价

	人民币兑美元汇率
即期结汇成本价	6. 5065
对客报价	6. 5078
6 个月远期结汇价格	6. 5629
T＋3 远期结汇报价	6. 5181

如果 A 银行于 2017 年 12 月 29 日为客户办理一笔 6 个月的外汇看跌风险逆转期权组合（买入美元看跌期权＋卖出美元看涨期权）和一笔 T＋3 远期结汇。

期权组合报价 6.40＼6.5629（6.5629 为 6 个月远期结汇价格），该组合下最后成交的 T＋3 远期结汇价格为 6.5181＋0.0100＝6.5281（6.5181 为 T＋3 远期结汇的报价），T＋3 远期结汇加上的点差来源于买入看跌期权与卖出看涨期权两笔期权费的差额 100 个基点。A 银行对客户报价 6.5181，较即期对客户报价优惠 103 个基点。优惠后，客户额外收益 51.5 万元。

2018 年 1 月 2 日，（T＋3）远期结汇价格客户按 6.5181 办理结算。

期权组合到期时，A 银行根据市场情况决定客户是否办理期权交割：

表 2　　　　　　　　　　　期权组合到期后执行方案

到期价格情况	执行情况
即期价格≤6.40	客户期权按 6.40 结汇
6.40≤即期价格≤6.5629	不执行，相当于没有办理期权组合业务
即期价格≥6.5629	客户期权按 6.5629 结汇

当 6.40＜美元即期汇率＜6.5629 时，此时期权可不执行，客户直接享受远期结售汇的优惠；如到期美元即期汇率≤6.40 发生，客户有权按 6.40 结汇；如到期美元即期汇率≥6.5629 发生，客户需要按 6.5629 结汇，相当于办理了一笔远期结汇，但客户可能到期无资金交割而进行平仓。因此，此产品业务办理前银行须向客户充分揭示风险，并落实足额担保条件。客户以授信作为期货担保的，银行应根据客户的授信有效期来选择期权组合的期限。

4. 从银行角度讲，该案例中的产品组合，主要适用于财务体制相对灵活的企业，一般为民营或外资企业；在美元远期报价升水的情况下，该产品更适合结汇方向的客户，即外汇看跌风险逆转组合；该产品对已有外汇资金的客户同样适用，客户只要推迟 3 天结汇（T＋3 远期结汇）、即可享受即期对客户优惠的报价。

（三）银行间外汇市场给期权交易带来的益处

对于我国银行间外汇市场于 2011 年 4 月 1 日正是开展人民币外汇期权交易来说，它标志着我国人民币对外汇期权交易正式进入实质性操作阶段。从长期来看，人民币期权组合业务，最终实现资本项目的自由转换。同时，人民币对外汇期权机组和业务对帮助进出口企业对外汇资产、负债和预计的应收应付的款项进行保值，满足企业更加多样化的避险需求，进一步提高客户财务稳定，有效防止汇率、利率波动风险都有着非常积极的意义。

六、总结

总的来说，人民币贬值对我国银行业带来了一定的冲击，但同样可以指出银行汇率风险管理中存在的问题，从而可以让我们研究出一些能够提高汇率风险管理水平的有效措施，对推动我国银行业实现更好更快的发展有着非常重要的作用。人民币汇率持续变动的背景下，对我国经济发展与银行业发展都带来不同程度的影响。因此，我们更应加以深入的研究，从而更好地促进我国银行业健康发展。

对外投资与外汇风险管理的再认识

中国民生银行北京分行交易银行部　李　鹤

2017 年全国金融工作会议将防止发生系统性金融风险作为金融工作永恒的主题。就外汇管理领域而言，跨境资金流动是可能引发系统性风险的重要因素。2015 年下半年以来，"8·11 汇改"引发的人民币贬值预期及恐慌心理，加重了部分企业本已存在的不理性对外投资①行为，推动了一些企业借道对外投资转移资金出境，对外投资成为境内资金流出的重要途径，在部分时间节点导致了巨量资金流出。这又引发了监管机构以加强企业对外投资管理、规范企业对外投资行为为核心内容的一轮较为严厉的监管，一时间，对外投资项下的外汇业务成为银行业内的敏感业务领域。

那么，我们应该如何认识中国企业的对外投资行为及其可能引发的金融风险？如何认识对外投资项下外汇业务和外汇风险管理的关系？"为实体经济服务是金融的天职，是金融的宗旨，也是防范金融风险的根本举措"②，习近平总书记在全国金融工作会议上的这一重要论述提示我们，风险管理的立足点是服务企业真实需求。要从根本上防范对外投资可能引发的跨境资金流出风险，需要在对企业主体对外投资行为加以认识分析的基础上，甄别并服务源于企业经营需求的真实金融需求，剔除并管住源于投机套利动机的虚假金融需求。这样，才能做好对外投资外汇管理工作，守住不发生系统性风险的底线。

一、从国际收支角度认识企业对外投资的意义

根据投资主管部门的数据，自 2002—2016 年，十多年来，中国企业对外投资规模保持了较快的增长态势。2015 年对外投资额首次超过利用外资额，2016 年对外投资流量达 1 961.5 亿美元，由 2002 年的全球第 26 位跃升至 2016 年的第 2 位，同期占全球比重也由 0.5% 提升至 13.5%，首次突破两位数。2002—2016 年，对外投资流量年均增长率 35.8%。在投资存量方面，2007 年首次突破千亿美元，2015 年突破万亿美元，2016 年攀升至 13 573.9 亿美元，对外投资存

---

① 本文涉及的对外投资特指对外直接投资。

② 新华社，"全国金融工作会议在京召开"，http://www.gov.cn/xinwen/2017 - 07/15/content_5210774.html。

量由 2002 年的全球第 25 位上升至 2016 年的第 6 位①。中国已经成为对外投资大国。

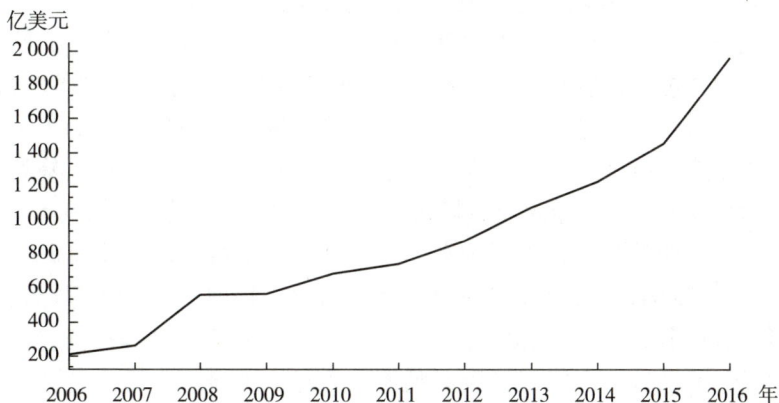

图1 中国企业对外直投流量

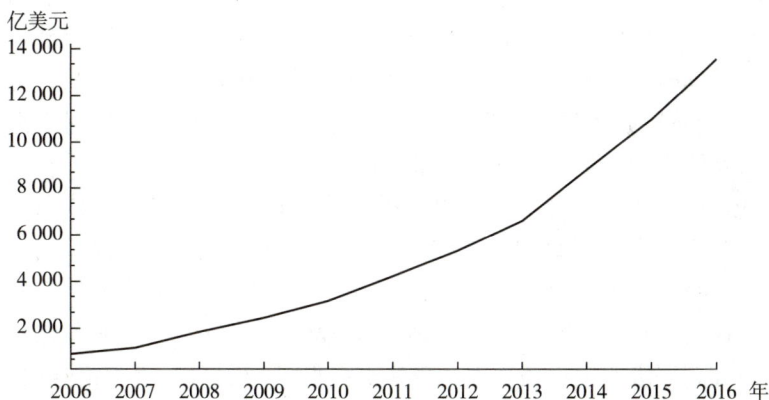

资料来源：Wind 资讯。

图 1 中国企业对外直投流量

图2 中国企业对外直接投资存量

资料来源：Wind 资讯。

图 2 中国企业对外直接投资存量

中国企业对外投资规模大增的原因及意义，已有论者从产业—消费升级、国家政策、市场竞争等角度给出较多解释，在此不再赘述。本文在此仅想引用中国社科院研究员、人民银行原货币政策委员会委员（2004 年 7 月—2006 年 7 月）余永定教授的观点，从国际收支角度论述对外投资对中国经济的意义。

---

① 国家发改委编：《中国对外投资报告》，北京：人民出版社，2017 年，第 3 页。

　　在发表于《二十一世纪》2007年3月的论文《实现全球范围内资源的跨代优化配置》中，余教授介绍了英国经济学家杰弗里·克洛舍的国际收支格局变化六阶段假说。该假说认为，随着国民经济的发展，发展中国家的国际收支，将经历从债务国向债权国的渐变过程。在该过程中，经常项目中的贸易账户逐渐由逆差转顺差再转为逆差，经常项目中的投资收益账户逐渐由逆差转为顺差，而资本账户则由顺差转逆差，即从一个依靠境外资本的债务国，变成一个逐渐依靠出口顺差偿还境外资本，并实现资本输出依靠海外投资收益顺差赡养老龄化社会的债权国的历程。余永定教授认为，"一个在不久的将来面临年龄老化、国内投资收益偏低的社会，为了熨平代际消费，必须通过取得外国资产的方式进行储蓄"。他特别指出，对正在步入老龄化社会，同时外商FDI可能在未来导致大量经常项目项下投资收益汇出的中国而言，"赡养率上升和投资收益逆差增加导致的储蓄不足将使中国因投资不足而陷入经济停滞。为保持经济的持续增长，在将来中国必须依靠从现在开始逐年积累起来的海外资产……所提供的投资收益顺差来弥补因老龄化造成的储蓄不足。如果中国在未来10～15年不能实现投资收益的大量顺差，中国经济就将因资源跨代配置的失败而陷入困境"①。

　　自2006年至2015年，中国国内储蓄率—投资率缺口在2007年达到峰值后总体呈收窄态势。国际收支经常项目项下货物与服务贸易顺差尽管已基本恢复甚至超过金融危机前水平（2015年货物及服务贸易顺差3846亿美元，为史上最高），但由于投资收益差额自2008年后持续转逆，且绝对值在个别年份保持在较高水平，导致中国经常项目顺差再未超过顶峰时期的2008年。

　　从资产负债结构角度分析，可以对投资收益逆差有更充分的认识。在中国对外投资结构中，经过2015年、2016年两年的大幅增长，直接投资仍仅占整体对外资产的20%，对外资产占比最高的仍然是储备资产，主要是外汇储备。而在储备资产投资运用中，安全、流动等因素考虑要远高于收益率考虑，主要投向境外国债或高评级非主权债，因此事实上拉低了中国对外资产组合的收益率。而在负债结构中，则以外商直接投资为主，占比高达62%。这意味着，中国的整体国际收支结构是：以低成本出口商品（虽然成本优势正在迅速减少）换取货物出口顺差，支付服务贸易逆差及外商股权及债权收益后，加上以高成本（即外商股权或外债项下的高收益率）换来的资本及金融项目顺差，大部分形成外汇储备，投放至境外相对低收益的债券类资产中去。在这种国际收支结构下，"不能排除这样一种可能性：由于中国海外投资进展缓慢，随着外国股权投资的

---

　　① 余永定："实现全球范围内资源的跨代优化配置"，原载《二十一世纪》2007年3月，转引自余永定：《见证失衡：双顺差、人民币汇率和美元陷阱》，北京，三联书店，2010年，191－198页。着重号为本文作者所加。

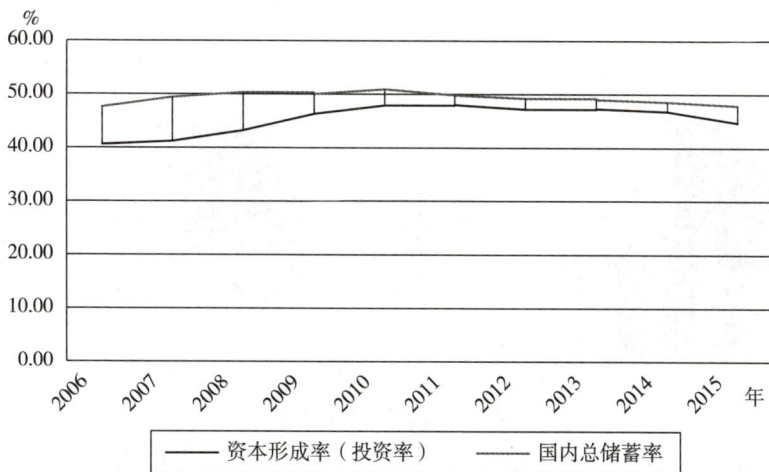

图3　中国国内储蓄—投资差额

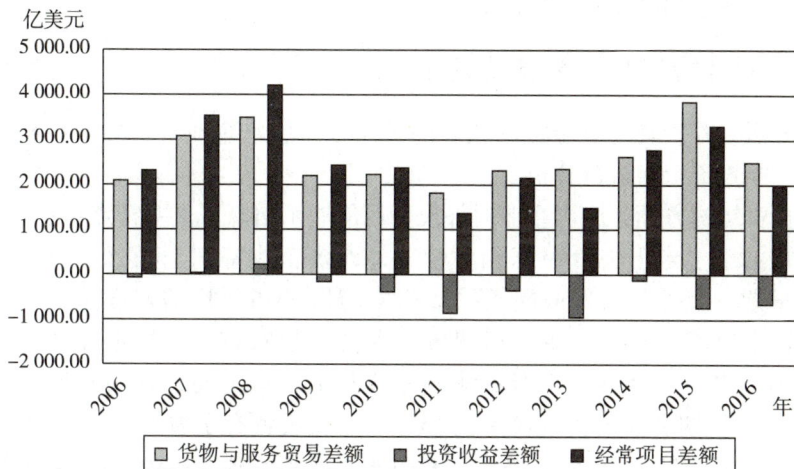

图4　中国经常项目差额

增加，中国未来投资收益项目逆差不减反增，投资收益逆差最终超过贸易顺差。经常项目逆差的出现，意味着中国将会从债权国倒退回债务国"。①

　　因此，中国对外投资规模的迅速扩大，有内在合理性和必然性，且对改善中国的对外资产负债结构、国际收支结构乃至中国未来经济可持续发展具有重要意义。在企业"走出去"过程中，固然可能因企业层面和政策层面经验不足

---

① 余永定："实现全球范围内资源的跨代优化配置"，原载《二十一世纪》2007年3月，转引自余永定：《见证失衡：双顺差、人民币汇率和美元陷阱》，北京，三联书店，2010年，第198页。

中国对外资产结构2016年

中国对外负债结构2016年

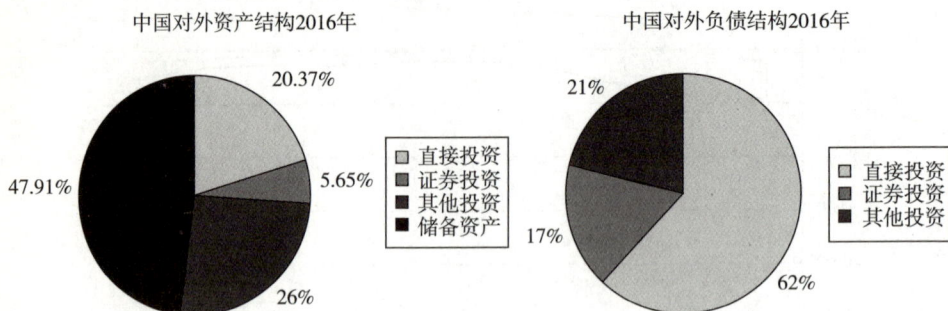

图 5　中国资产负债结构

遭致微观及宏观风险，也不排除部分企业冲动、盲目甚至违规从事对外投资活动，但更应该从政策层面引导、规范，并做好服务工作，而不应因噎废食，以堵代管，将孩子同洗澡水一同倒掉。

二、对外投资与资金流动风险

要分析对外投资与资金流动风险的关系，需要对企业对外投资结构及结构反映的可能投资行为进行分析。

在投资结构方面，中国企业对外投资目前展示出以下重要特点：

一是由于"走出去"时间相对较短，许多企业特别是民营企业尚处于对外投资早期，境外公司普遍缺乏发达国家跨国公司那样的持续造血能力，在资金来源上以境内投资为主，利润再投资占比相对较低。根据商务部的统计数据，2016 年，中国企业对外投资流量 1 961.5 亿美元，其中新增股本投资占 58.2%，当期利润再投资仅占比 15.6%。从投资存量看，截至 2016 年中国企业累计投资存量 1.36 万亿美元，其中股本投资占比 53.6%，利润再投资仅占比 29.5%。

二是对外投资增速，远超过境外资产积累速度。根据商务部的数据，自 2008—2016 年，中国企业存量对外直投规模自 1 839.7 亿美元增长至 13 573.90 亿美元，年化复合增速约 28.36%，中国境外企业总资产规模则从 2008 年的 10 003亿美元增长至 2016 年的 28 700 亿美元，年化复合增速约 14.08%，对外投资年化增速达到境外企业资产规模年化增速的两倍。

三是投资国别集中于中国香港和避税天堂国家/地区，部分投资在行业上难以界定。国家发改委《中国对外投资报告》披露，中国企业对外投资存量以单一国家论，排名前三位分别是中国香港、开曼群岛、英属维京群岛，三者合计

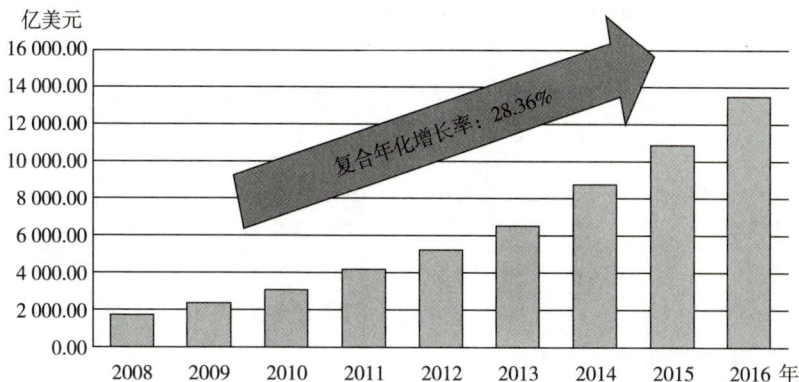

数据来源：商务部，Wind。

图6 中国企业对外投资存量规模

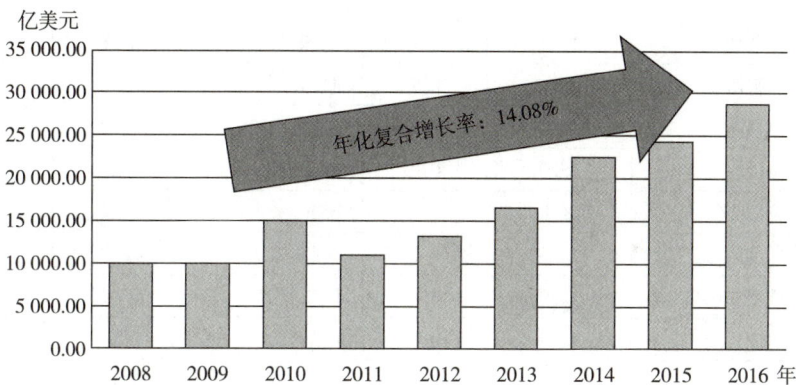

数据来源：商务部，Wind。

图7 中国境外企业资产规模

占比71.4%①。而从行业上看，投资存量行业细分排名第一位的是界定较为宽泛的租赁和商务服务业，占比34.9%，其次是金融业，占比13.1%，两者合计占比达到48%。批零、采矿和制造业分列行业细分3~5位，合计占比约31.7%。众所周知，中国香港及其他两个避税天堂国家/地区因其税率及资金往来自由优势，一般仅作为企业股权结构中的一层，用于跨国公司资金运用过程中规避税款。而"租赁和商业服务业"中的"商业服务业"，在国民经济行业分类中则包含了企业管理服务、企业总部管理、投资与资产管理、其他企业管理服务等多种实质用于企业控股投资平台的行业细分。上述两点实质上相互关联，意味着

---

① 《中国对外投资报告》，第5页。

当前阶段的中国企业对外投资已具备一定的隐蔽性，且能够借助境外资金平台实现资金海外留存。

表1　　　　　　　　　　中国企业对外投资区域分布

序号	流量			存量		
	国家（地区）	金额（亿美元）	占比（%）	国家（地区）	金额（亿美元）	占比（%）
1	中国香港	1 142.3	58.2	中国香港	7 807.45	57.5
2	美国	169.8	8.7	开曼群岛	1 042.09	7.7
3	开曼群岛	135.2	6.9	英属维尔京群岛	887.66	6.5
4	英属维尔京群岛	122.9	6.3	美国	605.8	4.4
5	澳大利亚	41.9	2.1	新加坡	334.46	2.5
6	新加坡	31.7	1.6	澳大利亚	333.51	2.5
7	加拿大	28.7	1.5	荷兰	205.88	1.5
8	德国	23.8	1.2	英国	176.12	1.3
9	以色列	18.4	0.9	俄罗斯联邦	129.8	1
10	马来西亚	18.3	0.9	加拿大	127.26	0.9
11	卢森堡	16.0	0.8	印度尼西亚	95.46	0.7
12	法国	15.0	0.8	卢森堡	87.77	0.6
13	英国	14.8	0.7	德国	78.42	0.6
14	印度尼西亚	14.6	0.7	中国澳门	67.83	0.5
15	俄罗斯联邦	12.9	0.7	南非	60.01	0.4
16	越南	12.8	0.7	老挝	55	0.4
17	荷兰	11.7	0.6	法国	51.16	0.4
18	韩国	11.5	0.6	哈萨克斯坦	50.95	0.4
19	泰国	11.2	0.6	越南	49.84	0.4
20	新西兰	9.1	0.5	阿联酋	48.88	0.3
	合计	1 862.6	95.0	合计	12 295.35	90.5

数据来源：国家发改委。

　　从上述宏观数据层面展示的投资结构特点，及日常银行业务实践，可以总结出中国企业对外投资行为可能引发跨境资金流动风险的几个重要因素。

　　首先，境外企业自身造血能力缺乏、资产规模扩张相对较慢，导致资金来源较为依赖境内，境外融资也多以境内担保项下的融资为主，资金流动方向相对单一。在2008年金融危机后，西方金融业进入较长时间的收缩期，除极个别优质的中国企业外，具有融资能力的境外银行普遍对非本国企业在本国或第三国进行的中长期项目融资采取较为消极的态度，不愿提供资金支持。这更加剧了中国境外企业对国内资金或境内担保项下融资的依赖。

境外投资对境内资金或增信的依赖，意味着中国企业对外投资行为具有高度的汇率敏感性及监管敏感性。汇率敏感性，即对外投资对人民币汇率较为敏感，人民币贬值期间可能出现短期集中投资以节省换汇成本（实质也是一种套利行为）的现象。而监管敏感性，则是对资金出境政策高度敏感，企业普遍存在利用政策允许时期将资金出境，以免因政策收紧期无法出境的心态。同时，对可能意味着收紧出境政策的迹象高度关注，过度解读，特别容易出现抢抓时机先将资金出境的现象。汇率敏感性和监管敏感性，某种程度上是相互关联的。由于中国在蒙代尔"三元悖论"下选择了货币政策自主、一定程度的资金自由流动、"有管理的浮动汇率"政策框架组合，因此监管机构始终保留了在汇率波动加剧时期运用资本管制稳定汇率的选项①。汇率贬值较为剧烈的节点，企业对资本管制的预期也会增强，从而引发资金集中出境行为。汇率敏感性和监管敏感性的存在，意味着在短期容易出现恐慌性对外投资，将投资决策的基础从长期的经济性和风险分析变为短期盲目的汇率和政策预期，从而容易出现跨境资金流出风险。

对此，中国金融四十人论坛高级研究员、国家外汇局国际收支司原司长管涛先生曾在一次内部讨论会上予以论述："对外直接投资本应是长期、稳定的资本流动，但在中国的环境下出现了长期资本短期化的趋势。在历史上，长期以来，中国直接投资项目下一直以来是净流入的，但 2016 年变成了净流出，这是导致基础国际收支顺差大幅减少的主要原因……我们很多企业在这些方面不够专业……简单地由于一些恐慌性的原因把资金集中地转移，我觉得还是存在问题的，这也是导致后期政府对其进行管理的主要原因……从很多国家的新兴市场经验来看都是这样的，开放的时候，市场主体可以控制的资源突然增多了，他们就愿意赶快把这些钱投出去，但是它们没有能力去识别风险、管理风险。当形势好的时候这些问题都会被掩盖下来，当形势坏的时候这些问题就会暴露②。"

其次，中国企业对外投资已善于运用避税天堂国家/地区搭建多层架构，增大了对资金实际流向、真实资产负债状况进行分析判断的难度。在多层架构中，企业可以通过在境外控股层及运营实体层面分别进行融资放大杠杆，或将资金投向敏感国家/地区和敏感行业。与此相关，境内企业普遍存在的一个政策误区是：认为资金出境后从第一层境外控股实体的再投资行为，已属于境外投资行为，仅接受境外管辖，不属于境内监管机构管辖范畴，甚至故意利用多层架构

---

① 易纲：《汇率制度的选择》，载《金融研究》2000 年第 9 期。

② 管涛："跨境资本流动与中国外汇政策选择"，在 2017 年兴业证券中期策略会上的演讲。

有意规避境内监管。这大大增加了跨境资金流动监管的难度。

三、对进一步改善对外投资监管的建议

2017 年，监管机构密集出台了针对境外投资的指导意见和管理办法，进一步细化了对外投资管理政策①，并以穿透管理的原则，将境内担保、境外再投资等投资行为纳入管理范畴。新的管理办法更加细致明确，直击企业对外投资中存在的一些乱象。但由于新办法是在"控流出"窗口期出台，企业对此理解程度不够，在业务实践中也遇到一些问题。根据日常业务实践情况，提出以下改善建议：

一是建议加强对投资管理政策的传播和解释，打消企业存在的政策误解和疑虑。对外投资监管政策本意是规范对外投资行为，优化境外投资服务，而不是简单的对对外投资加以管制。但由于新的管理政策是在外汇"控流出"窗口期间出台，在一些企业特别是民营企业中存在该政策是要进一步管制对外投资的误解和杂音，认为对外投资监管部门的备案/核准制以及外汇管理部门的业务登记是在事实上设置新的行政审批，难以取得，甚至对政策存在许多荒诞的"阴谋论"式解读。这种误解如果长期存在，会使企业对"走正路"心存疑虑，或者通过不合规的方式将资金间接出境，或者减少甚至放弃对外投资业务。

二是建议在人民币汇率方面加强预期管理，重大的汇率市场化改革举措推出之前要做好市场沟通和综合协调，防止企业形成汇率持续升值/贬值的预期。如上所述，中国企业对外投资存在较强的汇率敏感性，汇率剧烈变动预期容易使长期投资行为短期化，从而形成资金流动压力。最近的例子是在 2015 年"8·11汇改"，汇率短期剧烈变动，催生企业集中资金出境行为，集中出境进一步导致汇率变动，形成自我实现不断强化的预期，最后不得不使用资本管制的手段切断这一传导链条。因此，在未来人民币汇率形成机制进一步改革中，要特别注意选择政策推出的时间节点，做好市场沟通，加强企业预期管理。

三是建议建立对外投资信息平台，涵盖监管机构、企业及金融机构。在被查询企业授权允许的前提下，对金融机构开放企业对外投资备案/核准进度、再投资登记进度、ODI 登记进度、涉及的境内银行融资、境外公司存量资产负债情况、经营情况等信息查询功能，并作为政策咨询窗口，由监管机构专人负责在平台上实时解答企业、金融机构咨询。这将大大提高企业境外投资行为的透明度，有助于金融机构更好控制与对外投资相关的风险。

---

① 也包括相应的外汇管理政策。

经常项目外汇业务案例风险研究

中国工商银行北京市分行　朱　岩　刘霄朦

近几年，伴随我国经济总量增长和国际地位的提升，发展外汇业务已成为各家银行适应经济新常态、扩大盈利空间、提高市场竞争力的有力途径。随着宏观审慎等政策文件的出台，外汇业务又一次站在了新的历史起点，然而不容忽视的是，面对外汇形势出现的新情况、新变化和监管部门新的政策指导，银行应进一步强调外汇业务的合规管理，加强人员培训和客户窗口指导力度，有效遏制政策风险、操作风险，为经营发展保驾护航。本文截取了基层网点在经常项下的三个外汇业务案例，通过对诱因的挖掘，摸清基层网点执行外汇管理政策的薄弱环节，从而帮助某分行进一步调整外汇管理制度、改进外汇业务操作流程、加强合规风险把控、提高外汇业务合规经营水平，传导国际化发展的合规理念。

一、为不在名录内企业办理贸易项下付汇业务导致外汇违规行为案例分析

（一）案例经过

某银行近期在对辖内网点外汇业务自查过程中发现，2017 年 3 月 21 日、3 月 23 日、3 月 28 日，下辖某网点为某国际贸易公司客户办理了货物贸易项下外汇购付汇业务 3 笔，业务种类为预付货款，金额分别为美元 95 200 元、13 010 元、29 250 元，该业务资料内未留有企业在名录的复印件。经核查确认，该客户尚未办理外汇局要求的贸易外汇收支企业名录登记手续。该网点上述付汇行为违反了《货物贸易外汇管理指引》第二章第十条要求，"金融机构不得为不在名录的企业直接办理贸易外汇收支业务"的规定。

（二）案例分析

为了简化企业办理货物项下收付汇手续，提高银行办理贸易收付汇的效率，外汇局对企业的贸易外汇实行动态监测和分类管理，即开展"贸易外汇收支企业名录"登记管理，并要求金融机构不得为不在名录的企业直接办理贸易外汇收支业务。该案例是一起典型的货物贸易项下的违规操作，究其原因主要在于外汇柜员对外汇政策法规解读偏差、外汇业务风险点掌握不清晰、处理流程模糊、业务主管履职不到位，具体诱因分析如下：

一是网点外汇业务单一，对政策法规解读不全。从支行和网点所在区域分析，该行对外贸易客户资源少、业务基础相对薄弱。本次发生业务差错的网点虽具有办理对公外汇业务资质，但因长期未办理购付汇业务，致使网点对该方面业务政策法规学习缺失。

二是网点缺乏实际操作经验，备岗人员业务能力较弱。近期原外汇经办人员因特殊情况长期休假，暂由另一柜员办理外汇业务，该柜员属首次办理购付汇业务，其与现场管理人员在不了解货物贸易名录相关要求的情况下，仅凭主观印象完成购付汇流程，并授权通过，导致违规行为发生。

（三）案例启示

综上分析，外汇业务风险防范工作任重而道远，银行需充分把握外汇政策要点，同时加强对人员的培训和管理力度，多措并举降低外汇风险。重点有如下几点启示：

1. 提高外汇从业人员风险意识，严把政策风险关

外汇业务政策性较强、规定繁杂且调整频繁，易"牵一发动全身"，小疏忽也能带来大问题。银行应持续提升从业人员的风险意识，从前台柜员到后台授权人员，甚至到网点负责人等岗位都必须加强外汇管理政策法规的学习，及时更新自身的外汇知识，从思想上提高对外汇业务合规经营的认识，进一步提高合规管理经营水平。

2. 提高基层人员的业务水平，加强柜面培训力度

一方面，上级行可采取集中培训、网络培训、日常提示、送教上门等多种方式开展培训，并做好日常答疑工作。同时，应重视案例教学，可将案例编辑成册，定期向全行发行学习。另一方面，上级行应继续要求基层网点提高外汇局外汇政策考试人员的覆盖率和外汇专兼职人员占比，以考促学，加强对外汇政策的重视程度。

3. 提高基层网点的管理水平，加大绩效考核约束

为了更有效解决银行的外汇合规管理问题，上级行应指导支行权衡经营发展效益与违规操作的成本，使全行员工真正重视外汇合规管理工作的重要性。需进一步完善员工考核机制，加强对外汇业务的考核力度，用考核提高管理力度，强化柜员和业务管理人员的风险意识，增强责任心，真正发挥事前和事中的控制作用，有效消除潜在风险隐患。

二、合规办理税务备案表的利润分配汇出汇款业务案例启示

（一）案例经过

某银行为一家外商投资企业办理利润分配购付汇业务时，发现该客户提供的《服务贸易等项目对外支付税务备案表》（以下简称《备案表》）中"本次付

汇金额"栏填写的是人民币金额，于是要求客户按照外汇局的要求，向税务部门申请修改为"等值×××人民币的外币"，并加盖税务部门的印章。该客户听取了银行的意见，联系税务部门进行了修改。银行凭修改后的《备案表》为客户办理了利润汇出业务。

（二）案例分析

根据《关于服务贸易等项目对外支付税务备案有关问题的公告》（国家税务总局　国家外汇管理局公告 2013 年第 40 号）的要求，境外个人在境内的工作报酬，境外机构或个人从境内获得的股息、红利、利润、直接债务利息、担保费以及非资本转移的捐赠、赔偿、税收、偶然性所得等收益和经常转移收入，向境外单笔支付等值 5 万美元以上（不含等值 5 万美元）的外汇资金，应向所在地主管国税机关进行税务备案。该案例中，网点能严格按照规定指导客户前往税务局修改《备案表》，有效提高业务办理效率，并在客户备案后，顺利将款项汇出。

（三）案例启示

随着"一带一路"建设的实施，境内机构和个人对外购付汇的需求不断提高，银行应加强对外购付汇的管理，特别是利润分配项下的外汇资金汇出业务，银行要确认纳税人履行纳税业务后，方得办理汇出业务，有效避免企业所得税的流失，为国家税收保驾护航。

三、为 B 类客户办理贸易项下收付汇超额度业务案

（一）案例经过

某银行某客户于 2014 年 4 月 28 日开户，与银行建立起外汇业务合作关系，一直以来在银行办理的都是服务贸易项下收付汇或结售汇业务。2017 年 10 月 25 日，该客户向银行申请购汇欧元对外支付，用途为贸易项下预付货款。柜员疏忽未登录货物贸易监测系统查询企业分类。该行于 11 月 3 日进行外汇业务检查时，发现该客户分类已于 2017 年 6 月 27 日调整为 B 类，当时联系客户去外汇局补办。

2017 年 12 月初外汇局非现场核查发现该行存在为 B 类客户超可收付汇额度办理贸易项下付汇行为，且未向外汇局申领《货物贸易外汇业务登记表》（以下简称《登记表》），银行违规，所以外汇局约谈了该银行。外汇局约谈该银行时提及《登记表》为事前审批事项，事后不给予补办，现该行已通知客户此业务为外汇局事前审批，要求客户如再有业务发生应先去外汇局办理《登记表》。

（二）案例分析

根据《货物贸易外汇管理指引实施细则》第四十条规定，B 类企业超可收、付汇额度的贸易外汇收支，应持书面申请和相关证明材料到外汇局登记，外汇

局审核企业提交资料后，出具加盖"货物贸易外汇业务监管章"的《登记表》。签发《登记表》是外汇局事前审批办理的登记业务，无法事后补办。该行未按照操作流程在办理业务前查询企业分类，违反了外汇局法规规定以及行内业务操作流程。

（三）处理结果

该行发现此问题后已约谈网点负责人及相关人员，并对涉事柜员进行违规积分处理。该行要求辖属全部网点开展自查，并已开展对全辖网点的业务检查。该行将此笔业务作为反面案例，教育网点全员必须意识到外汇制度的严肃性及合规操作的重要性，在业务办理中不能存在疏忽或侥幸心理，必须严格按照规定进行操作，杜绝此类问题再次出现。

网点已深刻认识到问题的严重性及产生的后果，已通过晨会对网点全员开展教育，要求网点全员加强外汇业务知识的学习，合规办理每一笔外汇业务，业务复核人员要加强审核，避免此类事件再次发生。在后续工作中，网点将严格按照"了解你的客户"的原则，准确掌握客户经营状态，合规做好外汇业务工作。

当前，随着国家简政放权的推进，货物、服务、资本项目等三项重大改革极大地推进了贸易投资便利化，外汇管理局将越来越多的审核权限下放银行，这给银行提出了更高的要求，银行业也面临了更多政策风险。因此，商业银行对政策的解读、传达和执行都要求及时性和准确性，并将对业务操作的合规性放在首要地位，才能深入全面贯彻国家外汇管理局推行的各项政策。随着工商银行本外币一体化的发展，无论在"走出去"和"引进来"方面，都加大了对实体经济的支持力度，跨境资金交易频繁。加强合规风险把控、提高外汇业务合规经营水平，传导国际化发展的合规理念，任重而道远。

外汇操作风险分析

中国工商银行北京市分行　沈　静　董新宇

一、关于外汇操作风险的相关概述

（一）操作风险的定义

操作风险伴随银行同时出现，但对于其定义有多种看法。金融界关于操作性风险应当包含哪些内容也依然存在一定的争论和分歧。大致来说，可以归结为以下几方面的基本一致认同：清算失误、交易记录错误和火灾、洪灾等灾害系统故障的部分为操作风险，包括内部舞弊、外部舞弊等虚假交易和不适当的销售技术战略决策失误，如进入边际收益已经很低的业务领域。这些对操作风险的归类有以下几个特点：（1）关注内部操作。内部操作常常就是银行及其员工的作为或不作为，银行能够应对其施加影响。（2）重视其中的过程原因：操作风险中人员和其操作失误起着决定性的作用。（3）内部控制系统在流程监管与纠偏方面同样具有重要作用。

目前普遍接受的操作风险定义是《巴塞尔新资本协议》给出的："操作风险是指由不完善或有问题的内部程序、人员及系统或外部事件所造成损失的风险。"[①] 英国银行家协会（BBA）、国际互换与衍生产品协会做出的定义为："操作风险是指由于控制和系统的不完善、人为的错误或管理不当所导致的损失的风险。"相似的描述也印证了各权威金融组织对于操作风险的共同认知。

（二）操作风险的特征

操作风险作为商业银行的主要风险与市场风险和信用风险相比，有其自己的特征。以下是结合我国操作风险现状，得出的有关操作风险特征的几个方面。

1. 人为因素占有重要地位

从操作风险的定义我们可以看出引发操作风险的因素包括：人员因素、内部程序、流程因素、外部事件，而此类事件在很大程度上都与人为因素有关。根据新闻报道统计的国内商业银行各类操作风险事件比例可以得到充分的证明：人为因素引发的操作风险占绝大比例。根据图 1 中的数据分析，内部人员因素

---

① Basel Committe：International Convergence of capital measurement and standrds：A resvised framework，http：//www.bis.org/bcbs/pupl.htm，2004.6.

引起的操作风险比例 = 10% + 31% + 1% + 2% = 44%。外部人员因素带来的外部欺诈为22%。这样光是由人为因素引发的操作风险就达到66%，操作风险主要由人的主体性因素造成，是一个显而易见的现状。

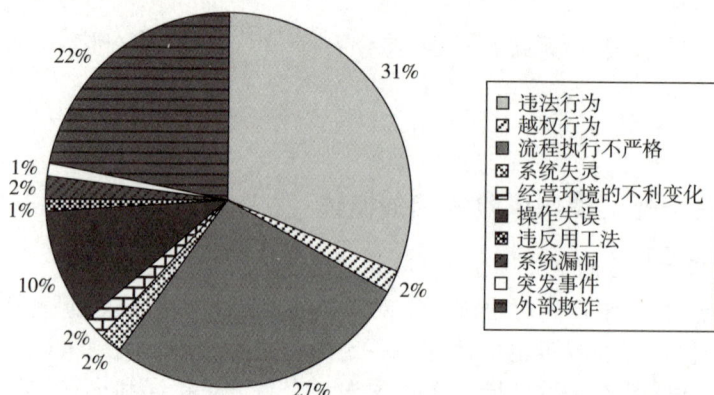

图1 操作风险因素比例示意图

2. 从图2可以看出，发生频率高的操作风险造成的损失可能相对较低，反倒是发生频率低的操作风险，造成的损失相对较高。预期到的操作风险损失相对较小，发生的可能性即频率较高，非预期损失包括严重损失和灾难性损失，它们的发生频率要低得多，但是其损失后果却要严重得多。根据张吉光通过网络、报刊等媒体渠道搜集的168起有代表意义的操作风险案件的总结，零售业务应该是发生操作风险频率最高的业务部门，而其所造成的单笔损失金额远低于发生频率相对较低的其他业务单笔损失金额。

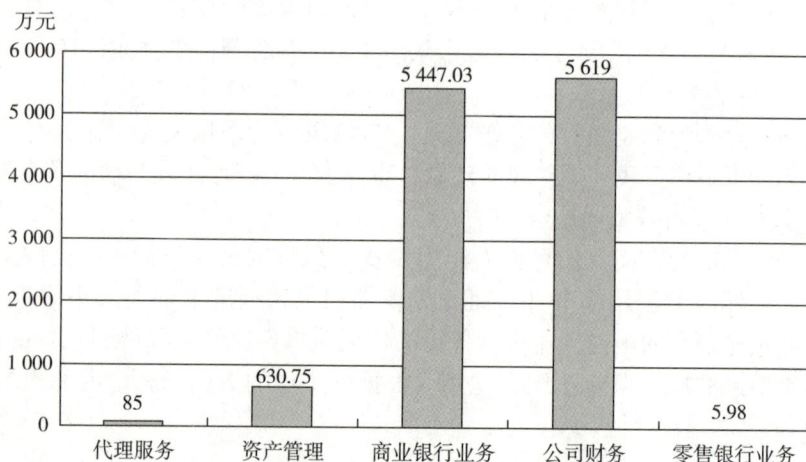

图2 银行交易种类及单笔损失示意图

3. 外汇操作风险的大小受交易业务范围和规模的影响。操作风险中的风险因素更多的是在于银行内的业务操作，其风险管理几乎要覆盖所有的风险，而且由于通常可以监测和识别的操作风险因素同由此可能导致的损失规模、频率之间不存在直接的关系，银行的风险管理部门难以确定哪些因素对于操作风险管理来说是最为重要的，因而与市场风险和信用风险相比，操作风险更环境化和前后关联而不易量化。在业务规模大、交易量大的业务领域，受到操作风险冲击的可能性最大，损失的严重性也大。

（三）操作风险的分类

根据《巴塞尔新资本协议》的内容，将操作风险分为以下类型。

1. 内部欺诈风险

主要指内部员工有主观愿望，存心欺诈银行。包括由于进行未被授权的交易、从事未报告的交易、超过限额的交易、内部交易；偷盗、贪污、接受贿赂、做假账、违反税法等原因而引发的银行损失。

2. 外部欺诈风险

主要指由于第三方的故意欺诈、非法侵占财产以及规避法律而引发的损失。包括利用伪造的票据、偷盗、抢劫、敲诈、贿赂等手段造成银行损失；黑客破坏、盗用客户信息、数据操纵等计算机犯罪引发的损失；税制、政治等方面的变动，监管和法律环境的调整等导致银行收益减少。

3. 客户、产品与商业行为风险

由于产品特性或设计不合理、员工服务粗心大意、对特定客户不能提供专业服务等原因而造成的银行损失。包括产品功能不完善引发的损失；由于强行销售产品、未对敏感问题进行披露、对客户建议不当、职业疏忽大意、不恰当的广告、不适当的交易、销售歧视等导致与客户信托关系破裂、合同关系破裂、客户关系破裂而引发的损失。

4. 执行交割和流程管理风险

主要指交易处理、流程管理失误以及与交易对手关系破裂而引发的损失。包括业务记账错误、错误的信息交流、叙述错误、未被批准的账户录入、未经客户允许的交易、交割失误、抵押品管理失误等原因造成的损失。

5. 经营中断和系统错误风险

主要指由于计算机硬件、软件、通信或电力中断而引发的损失。包括硬件瘫痪、软件漏洞、设备故障、程序错误、计算机病毒、互联网失灵等原因造成的损失。

二、外汇操作风险原因分析

行业特殊性决定银行在外汇操作风险上存在机制上的根源性。基层银行必须随时满足客户的各种外汇的需要，其操作过程的正常运转高度依赖银行员工的操作技能、从业道德和内部监管。外汇操作风险也是银行在经营过程中必须承担的风险之一。

我国银行的管理层级、机构设置与政府行政区划类似，造成分支机构庞大、管理层级较多，管理链条过长加之业务覆盖地域广，人员区域管理水平差异极大，使各级管理层之间存在较为严重的不对称，银行基层分支机构极易成为管理上的盲区和操作风险的高发领域。

（一）人员风险

根据张吉光的风险案例统计，操作风险在我国有其特殊性：一是操作风险在基层比较突出，发生在基层分支机构的操作风险数量在所有操作风险中的比例达到90%左右；二是基于人的原因造成了60%以上的风险，细化来说可以分为三个层次。

1. 合规风险。一是表现为员工重业务、轻合规。商业银行以盈利为主要目的，在追求利润的过程中容易放松对合规的基本要求。"业务优先、合规在后"的思想仍在某些外汇操作人员脑中根深蒂固，在追求业务快速与效率的过程中往往自觉不自觉地把业务操作和合规管理对立起来，认为只要符合银行内部的管理规定、不违规就是合规。合规因此变为少数人的工作，大部分员工对合规工作的落实要求不到位，未贯彻"了解客户、了解业务、尽职调查"的原则。以民生银行为例，仅2015年就因结售汇业务受到外汇局两次处罚，2015年8月，民生银行苏州分行操作柜员及主管均未履行真实性合规性审核职责，为异地的一家企业违规办理了3笔大额售汇业务，金额高达1.9亿美元。该分行在该笔业务办理过程中，仅通过内部邮箱以电子邮件方式接受该异地企业提交的相关材料扫描件，所审核的贸易融资等售汇材料均为复印件，售汇业务办理完毕当日，在内容存在重大瑕疵，企业境内汇款申请书汇款用途与申请购汇用途不符的情况下，该银行分行仍为该异地企业办理了资金划转业务，为异地企业大额骗购外汇提供了便利。同年12月，民生银行昆明分行同样未履行真实性合规性审核责任，为4家异地企业办理了8笔大额售汇业务，合计2.675亿美元。外汇局对其做出没收违法所得人民币共计303.56万元，并处罚款200万元，责令停止经营对公售汇业务一年，责令该行对违规行为相关责任人员进行追责的处罚。

2. 胜任风险。这与银行违规用工、关键人员流失、缺位给银行带来的损失等息息相关。如某单位外汇骨干，或积累了关键外汇技能的职员突然辞职、休假；或连续超时加班等情况出现时，一般银行虽然有AB角色轮换制度，但是由于业务惯性，B角色员工往往本身并不完全具有顶替A角色员工上岗的能力，如遇突发情况需要顶替时，操作失误概率将大大增加。2016年9月，中国银行舟山分行因外汇专岗主管休假,操作人员一人双码,自己录入业务后又擅自使用主管通行证进行审核,未尽职审查转口贸易真实性,在企业不具有转口贸易货权凭证情况下,违规为企业办理了转口贸易付汇业务。此举违反了《外汇管理条例》规定,情节严重。该行被没收违法所得21.6万元人民币,罚款100万元人民币,并被暂停对公售汇业务6个月。

3. 培训缺失风险。由于各地经济发展不平衡,以及各个区域对外汇业务的推动力度不同,导致银行各区域外汇业务发展不均衡,往往只有少部分的分支机构获准办理品类齐全的外汇业务。此外,商业银行分支机构的外汇从业人员队伍相对不稳定,且缺乏专业、系统的外汇业务培训,员工参差不齐;管理部门检查人员外汇知识不全面,无法有效地对外汇业务开展自查。在基层网点的外汇操作环节,出现错误的原因往往是由于外汇业务不熟练及马虎造成的,例如跨境人民币申报错误、国际收支申报错误,或是企业基础资料录入错误等基本问题,属于操作人员不熟练或是疏忽造成。除此之外,在外汇现钞业务中因操作人员识别伪钞能力不足,造成风险的情况也时有发生,工商银行某分行外汇柜员因一位较为熟悉客户带来大量美元现钞存入时机器频繁提示伪钞,在进行简单的手工核验过后竟然关闭点钞机鉴伪功能进行清点,导致一次性单笔收到1万美元假钞。此类情况都是外汇操作人员违规操作,对简单外汇操作没有风险防范之心造成。

(二) 制度风险

即内控制度缺失或不完善,包括两方面:

1. 职权无分离。外汇交易中,如果前台和后台,交易权、结算权与监督权不分,必然隐含着巨大风险。巴林银行因员工违规导致破产案中,尼克·里森的巨额违规交易之所以能在一个相对较长的时期内不被发现,就是因为他既是交易员,同时还是巴林期货总经理,集交易、结算、监管大权于一身。缺乏必要的风险管理措施或执行不力。如限额管理是外汇交易中的一种常用风险控制手段,如果不细分角色权限或虽有规定但执行不力,必然大大提高外汇交易的风险。

2. 重事后管理,轻事前防范。近几年国内商业银行与外汇操作风险有关的大案频频发生,对涉案人员也都采取了严厉的惩罚与全系统通报,但是这些措施并没有能减少操作风险案件的发生。究其原因,就是由于商业银行"重事后管理,轻事前防范"的错误理念导致的。商业银行只重视在与操作风险有关的案件发生,并没有从事件共性中寻找原因进行预防。如2015年至2016年,华侨永亨银行北京分行两次因在办理内保外贷签约及履约时,信贷审查人未对债务合同、预计还款资金来源及相关交易背景进行尽职审核和调查,违规为企业办理了购付汇业务。上述行为违反了《跨境担保外汇管理规定》第十二条及第二十八条的规定，严重干扰外汇市场秩序，情节严重。被外汇管理局责令限期改正，没收违法所得387.9万元人民币，并处罚款400万元人民币，暂停售汇业务3个月。此外，2015年1月至2016年6月，上海海通证券资产管理公司违反QDII投资外汇管理规定，未对企业资质进行审核，向不具有QDII投资资格和资质的公司提供投资额度，累计净汇出1 628万美元，且向外汇局提交了不实证明材料。外管局对其予以警告，并处罚款775万元人民币。

（三）道德风险

即操作人员在交易过程中的舞弊或欺诈行为造成损失的风险。道德风险主要有两种表现形式。

1. 隐瞒不报。如果出现外汇操作失误，操作人员可能因为考核或者面子问题不愿意让外汇主管知道而将错误擅自隐瞒下来，试图自己联系客户处理或者择机处理。结果很可能事与愿违，错误愈加严重，甚至无法收场。操作人员隐瞒交易错误不报，不仅不利于风险监控，而且有可能使风险进一步扩大。

2. 欺诈行为。包括内部欺诈和内外勾结欺诈。内部欺诈指交易员利用职务之便或者交易员与交收员勾结，牟取私利。如操作人员为行外人员某些非法交易提供便利以获取私利。内外勾结欺诈指操作人员与客户相互勾结，如操作人员在与客户交易时，不顾银行及政策监管风险，擅自采用违规做法，以便自己能从客户那里得到好处。如原中国银行深圳某支行员工杨某与行外人员合谋，使用虚假的进口合同、发票等资料多次申请购汇，杨某在其中协助办理购汇业务并从中抽成获利，累计骗购外汇金额达6.03亿美元。

（四）系统故障和物质损失风险

1. 信息系统失灵或存在漏洞。软硬件故障和业务系统漏洞同样可以给银行带来损失的可能，如对系统软硬件的破坏、业务数据的不合适访问。现代外汇交易都是通过电子网络系统进行的，因此外汇交易中银行还必须承受系统故障风险。目前，国内采用的基本都是国际先进的终端和交易系统，但风险依然存在。交通银行北京分行西单支行推出了一套电话外汇买卖——外汇宝交易系统。外汇宝业务的推出方便了外汇交易者，客户可以足不出户，在家里利用电话进行外汇买卖。在外汇宝交易规则中写明电话机上的"＊"号键可以用来修改交易中的输入错误。2002年4月至6月，外汇客户夏某在以电话交易方式从事个人外汇买卖时，利用"＊"号键的修改功能，按住不放，从而延误操作时间，以获取最佳交易时机。由此在短短的2个月的时间里，共获利47.8万美元。后被交通银行发现并以"黑客入侵"理由报案。该案充分证明了系统性操作风险的危害。交通银行在推出新业务时，没有对该业务的交易系统进行足够的检测、实验，没能在正式使用之前发现系统中的明显漏洞，是造成损失的主要原因。此外，交通银行对外汇宝交易系统监控不到位，面对持续损失时无人管理，直到损失达到 47 万美元时才发现问题。

2. 物质损失风险。指自然灾害（如地震、火灾、洪水）和人为破坏（如抢劫、盗窃）造成的物质损坏。包括营业场所突然遭遇损毁，如网点火灾或数据终端火灾损毁，也包括操作人员突然身故，如"9·11"恐怖袭击事件使大量操作型员工突然死亡。总的来说，系统故障或物质损失属小概率事件，但这类事件一旦发生，则损失巨大。

三、外汇操作风险管理的对策及建议

长期以来，外汇操作风险因其业务面较窄，发生率占比不高易被风险管理者所忽视。国内银行业对外汇操作风险也没有一个全面、系统的认识。目前，从商业银行风险改革情况来看，商业银行对外汇操作风险的认识和系统管理上仍处于起步阶段，鉴于此，笔者针对我国商业银行操作风险的现状以及原因的分析，提出商业银行操作风险管理的对策。

（一）"人"是外汇操作风险管理的核心

《巴塞尔新资本协议》将操作风险进行了分型，但现阶段在我国商业银行经营中，操作失误和欺诈两个方面表现得更为突出。操作失误是指员工在业务操作执行、传递和流程管理中，由于责任心不强、专业技术不过关以及偶然失误等原因导致的操作风险事件。这类风险事件数量较多，但带来的损失并不是很大。但是欺诈类案件频次不高，但具有数额巨大，影响恶劣的特点。

1. 注重从业人员选拔。外汇交易是一项对专业技术和经验有着双重要求的业务，且外汇交易操作风险直接来源于操作人员，因而对交易员的综合素质要求很高。它要求操作人员不仅要精确知晓外汇各种操作流程，同时还必须对外汇政策具备敏锐的"嗅觉"，另外，还需要对风险人员、风险业务具有一定的识别和分辨能力，银行在选聘外汇操作人员时，必须综合考虑这些因素。操作风险的防范关键是对行为人的控制。商业银行应该使全体外汇操作人员熟悉自身岗位职责，掌握业务的整体流程和风险的关键点，杜绝操作马虎，业务疏忽带来的外汇操作风险。

2. 建立从业培训制度。准确、全面地让外汇人员理解操作风险含义，加强操作风险管理的教育、培训，提高全员的素质，包括思想素质、道德素质、业务素质，是防范和控制操作风险最基本、最重要的措施，也是操作风险管理最核心的内容。每个环节、每个岗位的员工都应正确认识操作风险的本质特性和危害，自觉规范操作，避免拆分风险、外币伪钞识别失误，学习外币反洗钱的各种相关规定，抵制各种诱惑，诚信从业，坚持防范和杜绝各种内外部欺诈行为，在日常工作中，养成自觉防范和控制操作风险的意识。

3. 提高风险管理认识。外汇操作风险管理不仅仅是各分支机构的任务，而且首先应当成为总行及各高层的管理重点，要提高外汇操作风险的管理层次，将操作风险管理列入总行决策层的重要议事日程，进行重点关注和管理。加大操作风险管理资源的投入，总行级机构要有专门部门负责外汇操作风险的集中统一管理并配备相应的专业人员，形成高层管理人员直接管理，风险管理部门具体实施，相关部门配合的操作风险管理体系。要注重优化管理部门员工的专业结构、年龄结构，根据其学历、经验，合理分配岗位。积极选拔有才能、有专业素质和政治素质都过硬的人员加入。同时还要对操作风险管理部门员工进行技术培训，提高对新政策新方法的掌握程度，定期进行相关考核。

（二）"制度"是外汇操作风险管理的手段

近年来，各银行系统因涉嫌外汇政策违规而屡遭处罚，这暴露了银行系统内部控制存在着大量问题。由银行内部引发的外汇案件屡见不鲜，这证明银行内部控制存在诸多问题，主要表现在：第一，认识存在偏差，内部控制意识薄弱。第二，缺乏权力制衡，存在控制盲点。第三，信息渠道不畅，政策程序传达及培训滞后。就此类外汇风险现状看来，单纯依靠监管部门的保护和约束以生存和发展远远不够，正视日益增长的风险、改善和加强内部风险管理与控制，将成为银行外汇业务良性发展的首要的、基础的条件。内部控制制度是有针对性的管理外汇操作风险的有力工具，有效且能保证严格执行的内部控制制度是银行外汇风险管理体系的核心。具体而言，内部控制是商业银行为实现经营目标，通过制定和实施一系列制度、程序和方法，对风险进行事前防范、事中控制、事后监督和纠正的动态过程和机制。鉴于此，提出建立健全商业银行内部控制的措施。

1. 加强风险管理文化建设。风险管理文化包括银行员工整体的风险观、风险内部控制意识和风险管理职业道德等。银行风险控制管理要求员工具有一定行为规范和道德水准，内部控制管理文化建设就是通过调动员工的积极性、主动性和创造性，在全行树立全员操作风险意识，提高管理层和全行员工对加强内部控制建设的重要性、迫切性的认识。持续不断地对全体员工进行内部控制培训，确保全体员工都具有内控管理观念、意识和行为规范，通过约束员工行为来达到业务发展与内部控制的目的。

2. 积极开展外汇风险控制评价。建立独立、权威的内部监督制度，确保内部监管的连续性。外汇风险控制评价是银行对外汇相关内部控制制度建设及其执行情况和执行效果进行全面检查、测试与考核过程，是对外汇业务经营活动进行更高层次监督的评审活动，它与监督检查相辅相成。外汇操作风险的压降是商业银行内部控制体系有效运转的重要部分，必须对其进行连续的监管。不仅只是通过外管系统的外查，通过设立独立的权威监督部门并对外汇风险管控有效性和符合性进行内部评价也非常重要。

3. 建立健全外汇风险核查制度。现场及非现场检查制度，加大监督检查的频率和力度，对银行外汇风险内控制度的有效性进行持续监管，推进银行业内控体系的建立与完善。

（三）"技术"是外汇操作风险管理的保障

1. 信息技术系统稳定是银行正常营业的基础条件。系统因素导致银行操作风险主要由系统技术落后，更新升级较慢导致不能正常运用，系统设计存在漏洞等。伴随外汇交易方式的不断创新，对计算机及网络的响应速度和软件优化提出了新的要求。我们应保证硬件的后台支持，降低因信息系统带来操作风险的可能，更换技术系统比较落后的硬件及软件装备，保证外汇系统运行的装备基础，防范因信息技术落后造成银行亏损的可能性。除此之外，银行还应制定应急方案，避免出现因系统未升级或出现漏洞，导致营业网点停止办理业务的事件，以避免员工利用技术系统有意或无意而造成操作风险损失。

2. 要运用先进的现代统计技术，建立外汇操作风险计量和信息发布制度，学习和借鉴其他管理科学的风险计量技术，建立适合于商业银行的操作风险计量模型，定期对外汇操作行为进行度量和预测，完善风险评估技术。不再局限于对风险定性的分析，而是要通过对风险的量化来寻找风险的规律，并为风险的防范提供依据。我国商业银行风险技术发展长期滞后是我国商业银行外汇风险管理较为落后的重要原因。因此应积极借鉴国外先进经验，逐步引进先进的风险评估和管理技术，开发、建立一体化的操作风险评估模型，对外汇业务风险、操作风险进行全面持续的监控。

四、研究展望

因为外汇操作风险的发生会给银行正常的经营活动及我国外汇整体管理带来巨大的负面影响，所以越来越引起业界和业外人士的重视。本文通过对外汇操作风险的一般性研究，结合国内外案例，对我国商业银行外汇操作风险管理体系建立提出了可操作性建议，力图在对商业银行外汇操作风险具体现象进行研究，总结归纳出我国商业银行操作风险的特点。根据文章内容，得出以下结论：在各类外汇操作风险的各种类型中，人的因素引起的操作风险占了大多数，银行外汇操作风险大多因为实操人员操作马虎或未尽到尽职审核等因素造成，对于政策性风险和内外部欺诈风险来说，发生频率不高，但破坏性巨大。关于对外汇操作风险的分析，本文只是侧重于对各种方法和案例的描述，并没有结合太多有关数据，这主要是由于我国对外汇操作风险研究的数据极少，数据分散严重不足。如若能在以后的研究工作中搜集相关数据，厘清影响外汇风险的相关因素，通过计量模型的方式进行实证分析，则针对性更强，对策也将会更有说服力。

新兴市场汇率波动与中国企业：影响及应对

中国民生银行北京分行　李　鹤

2018 年第二季度以来，新兴市场国家货币贬值逐渐成为财经媒体关注的一大热点。由于美国宏观经济有所改善，美联储持续推进加息，美元流动性逐渐收紧；同时，一些新兴市场国家外债规模较高，内部经济放缓，风险因素集聚。多重因素叠加，导致上述新兴市场国家的货币对美元呈现大幅贬值态势，个别国家甚至在短期出现高达 50% 以上的本币贬值，引发国际投资者对新兴市场国家经济前景的极大担忧，甚至担心类似 20 世纪 80 年代拉美债务危机或 1998 年亚太金融风暴那样的区域经济危机在这些国家重新上演。

数据来源：Wind。

图 1　美元兑土耳其里拉汇率走势

值得注意的是，出现本币大幅贬值的新兴市场国家，也是中国企业的重要市场。例如，印度尼西亚、土耳其、马来西亚等为"一带一路"倡议沿线重要国家，与中国开展较为紧密的经济合作；南非和墨西哥为中国重要贸易伙伴，南非兰特和墨西哥比索是中国外汇交易中心人民币一篮子货币指数构成货币；而巴西、阿根廷则是区域经济大国，与中国经贸关系也较为紧密。近年来，通过贸易出口、大型工程承包乃至海外投资等方式，中国企业在这些国家积极拓展市场，在实现经济效益的同时，也不可避免增加了自己在这些国家的风险暴

数据来源：Wind。

图 2　美元兑雷亚尔汇率走势

数据来源：Wind。

图 3　美元兑印尼卢比汇率走势

露，其中汇率风险就是十分重要的一个方面。因此，在此轮新兴市场国家汇率波动的背景下，有必要对中国企业涉及这些国家的汇率风险予以认真分析，并思考应对之道。

中国企业的新兴市场汇率风险分析

汇率风险源于货物/服务的计价货币与企业自身所使用的基准货币之间存在不匹配，由于计价货币的币值波动，从而可能对企业以自身基准货币表示的实际收入产生负面影响。本文谈论的汇率风险仅局限于新兴市场国家本币与美元等国际主要流通货币之间的汇率风险，即新兴市场国家本币贬值风险，美元与人民币之间的汇率波动问题，不属于本文讨论范畴。

　　汇率风险是国际贸易中交易对手双方均会面临的问题，而风险在买方（新兴市场国家交易对手）卖方（中国企业）间如何分配，则取决于计价—支付货币的使用选择。从这个角度出发，可以将中国企业对新兴市场国家提供货物或服务的收汇情况，以及其涉及的风险分配情况分为以下四类。

表1   支付—计价币种风险分配表

		支付货币	
		美元	新兴市场本币
计价货币	美元	1 见于货物出口贸易；对卖方有利，卖方不承担汇率风险；如由海外公司在当地收汇，需要关注该国汇出政策限制	2 中长期工程承包或基础设施投资项目常见的安排；对卖方有利，如有定期调整机制，卖方可转移汇率风险；但需高度关注该国兑换及汇出的政策限制
	新兴市场本币	3 见于货物出口贸易；对买方有利，卖方承担汇率风险；如买方本币较为稳定，且属于结算周期较短的国际贸易支付，卖方风险相对较低	4 对买方有利，卖方承担汇率风险，对卖方最不利的跨境支付安排

　　从中国企业在新兴市场国家开展业务的实践看，目前凡是涉及货物贸易出口，中国出口企业需要自新兴市场国家短期收汇的，计价与收汇货币主要为美元，即属于情况1。在这种情况下，中国企业不承担新兴市场国家本币对美元的汇率风险，属于最为有利的情况。当然，在个别业务中，如新兴市场本币较为稳定，卖方竞争较为激烈导致买方议价能力较强，中国出口商为了争揽业务，不得不承担汇率风险，也存在与买方约定以该国本币计价但以美元进行支付的情况，即情况3。在这种情况下，如合约签订日距实际支付日时间较长且不存在汇率或价格调整机制，新兴市场本币在此期间出现贬值，将导致中国企业收到的美元金额减少，汇率风险将造成实际损失。

　　而在中国企业近年来对上述新兴市场国家"走出去"的核心业务领域——工程承包或海外基础设施投资方面，汇率风险的表现更为复杂，也需要重点分析。该类业务涉及支付周期通常在1年以上，经常超过5年；项目建设或投资均在新兴市场国家当地进行，当地业主支付对象通常为中国企业在当地的子公司。在许多新兴市场国家，由于该类支付并不涉及跨境支付，因此不允许当地业主以美元支付，仅能通过以美元计价，以该国本币支付的形式支付给中资企业，即情况2。在这种情况下，中资企业实现了美元计价，但将在一个较长的时间段的不同支付日持续收到该国本币现金流入，如交易条款不包含支付日汇率调整机制，在汇率参照日至支付日期间该国本币大幅贬值，或企业由于操作延误或该国汇兑限制，无法将收到的新兴市场本币及时兑换为美元，则该国本币贬值将对中资企业造成损失。

新兴市场国家汇率避险建议

本轮新兴市场国家货币的大幅贬值，再次提示中国企业要在"走出去"过程中做好汇率风险管理。综合上述分析以及企业业务实践，可以提出以下汇率风险防范建议。

一是在经营理念上，企业经营管理者一定要清醒认识汇率风险，牢固树立保值对冲理念。在保值对冲方面，可以采用商业合同对冲、保险对冲和金融工具对冲相结合的方法，守住锁定收益、固定成本的底线，将汇率风险引发的不确定降至最低。在进行风险对冲时，要充分理解成本收益的协同性，能接受不同对冲工具带来的短期成本增加（如保费支出或期权费用支出）和对企业估值损益科目的冲击（如用于对冲的衍生品头寸在存续期内带来的估值损益变动），从长远的视角看待汇率保值带来的益处。

二是运用商业合同对冲汇率风险。企业要在合同谈判阶段即要求对方以美元或其他国际主要流通货币作为计价货币，尽量避免以该国本币作为计价货币的交易。如合同项下发生持续多期的现金支付，且单笔发票开立日距实际付款时间较长的，还应纳入价格的汇率调整机制，及时根据即期汇率变动调整支付价格，并及时将收款予以兑换为美元，保证收到合同订立之处约定的美元金额。

在这方面，发达国家企业有较为丰富的经验，值得中国企业借鉴。笔者曾经审阅某日本出口商与中国进口商签署的贸易合同，其中日企既允许以日元结算，也允许以美元结算，但按照即期美元/日元汇率折算后的价格，以美元定价相对更加便宜，价格差距基本反映了该出口商对日元贬值幅度的预期。这是一种很巧妙的汇率风险管理手段，通过采用不同的价格，可以在经济上激励交易对手采用美元结算，从而在合同签约阶段即转移自身汇率风险。

三是在当地收款的企业可以通过保险投保和离岸账户规避汇兑限制风险。新兴市场国家本币贬值易于引发汇兑限制，作为政治风险，这已可通过投保信保保险予以防范。例如，在中信保海外投资险保单中，政治风险第一个承保风险即为汇兑限制，只要中资企业或被保险金融机构依法拥有当地货币，且保单生效前已获得汇兑批准，因东道国政府施加汇兑限制或歧视性汇率，经合理尝试仍无法汇兑成功的，均属于保险赔偿范围。如该国政策允许，也可在区域金融中心或中国境内开立离岸账户，要求交易对手将资金直接支付至离岸账户，减少在该国金融体系内的留存规模，从而规避汇兑风险。

四是通过衍生金融产品进行套期保值。经过多年培育，办理套期保值产品已经成为企业防范汇率风险的标准动作，涉及新兴市场交易对手的中国企业也可通过办理套期保值产品锁定汇率，进行避险操作。目前，部分中资银行已经可以办理包括巴西雷亚尔、阿根廷比索、印度尼西亚卢比等货币 NDF 远期在内的衍生产品交易，为中资企业提供套期保值服务。当然，是否有定价合理的衍生产品，仍然取决于该国货币的国际流动性，以及该国外汇市场、利率市场等金融市场的发育程度。商业银行在为企业核定授信额度时，也需结合企业涉外业务的发展情况，给予企业一定的衍生产品保证金额度的支持，支持企业开展套期保值业务。

五是要密切关注该国宏观经济情况，关注汇率市场动向，定期评估汇率贬值风险。持续在这些国家开展业务的中资企业要定期收集整理该国外债规模、短期国际收支特别是资本与金融账户流动规模、外汇市场代客即远期结售汇规模等金融数据，关注该国国债价格、国债违约掉期（CDS）等交易品种市场表现，预判国际投资者对该国经济持有怎样的预期，做到知己知彼。

我们以中资企业参与较多的印度尼西亚独立电站项目为例，看看如何运用上述原则，做好新兴市场汇率风险防范。2016 年，某中资央企 D 公司中标印度尼西亚某火电站项目。在该项目中，D 公司在印度尼西亚当地设立项目公司 D1 公司，D1 公司按照约定建设完成电站后，在 25 年内持有电站并运营，印度尼西亚国家电力公司（买方）则与 D1 公司（卖方）签署 PPA 协议（购电协议），约定在该运营期内每年自 D1 公司处购电，购电采用照付不议（take - or - pay）方式，其中固定电价能够覆盖 D1 公司建设电站的美元融资本息，并保障一定的股东收益。

在项目中标后，D 公司即高度关注汇率风险问题，在 PPA 协议谈判阶段，即预先嵌入汇率风险控制条款。最终签署的 PPA 协议中，印度尼西亚国家电力公司按照 D1 公司可能产生的不同币种成本流出，对应给予不同币种计价，从而从源头上规避了计价币种错配。在本项目中，D1 公司资本金筹集及项目融资为美元，因此覆盖股东收益及银行贷款本息的容量电价部分约定为美元计价；D1 公司可变运营成本包括印度尼西亚及外国工作人员工资，对应可变成本的电量电价则分别以印度尼西亚卢比和美元计价；D1 公司燃料采购源于印度尼西亚当地，对应燃料的电量电价全部以印度尼西亚卢比计价，等等。

由于印度尼西亚对本国内部美元支付限制较严，因此上述所有计价均为印度尼西亚卢比支付，D1 公司仍然需要对 25 年内跨期多笔印度尼西亚卢比收款的汇率风险予以防范。在 PPA 协议中，对美元计价的电价部分，协议设置了根据美元/印度尼西亚卢比即期汇率予以调整的机制。协议约定，初始汇率为 1 美元 = 13 000 卢比，约定初始每月支付 10 亿印度尼西亚卢比，如某月售电发票日汇率达到 1 美元 = 14 000 卢比，则当月发票金额相应调整为 10.77 亿卢比（即 10 亿×14 000/13 000）对应的美元，与印度尼西亚卢比贬值幅度保持一致。在支付日，则将根据支付时实际汇率再次调整实付印度尼西亚卢比金额，并在售电前即指定印度尼西亚某家国有银行，在卖方收款后即时兑换为美元并支付至 D1 公司离岸账户，保证收到的美元金额不少于发票金额中美元部分。

PPA 协议上述美元计价本币支付、汇率调整、第一时间兑换等机制，保证了 D1 公司能够收到足额美元，最大限度规避了市场因素可能引发的汇率风险。但由于新兴市场国家或多或少保留了一定程度的外汇管制，在本币大幅贬值时，为维持宏观经济稳定，新兴市场国家政府可能推出包括限制汇兑在内的一系列严厉外汇管制措施，延缓甚至禁止企业将本币兑换为美元并汇出境外，从而出现在企业最需要兑换美元以规避贬值风险时，反而最难兑换美元的情况。考虑到这种由于汇率贬值衍生出的外汇管制政策风险，D1 公司投保了承保汇兑限制等政治风险的海外投资保险，将汇兑限制引发的汇率风险予以转嫁。同时，D 公司中标后，即要求 D1 公司积极接洽中资当地金融机构，掌握印度尼西亚卢比汇率走势以及印度尼西亚卢比/美元衍生品市场情况及办理流程，为未来通过衍生产品防范汇率风险作好充足准备。上述合同条款、保险转嫁、衍生品防范等多种机制，共同为 D1 公司筑起了针对汇率风险的防波堤，足以保证投资收益不被汇率波动所侵蚀。

筚路蓝缕，创业维艰，在境外市场，获取并积累利润并非易事，而汇率波动对利润的侵蚀则可能迅速发生！希望中国企业能逐渐深化对新兴市场国家汇率风险的认识，持续稳健开展业务，保卫自身经营成果，从而更好发挥竞争优势，树立基业长青的中国品牌。

强势美元引发新兴市场货币动荡

中国工商银行北京市分行　张晓丽

2018 年以来，美国经济数据表现亮眼，欧元经济复苏缓慢，市场对美国经济信心大增，同时美联储加息步伐加快，加息周期及缩表周期均快于欧元区，美元强势上升。受美元大涨，以及资金从新兴市场撤离的部分影响，新兴市场货币大幅波动，货币市场风起云涌，具体原因分析如下。

一、2018 年强势美元霸屏及主要原因分析

2018 年以来，强势美元频频霸屏，在全球货币市场表现突出，美元指数一扫 2017 年大幅回落颓势。美元指数，是综合反映美元在国际外汇市场汇率情况的指标，是用来衡量美元对一篮子货币的汇率变化情况，也是衡量美元的强弱程度。美元指数从年初的 92.64 到 2018 年第三季度末的 95.132，涨幅 2.69%；在近三个季度里，美元指数最低 88.253，最高 96.984，平均 92.675，走势总体上升（走势图详见图 1）。

图 1　美元指数走势图（2017.12.01 – 2018.09.30）

2018 年初，美国政府表态强势，指出美元为美国利益所在，不满当前美元弱势行情，且减税政策将引导万亿美元回流和预计美联储开启年内升息步伐，上述消息将进一步提振美元走势。虽然第一季度美国与俄罗斯相互较力，与中国在台海问题上对抗，以及朝核问题走势，为市场增添了诸多不确定性，不利

于美元走强，但是进入4月后，美元持续走强，美国经济表现良好，美联储加息两次，并在贸易战中处于上风，带动美元保持强势。下半年，全球贸易战持续爆发，美国经济向好及利率上行吸引资本流入，美国经济基本面保持向好，美联储加息预期稳定，美元保持高位震荡。今年美元持续走强的主要原因如下。

1. 美国经济数据持续向好，经济基本面强于预期，市场普遍看好美国。美国经济数据超预期带动美元，8月美国ISM制造业指数为61.3，大超市场预期，创2004年5月以来的新高，虽然9月ISM指数回落到59.8，但仍显示美国制造业持续扩张；美国9月失业率为3.7%，创近50年以来新低，美国9月非农就业数据表现亮眼，劳动参与率也保持稳定，劳动力市场处于充分就业状态。美国第二季度GDP折合年率增长4.2%，是美国经济近4年以来最快的增长速度，提振了市场对美国的信心。

2. 美国在2018年实施财政刺激、减税政策，带来赤字扩大，国债供给明显增加。美联储慢慢缩表，对国债的配置资金逐步减少；而作为美债最大投资者，中国和日本持有的美债也都小幅下降，供需结构导致美债收益率上升，以美国10年期国债为例，10月5日已达到3.23%，为2011年以来最高值。通胀预期增加，使市场对美联储加息的预期随之增加。2018年以来，国际油价持续上涨，油价的上涨会引发市场对通胀预期的增强，如果通胀持续回升的能力得到确认，市场预期美联储加息的步伐可能加快，2018年总的加息次数将达4次，进一步支撑美元上涨。中美贸易也是影响美元的因素，根据中美双方最新声明，中方将采取有效措施实质性减少美对华货物贸易逆差。美国降低自身贸易逆差，这会导致海外市场对美国国债的需求边际减少，从而推升美国国债利率水平。中国增加从美国的进口，会带动美国多个产业，市场将继续看好美国、看好美元。

二、新兴市场货币兑美元轮番贬值及原因分析

2018年以来，新兴市场货币兑美元轮番贬值。8月新兴市场创下自2008年全球金融危机以来的最长抛售潮后，市场对新兴市场出现系统性风险的担忧越发升温。随着全球贸易摩擦的加剧和后续美联储加息的预期走高，一些新兴市场国家的货币将进一步承压。

本轮新兴市场动荡与美元指数的调整息息相关，从本质上说，是美国进入加息周期后美元走强的直接结果。因此，新兴市场货币汇率后续的走势，仍与美元指数的变动高度相关，而后者又受美国经济前景的影响。

本轮新兴市场货币波动最大的是阿根廷比索，美元兑阿根廷比索汇率从年初的18.26，一路上升到2018年第三季度末的41.54，幅度高达127%。阿根廷比索2018年不断大幅贬值（走势图详见图2），主要原因如下：

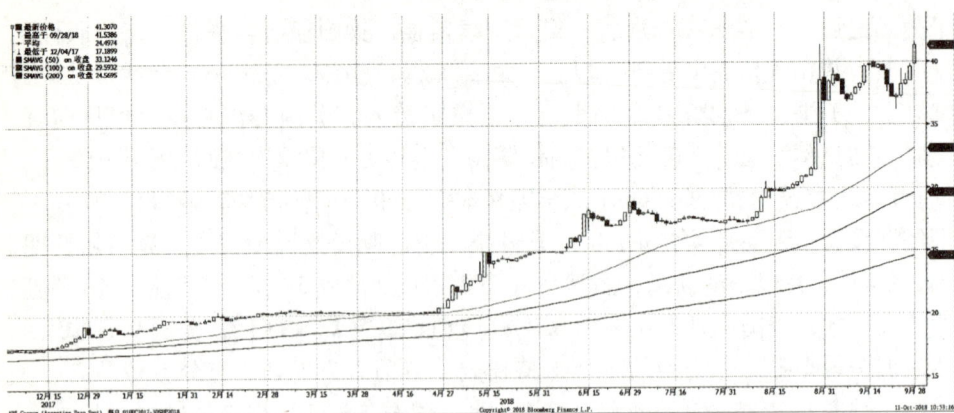

图 2　美元兑阿根廷比索汇率走势（2017. 12. 01 – 2018. 09. 30）

（一）通货膨胀加速上涨，高居不下

阿根廷的通货膨胀从 2014 年后一直在 14% 以上，政府的货币政策并未能很好抑制通货膨胀的发展。阿根廷对银行监管并不成功，银行为了跑赢通货膨胀，获得利润，导致贷款利率非常高。资本管制的开放进一步加重了阿根廷通货膨胀。由于本国货币通货膨胀，阿根廷人民疯狂换购美元，经济过度"美元化"，缩小了国内金融系统中本币部分，加上财政赤字失控，货币超发严重，通货膨胀问题更加严重，2016 年在阿根廷放开资本账户管制后，通货膨胀加速上涨，并一直处在 20% 以上的高位震荡。

（二）政府外债规模过大，流动性风险聚集

自 2016 年起，为稳定外汇储备，阿根廷大量借入外债。据统计，阿根廷近三分之二的债务是以外币发行的，使得近年阿根廷外债占 GDP 比重不断攀升。2017 年，阿根廷外债规模约 2 330 亿美元，占 GDP 比值约为 36%，远高于 20% 的国际警戒线。现阶段由于阿根廷外债规模高，每当有大量到期国债面临展期压力时，比索汇率就会大幅波动。

（三）出口结构单一，国际收支失衡加剧

当前初级产品和农产品占阿根廷出口的 63%，阿根廷经常账户自 2011 年起由顺差转为持续扩大的逆差。阿根廷经济结构单一，主要以农产品和低端工业为主。单一的经济结构造成阿根廷对进口依赖程度较高，导致该国外汇储备消耗过多，在大规模国际收支逆差下，阿根廷比索容易承压。2017 年阿根廷国际收支逆差达 307. 92 亿美元，其中，货物服务贸易逆差为 153. 92 亿美元。

土耳其里拉也是本轮新兴市场货币动荡较大的不可幸免的一员，美元兑土耳其里拉汇率从年初的 3. 79，一路上升到 2018 年第三季度末的 6. 06，8 月曾一度高达 7. 24，年内增幅高达 60%。土耳其里拉 2018 年不断大幅贬值（走势详见

图3　美元兑土耳其里拉汇率走势（2017.12.01－2018.09.30）

图3），主要原因如下：

1. 美国和土耳其外交冲突持续恶化，种种迹象表明两国已走在决裂的道路上。7月底，美国牧师在土耳其遭到拘留，以恐怖主义罪名被判入狱两年。8月1日，华盛顿对土耳其两名部长施加制裁，美国与土耳其关系继续恶化，特朗普还宣称要大规模制裁土耳其。土耳其8月7日派出外交部副部长塞达特·厄纳尔率领的代表团赴美，试图解决这一外交风波，但目前并未奏效。除此之外，更为重要的是伊朗核协议。在美国对伊朗下达全球封杀令之际，土耳其挺身而出，声援伊朗，这无疑走上决裂的道路。

2. 土耳其自身经济问题。自2016年土耳其国内经济局势出现恶化以来，国外资本便开始加速外流和转移。土耳其经济患上"三高"：高通胀、高外债、高贸易逆差。根据土耳其统计局最新数据，2018年8月土耳其CPI同比上涨17.9%，为2004年以来最高值。土耳其财政部8月28日发布，截至2018年上半年，土耳其外债总额达到4 570亿美元，占GDP的51.8%。截至2018年7月末，土耳其外汇储备约为785亿美元，难以对其外债形成有效支撑，外债偿付压力明显增加。

受新兴市场货币危机波及程度较高的东南亚最大经济体印度尼西亚，美元兑印度尼西亚卢比从年初的13 415，变成第三季度末的14 903，幅度为11%，其印度尼西亚卢比兑美元汇率已经跌至亚洲经济危机以来最低水平（走势详见图4）。印度尼西亚央行年内5次加息，风险仍处于可控范围内。

印度尼西亚卢比贬值的外部原因是美联储持续加息令美元走强，导致国际资本加速回流美国。同时，近期土耳其、阿根廷等新兴经济体货币出现大幅贬值，令市场出现一定恐慌情绪，印度尼西亚卢比受到"牵连"。内部原因是印度尼西亚是美国投资银行摩根士丹利提出的"脆弱五国"之一，其"脆弱"原因

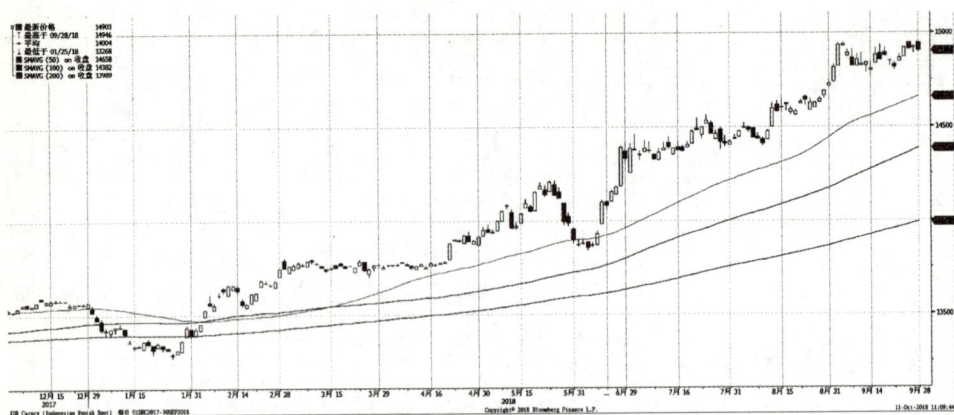

图 4　美元兑印度尼西亚卢比汇率走势（2017. 12. 01 – 2018. 09. 30）

在于过度依赖外国投资，截至 2018 年 7 月，印度尼西亚外债规模为 3 580 亿美元，占 GDP 的借款成本易受美联储政策和国际资本流动影响。据印度尼西亚央行统计，7 月印度尼西亚贸易逆差为 20 亿美元，赤字率为 3%，高于上年同期的 1.96%，也高于 2018 年第一季度的 2.6%。经常账户逆差意味着印度尼西亚在国际商品和服务贸易中流出的资金高于流入的资金。印度尼西亚债券大多为外资持有，加上企业美元债务增加，都会导致印度尼西亚卢比走软。

上述三个有代表性的新兴市场货币大幅动荡的事实表明，本国经济是币值稳定的根本，稳定的金融体系在防范资本流动冲击上至关重要，高通胀和高外债都将在抵御汇率波动时变得软弱无力。

二、展业三原则

商业银行落实展业三原则所遇到的问题及建议

金融科技打造展业三原则数字化体系

政府监管部门对银行业提出展业三原则要求："了解你的客户（Know Your Customer，KYC）"、"了解你的业务（Know Your Business，KYB）"、"尽职审查（Customer Due Diligence，CDD）"。这是国家和社会对银行经营进行监管监督的需要，涉及反洗钱、银行授信、金融风险等多个领域，更是银行自身业务健康发展的根本。

展业三原则的落实细化目的是防范国际国内系统性、区域性的金融风险。那么，如何依据监管政策审核业务，对文件中的"其他需要的资料"是什么，如何补充、如何理解，如何执行 KYC 一体化风险管理是所有金融从业人员日常工作中需要面对的课题。在金融监管机构"简政放权"、"宏观审慎管理"的大背景下，银行管理部门细化具体业务操作流程，将展业三原则程式化，通过系统防控替代传统人工审核核查让银行从业人员展业有据可依是极为迫切和重要的。宽泛的概念性的审核原则不适用放权到最基层一线，极有可能引发政策风险和金融经济风险。

一、系统设置程式化 KYC

制作客户基础信息调研模板，根据不同类型客户进行基础信息程式化审核。客户分类可按行业、主营业务、企业规模、法人年龄、股东成分、资信状况、市场地位等设置，利用共享经济数据植入关联信息（客户所有在线公开信息植入），通过银行内部评估体系对相关数据资料进行分析评估，重新评定银行系统内部客户等级，对该客户业务受理范围通过系统进行分层管控。

举例 A：如何"了解你的客户"？制作客户基础信息调查问卷。根据不同类型客户进行基础信息程式化审核。

设置调查问卷内容：

1. 提出业务需求客户是否为本行客户

回答：是：（1）查看历史合作记录有无不良记录。（2）查看各类业务资质符合业务政策标准。（3）了解业务背景真实性、是否属于该客户主营业务。该客户主营业务所处行业地位。主要交易对手反洗钱黑名单筛查等。

回答：否：（1）核查客户提交的可在监管机构公开信息的文件真实性。查看客户各类业务资质是否符合外汇业务政策标准。（2）由于无历史合作记录，需要详细审慎调研客户最近二年财务报表数据、客户经营状况、现金流、应收账款及负债情况。详细了解主营业务范围。外汇业务需求是否符合主营业务需要。如属于非主营业务，需要进一步详细询问交易细节，审查业务贸易背景资料是否符合商业逻辑。是否符合同行业水平。（3）对于非主动营销客户、有多年从事外汇业务经验的客户还需要重点了解客户提出与建行合作原因。（4）通过系统大数据进行交易对手黑名单筛查。充分了解客户贸易背景真实性。

2. 客户外汇业务需求行业分类、收支项目和所需结算产品

选项：经常项目货物贸易：需要客户配备具有专业国际贸易从业资格的业务人员。参加外汇管理局的国家收支申报辅导。

经常项目服务贸易：需要客户财务人员充分了解服务贸易税务备案政策。

资本项目：需要法人充分了解本企业提交的相关资料及资本项目所涉及的监管审批手续。在相关申请表上本人签字。

调研问卷承诺条款："我司承诺上述问卷提交资料全部属实。我司从事外汇经营活动不涉及违反国内、国际法律法规。"调研问卷要求企业法人签字并加盖企业公章。银行将调研问卷植入系统，随着客户业务合作深入，将长期交易对手、客户主要结算产品、业务量峰值等指标数据不断添加丰满形成客户内部基本信息报告用于系统内机构共享。希望监管部门可以参考纳入企业征信。

二、如何"了解你的业务"KYB？这是一个既简亦繁的课题

1. 简：常规货物贸易和服务贸易收付汇、结售汇业务。主要是业务贸易背景真实性审核。通过企业等级分类、业务期限、合同、发票、进出口报关单、对外付汇税务备案表等要素进行审核。客户提供的合同、发票符合国际商业惯例。资本项目业务虽然手续较经常项目业务复杂，但也是按照监管机构要求程式化审核而已，除大集团的多股东重组并购项目外一般构不成真正意义上的繁。

2. 繁：在上述简的业务上加上融资、金融衍生品，把单一业务衍生成为企业和外商的商业合同、企业和银行的融资合同、企业和中信保的保险合同等多个交易对手在现行外汇政策条件下合规完成履约。中间涉及境内企业资质、境内外银行信用额度、中信保担保额度、汇率波动风险、国内外时差、资金交割国内外节假日不匹配等诸多因素。

三、如何"尽职审查"CDD 之大数据应用

全交易流程数据掌控实现真实性审核要求。

举例：G 公司中标境外大型工程项目建设。政策基本面："一带一路"的重要落地项目。

G 公司世界 500 强企业，境外交易对手 N 企业为境外政府独资企业拥有行业垄断地位。项目标的资金达数亿美元。项目通过 G 公司开立 25% 预付款保函给 N 公司，N 公司收到保函后按照保函金额付款给 G 公司预付货款，同时 N 公司开立 75% 出口信用证。根据合同约定、项目付款计划表、项目发货周期表、项目收款进度表，G 公司前期需向上游厂商支付货款，备货期较长，按照约定分 10 批次发货，每批发货后分三阶段取得回款，预计将在未来 9 个月取得全部回款。根据 G 公司资金需求和项目进度需要发放约占总合同金额的 10% 的美元贷款（中信保承保额度内）用于国内工程物资采购用于支撑出口信用证交单履约，还款资金来源为工程回款。根据汇发〔2017〕3 号文第一条规定："扩大境内外汇贷款结汇范围。允许具有货物贸易出口背景的境内外汇贷款办理结汇。境内机构应以货物贸易出口收汇资金偿还，原则上不允许购汇偿还。"基于 G 公司项目背景，按照文件要求，该笔美元贷款可以结汇用于该项目国内物资采购出口，有匹配出口报关单、境内采购发票。工程回款为项目出口货物货款。G 公司承诺该项目涉及所有金融结算在一家银行机构办理。在银行系统能够完美实现境内采购资金及境外回款资金的全流程监控的前提下，做到不留政策风险敞口。通过监控 G 公司境内、外资金流，帮助银行了解客户境外项目执行情况，资金交割时间是否匹配客户境外项目工程进度表。银行大数据的应用，能够有效监控境外项目工程进展是否顺利，判断境外 N 公司履约能力。

可以看出，正是基于银行系统的提升推进了大数据的广泛应用。切实解决了企业合理需求与外汇政策监管的无缝对接，让数据说话，审慎合规经营，通过系统对交易全流程监控实现监管风险闭环。

从展业三原则看银行外汇业务发展

中国建设银行北京市分行　吴佳倍

近年来，随着我国外汇改革的逐步推进与进一步深化，展业三原则成为时下热门词汇频繁进入大众视野。展业三原则由中国人民银行在跨境人民币业务中首倡，意为"了解你的客户，了解你的业务，尽职审查"。"展业三原则"已日益成为监管机构对金融机构开展业务、控制风险、宏观审慎监管的基本指导原则。中国人民银行和国家外汇管理局就多次直接在其颁布的法规和规范性文件中强调金融机构必须遵循展业三原则，向适当的客户提供适当的金融服务。

一、了解你的客户

（一）银行的定位

"了解你的客户"简而言之就是银行对于自己客户的基本情况要有所认知。但是在了解客户之前，银行更应该思考要以一种什么姿态去与客户沟通、交流，即银行在外汇业务办理过程中的定位问题。很多客户包括许多银行从业者可能会认为：商业银行犹如外汇管理局的"助手"，帮助外汇管理局对外汇业务进行监管；或者说外汇管理局借银行之手对外汇业务进行监管（见图1）。从历史的角度来看，早在计划经济体制下，这种观念或许是正确的，无论是银行还是企业也都是秉持着银行就是"代为监管人"这样一种态度来办理外汇业务，这种根深蒂固的观念也是银行在外汇业务办理过程中定位不准的原因。经济在发展，制度在变革，在市场经济高速发展、外汇管理深化改革的今天，银行在国家外汇管理中究竟扮演一个什么样的角色呢？

1. 从法律角度看银行定位

从法律的角度来看，《外汇管理条例》第十二条规定："经常项目外汇收支应当具有真实、合法的交易基础。经营结汇、售汇业务的金融机构应当按照国务院外汇管理部门的规定，对交易单证真实性及其与外汇收支的一致性进行审查……"乍一看这是国家外汇管理部门确认了商业银行有权审查客户办理外汇业务的交易单证的条款，是银行要求客户提供各种交易单证的"尚方宝剑"。实则不然，这一条款从法律的角度来说并不是授权性条款，而是义务性条款，并且还是法定义务条款，规定的是银行在办理外汇业务时必须履行的法定强制性义务。而且在本条最后还有一句经常被人忽略："外汇管理机关有权对前款规定

```
┌─────────────────┐
│    外汇管理局     │
└─────────────────┘
         │ 监管
         ↓
┌─────────────────┐
│    商业银行       │
└─────────────────┘
         │ 代位监管
         ↓
┌─────────────────┐
│     企业         │
└─────────────────┘
```

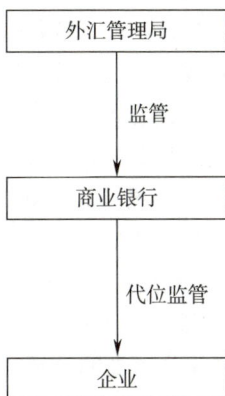

图 1　银行"代位监管"

事项进行监督检查。"由此可见，银行并无权代为监管，反之银行与银行客户一样也是外汇管理机关的监管对象之一。换言之在外汇业务办理过程中，银行与银行客户法律地位平等，都是外汇管理机关的监管对象（见图 2）。

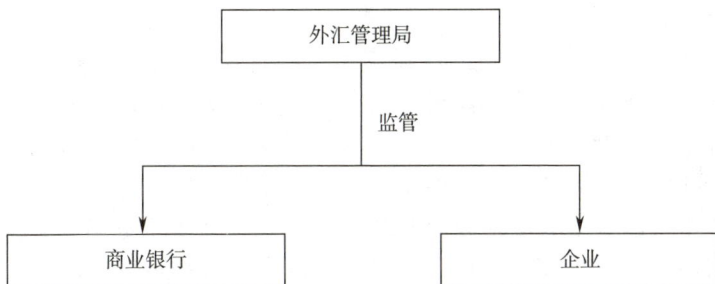

```
┌─────────────────┐
│    外汇管理局     │
└─────────────────┘
         │ 监管
    ┌────┴────┐
    ↓         ↓
┌────────┐ ┌────────┐
│ 商业银行 │ │  企业   │
└────────┘ └────────┘
```

图 2　外汇业务监管

2. 从经济角度看银行定位

从经济的角度来看，改革开放四十年，市场经济体制逐步取代计划经济体制，包括银行在内的国有企业股权改革的进一步深化，银行也逐步脱离体制内，成为市场经济中众多交易主体中的一员，与其他非银行企业一样"自主经营、自负盈亏、自担风险"。换言之，在市场经济蓬勃发展的今天，银行与非银行企业（银行客户的一部分）的经济地位实则平等。再者在国际贸易往来过程中，银行仅仅是合法地为贸易进出口双方或资本输出输入方提供更大的资金便利或高于企业信用的银行信用，在国际贸易往来中起主导作用的仍然是贸易进出口方或资本输出输入方。简而言之，银行与非银行企业经济地位平等，分工不同，互惠合作，绝非凌驾于非银行企业之上的"代为监管人"。

3. 从银行自身发展看银行定位

从银行自身来看，地方性城市商业银行的崛起，外资银行的"走进来"，互联网金融的风生水起，早已彻底改变了五大行垄断银行业市场的格局，银行业市场不再是一个有众多壁垒阻止新的银行进入的寡头市场，同业之间的竞争日趋激烈。随着金融产品的同质化程度越来越高，银行之间的竞争也逐渐从金融产品的竞争转变为金融服务的竞争。银行若再以一种"代为监管者"的高姿态去与客户沟通，去了解自己的客户实在不合时宜。如前文所言，银行与银行客户之间法律、经济地位平等，那么银行在了解自己的客户时，更应该本着一种互惠互利、合作共赢的态度去与客户进行平等的对话与沟通，为客户提供更优质的外汇服务，谋求外汇金融服务竞争上的优势地位。

（二）如何了解你的客户

常常说，银行柜台窗口就是"一窗一世界"，每天来到这个窗口的客户形形色色络绎不绝，银行与客户的交流沟通大多也是通过这个窗口来进行。虽然对于一个营业网点，办理外汇业务的客户往往只占其客户群体的一小部分，但是由于外汇政策在主体资质上的各项规定，因此对于这一小部分客户的了解需要格外全面与深入。

1. "新"客户的新业务

初次与客户接触应对客户的资质类型、经营规模范围有一个基本的认识。了解客户的方方面面，显然仅仅通过与客户的口头交流远远不够，一般需要客户提供书面材料作为佐证。从客户提供的工商营业执照上的经营范围可以看出客户日常的业务类型有哪些，进而了解客户即将发生的收付汇种类；从经济类型与注册资本可以看出客户是股份制公司或是合伙企业还是其他类型以及其资金规模，进而对客户合理的收付汇资金量有一个大致的估算；从客户是否提供外商投资企业许可证，可以看出客户是否具有外资成分，进而了解外商投资占比几成，是以股份入资还是以借入外债的形式参与等。通过客户提供的各种资料对客户有一个全面的了解，不仅能加深与客户之间的沟通交流，无疑也为日后具体业务的顺利开展奠定了一个良好的基础。

2. "老"客户的新业务

在每一次外汇业务办理过程中加深对客户的了解。如果说通过对客户提供的各种"授权性文件"的解读仅仅停留在了理论阶段，过于抽象，那么在客户每一次外汇业务办理过程中对客户的了解则是源于企业日常运营，源于具体实际业务，更加具体细致。客户外汇业务的发生基于客户的经营范围，但常常又不限于经营范围上的那几个简单的字眼。比如说，经营范围上明确客户是提供航空机械维修服务，但客户还需要定期向某国际航协缴纳会费取得相应的资格认证，这种行业规定并不能从客户的经营范围中看出，却是客户实际并且合理的经营需求，也可以说是客户的"另外一面"。而银行也只有了解了客户的这些"另外一面"，才能为客户提供全方位、更优质的外汇服务。

（三）了解客户过程中的问题与风险

一系列政策的放宽使市场经济更加活跃的同时，从银行的角度看了解客户的难度加大了。注册资本登记改革后，大多数公司在成立时不再需要验资，意味着银行无法通过验资程序了解到公司股东组成情况。外汇管理局取消直接投资外汇登记，改革前业务登记凭证无疑是一纸企业开立直投账户"保证书"。改革正式实施后，客户不再去外汇管理局办理直接投资外汇登记，即外汇管理局不再开立这一纸"保证书"。"……银行应严格按照本通知及所附《直接投资外汇业务操作指引》的要求，认真履行真实性审核义务，通过外汇局资本项目信息系统办理直接投资外汇登记业务，并应完整保存相关登记资料备查。……"外汇局对银行的这一要求既给银行了解自己客户的机会，但在具体实施过程中银行也面临着挑战。一方面，过去所依据的诸多衡量是否是银行的潜在优质客户的标准正在发生改变，作为辅佐银行了解客户的许多官方数据在逐渐退出市场，银行了解客户将真正"从零开始"。另一方面，随着各种审核责任的加大，了解客户的过程中的合规风险也将逐渐加大。

二、了解你的业务

如果说"了解你的客户"是对银行外汇从业人员"软实力"的要求，那么"了解你的业务"可以说是对银行外汇从业人员"硬功夫"的考验。对于客户，我们可以"百炼钢化成绕指柔"，通过与客户的交流沟通去了解客户，去维护好客户，但是对于业务我们可能更需要"梅花香自苦寒来"的精神，在书山文海中学习业务知识，从成千上万笔业务的磨炼中将政策信手拈来。

（一）办理业务的标准在哪里

伴随着外汇管理局"简政放权"，外汇管理局对银行外汇业务监管转由事后监管，加之近年来外汇政策的宽松化趋势，看似外汇管理局对银行外汇业务的监管也越来越原则化，其实不然。以外汇管理局取消直接投资外汇登记这一规定为例，从规定中看并不是直投业务不需要登记审核，而仅仅是指外汇局不再直接办理此项登记业务，企业只需通过银行来进行登记审核。外汇局就此对银行提出的要求则是"认真履行真实性审核义务"，那么作为第一线承担审核责任的银行外汇业务经办人员在办理相关业务时不仅要心中有"认真履行真实性审核义务"的原则，更要依据外汇局就此出台的各项政策指引与银行内部的各项操作规程来办理业务。

任何一部法律法规都是由若干条具体的法律规则和其背后抽象的法律原则所构成，外汇政策法规当然也不例外。政策的宽松化并不意味着我们只需把握基本的原则，而忽视细致规则的重要性，规则与原则同样重要也是银行这一高风险行业的行业要求。如果说外汇政策中所确立的原则是一条大路指引我们通向远方，那么办理业务所依据的各项具体规则与银行内部流程可以看成是路边的条条栅栏，确保我们不要偏离应有的轨道。心中有原则，眼中有规则，才能使我们在办理外汇业务的过程中规避各项风险。

（二）业务办理过程中两种矛盾

在"了解你的业务"过程中常常伴随着两种矛盾：第一种是市场的前瞻性与政策的滞后性之间的矛盾，第二种是行业局限性与客户的多样性之间的矛盾。这两种矛盾的存在也是我们的业务与外汇管理局政策不能"对号入座"的原因。

对于第一种矛盾不仅存在于银行外汇业务，而且存在于我国市场经济发展的整个过程。互联网时代日新月异，新生事物层出不穷，而新政策必然要经过制定审核等阶段才能颁布，这便产生了市场的前瞻性与政策的滞后性的矛盾，这一矛盾在经办外汇业务的一线表现得尤为突出。比如近年来所出现的"海外代购热"，按照现行外汇政策，货贸项下外汇局实施名录制管理，即想要从事货物进出口的企业或个人必须先在外汇管理局备案方可办理业务，但是名录管理只针对企业客户，那么占"海外代购"主体更高比例的个人和淘宝商家来银行收付一件海外代购商品的款项时银行应该如何处理呢？一方面客户认为商品购入为自用，并非以盈利为目的，与出境旅游带入的物品没有差异；另一方面，以现行的外汇政策个人想要收付货款亦须经过外汇管理局备案。笔者认为，这类矛盾的出现在社会发展的过程中不可避免，也正是这类矛盾的出现推动着外汇政策的深化改革，使我国的外汇政策越来越完善。

对于第二种矛盾主要体现在金融行业的局限性与客户的多样性之间。银行客户来自各行各业，想要了解客户即将要办理的业务，就必须对客户所在的行业有一定的了解。俗话说"隔行如隔山"，金融业有金融术语，客户所在的行业也有其行业专业词汇。例如国际运输是进口还是出口主要是来自对各国航空海港的代码来判断，起运是PEK（北京首都机场）则为出口，反之到港是PEK则为进口。那么作为从事外汇业务的一线审核人员是否也应该对出自国际航协的港口代码有所认知呢？回答是肯定的。因此，基于外汇管理局对银行的"了解你的业务"的要求，外汇从业人员对客户行业的了解也必不可少。只有了解了客户的行业与日常主营业务，才能很好地将客户的业务与外汇政策规定"对号入座"。

三、尽职审查

"尽职审查"是展业三原则对银行的最后一点要求。"尽"有穷尽之意，"职"即为职责，在此主要指法律法规政策所规定的银行应该履行的义务。笔者将从如何做到"尽职审查",以及尽职审查过程中如何达到合规与效率之间的平衡两方面来探讨"尽职审查"的内涵与外延。

(一)以程序合规来确保尽职审查

"尽职审查"这一要求很难量化,在很多具体业务中很难界定外汇审核人员具体做到哪一步就能称得上是尽职,即使在同类型的业务,对于不同的客户尽职审查的程度都不一样。以服务贸易为例,网点的老客户经常来办理业务,依外管政策等值 5 万美元以下不需要提供合同或发票,再基于我们对客户的了解,客户提供付汇凭证即可付汇。而对于新开户的客户,即使付汇不超过 5 万美元,仍旧需要审核对应的合同发票才能称得上尽职。虽然对于尽职审查没有一个统一的标准来衡量审核人员是否尽职,但是从国际惯例到外汇政策再到银行内部规程,还是有许多原则性的不可违反的规定,一旦跨越这些红线,便可判定外汇从业人员在审核过程中没有尽职。再如依国家外汇政策规定,银行不得为不在名录内的企业办理货物贸易收付汇业务,若银行在办理一笔货物贸易收付汇业务前,未查询货物贸易企业名录,即不能确保企业是名录内企业,也可以被认定为未做到尽职审查。从以往很多不合规的案例中来看,往往不是我们不理解政策,不了解业务,而是我们没有依照法规流程来办理业务,从而跨越了法规政策的警戒线。随着外汇政策体系与银行内部操作流程的健全与完善,常见外汇业务基本都能找到可以作为办理依据的法规流程,那么严格依照法规流程办理业务,以程序上的合规来达到业务实质上的合规,不失为一种达到尽职审查的方法。

(二)合规与效率之间的平衡

业务处理效率的提升过程中常常伴随着业务合规程度的下降,就银行业务高风险特点来看以牺牲合规程度来提高效率显然不可取,反之,无尽的审查只会降低业务办理的效率,从企业的营利性来看这也不符合商业银行经营目的,那么如何平衡合规与效率也是尽职审查过程中应该考虑的问题之一。

1. 完善的业务流程是平衡合规与效率的有力支撑

一笔外汇业务处理完成常常要经过政策审核、经办、复核以及授权等几个阶段,而在这几个阶段中都有风险点需要我们注意。外汇业务的复杂性决定了办理过程中需要分工合作、岗位分离,需要完善的业务处理流程。多岗把关分工合作严格按流程处理外汇业务不仅可以大大降低合规风险,还能使外汇业务的办埋"流水线"化,提高办理外汇业务的效率。

2. "了解你的客户,了解你的业务"是平衡尽职审炼中的合规与效率的基础

一方面,"尽职审查"不仅贯穿于"了解你的客户,了解你的业务"的过程中;另一方面,"尽职审查"也以"了解你的客户,了解你的业务"为基础。如

果我们不了解我们的客户，不了解我们的业务，尽职审查也将是无源之水无本之木；如果我们充分了解了我们的客户、我们的业务，尽职审查中的合规性将更有保证，审查效率也将明显提高。因此，想要平衡尽职审查中的合规与效率，我们就必须了解我们的客户、了解我们的业务。

3. 知识更新是平衡尽职审查中的合规与效率的必要条件

一国宏观经济政策目标之一便是保持国际收支平衡，那么我国的外汇政策会随着我国国际收支现状的变化而变动也是必然。加之时代在进步，新事物的不断出现，外汇政策方面也应该有相应变革，否则只会使政策更加滞后。依据旧政策办理新业务显然不会合规，对新政策没有一定的敏感度同样也会影响我们在尽职审查中的效率。与时俱进、保持对外汇政策的敏感度也应是外汇管理局对银行"了解你的客户，了解你的业务，尽职审查"要求的题中之义。

"了解你的客户，了解你的业务，尽职审查"是一个有机统一的整体，三方面相辅相成，贯穿于每一笔外汇业务之中。短短十六个字包含了深刻内涵与外延，在这十六个字的背后不仅有国际贸易中形成的国际惯例，有整个国家的外汇法律政策体系，也有需要与法律法规政策对接的银行内部操作规程；在这十六个字的背后不仅有银行客户的外汇业务需求，有银行自身应要承担的风险与义务，更有对外汇从业人员的从业要求。

在全球经济一体化的今天，银行应从政策学习中领会应该承担的责任，从满足客户的需求中提高外汇服务的质量，不断积累经验更好地控制风险，优化银行外汇服务，使优质外汇服务成为银行新的竞争优势。

浅谈银行落实展业三原则遇到的问题及建议

中国建设银行北京市分行　涂潇潇

一、展业三原则概述及赋予银行的权利和责任

展业三原则，即"了解你的客户（Know Your Customer，KYC）、了解你的业务（Know Your Business，KYB）、尽职审查（Customer Due Diligence，CDD）"原则，自2014年《银行办理结售汇业务管理办法》（中国人民银行令〔2014〕第2号）提出以来，频繁出现在各类外汇管理法规和规范性文件中，现已成为外汇监管机构对银行严控风险、合规展业、稳健发展的基本指导原则。

在"宏观审慎管理"和"逐步简政放权"的外汇监管环境下，客户及交易背景的真实性、商业逻辑的合理性、证明文件的完整性，已成为银行对跨境外汇及人民币交易审查的核心。"一项业务一个规范、银行依章办事"的旧有监管模式固然能够清晰、明确地指导银行合规操作，然而纷繁庞杂的规范性文件既不利于银行系统学习掌握，又面临监管弹性不足、响应创新迟缓的尴尬局面。

展业三原则的提出，恰到好处地解决了上述问题：一是取消了整齐划一的管理标准，赋予银行更多的审核自主权。在尽职调查、有效控险的前提下，银行可以根据对客户及业务的了解，自主把握政策审核的松紧度。二是显著提升了银行和客户的外汇业务办理效率。尤其面对新兴业务，旧有监管模式往往因规章制度空白而导致业务推动缓慢甚至停滞的尴尬局面；而在展业三原则模式下，创新业务往往能在客户、银行和外汇监管机构的深入沟通中获得快速推进和解决，从而实现与当代经济发展要求的有效契合。

展业三原则为银行自主经营带来了显而易见的优势，然而责任与权利一贯相生相随。"了解你的客户"涵盖了解客户的身份、生产经营状况、财务状况、上下游关系等信息；"了解你的业务"指审核业务的真实性，对客户的经营范围、交易背景、交易目的及性质等进行深入分析，判断业务是否存在虚假交易；"尽职审查"则包括对正常业务的政策合规性审查，以及对可疑交易的延伸审查。银行必须严格遵守展业三原则规定，在充分了解客户及业务的基础上尽职审查，为守法的客户提供合规的金融服务。

二、银行执行展业三原则遇到的问题

虽然展业三原则赋予了银行较大的自主权，并在一定程度上简化了银行的审核手续，但银行在实际执行中还是或多或少存在一些困难。

（一）同业执行标准差异导致不公平竞争

由于外汇监管机构并未明确展业三原则的内涵和外延，因此不同银行根据自身内控制度和风险偏好，对展业三原则的理解也不尽相同。于是"此禁彼通、此难彼易"的情况时有发生，而理性的客户自然会选择"通"和"易"的银行办理。久而久之，政策把握严格、风险防控到位的银行便处于竞争劣势，从而不得不降低审核标准。长此以往，银行了解和审查的工作将越发形式主义，而展业三原则也将逐步形同虚设。

（二）内部业务拓展压力导致执行受阻

除同业间的竞争压力外，来自银行内部的经营压力也是展业三原则执行受到阻力的因素之一。银行作为服务机构，一向秉承"客户至上、服务为先"。这种既要满足客户服务，又要满足监管合规的"油门刹车一脚踩"要求，使得银行在利益最大化与合规经营的目标之间左右摇摆，难以平衡。同时，面对客户关于部分审查标准的质询，银行往往无法给出不容置疑的权威依据，因此严格落实展业三原则的难度可想而知。

（三）从业人员专业技能难以胜任合规展业要求

虽然不少银行都对外汇从业人员精耕已久，却仍难以完全胜任展业三原则的管理要求。数量方面，相比人民币业务，多数银行在外汇从业人员的配置方面不尽如人意，加之外汇岗位的薪酬机制与岗位付出有所偏离，致使外汇岗位人员稀缺、核心人才难以挽留；质量方面，外汇从业人员的培养难度众所周知，能够独当一面的人才往往需要长年累月的经验积累，方能准确掌握现行外汇政策及客户和业务情况。然而，由于银行外汇政策审核人员大多设置于一线服务窗口，受银行内部轮换、岗位调整等内控管理制度要求，外汇政策审核人员经常被迫更替，新上岗人员又难以在短期内全面胜任岗位要求，致使外汇政策审核尺度出现偏差，审核效率持续低下。

（四）系统强控能力低下导致操作风险频发

当前，银行进行外汇政策合规性审核主要依靠人为控制。从企业背景调查、业务真实性核实，到展业规定动作落实、会计流程化操作，均依赖经办人员自身的政策理解深度和外汇从业经验。如经办人员出现履职能力不足、责任心不强或临时缺岗等情况，合规展业落实责任将面临空置。以货物贸易外汇业务为例，银行在受理每一笔货物贸易外汇收支前，均应先行登录国家外汇管理局应用服务平台（ASONE），查询企业名录登记情况及分类状态；如未查询，将直接面临违规监管处罚。因上述查询动作完全依靠人工完成，一旦经办人员出现疏忽，将直接导致不可逆转的操作风险。

三、银行执行展业三原则建议

针对上述问题，笔者斗胆提出以下六条不成熟建议，欢迎指正。

（一）利用银行自律机制，建立业内共识

自 2016 年 9 月建成以来，北京地区外汇市场自律机制在银行业依法合规经营，维护有序、公平的市场竞争环境，共同抵制行业内不正当竞争行为等方面，起到了举足轻重的作用。通过高端研讨、政策解读、案例学习、工作总结等多种形式，成员单位日益增强自律意识、加强经验交流、联合抵制"劣币驱逐良币"。银行业应大力推动外汇市场自律机制的发展，持续细化展业规范，让更多的市场参与者从其规定，共同打造公平、规范的行业环境。

（二）加强检查监管力度，打击违规经营

外汇监管机构应加大对银行违法、违规经营行为的打击力度，使不当竞争得到严厉惩处；对于展业三原则落实到位、严格自律的银行，则应给予大力表彰，使合规行为得到发扬。此外，建议外汇监管机构定期将违规问题及合规行为汇集成案例手册，通过行业培训、案例研讨等方式持续广泛宣传，使银行业形成自查自省、举一反三的合规展业习惯。

（三）完善银行内控制度，制定标准管理

银行不应仅仅转发监管部门和自律机制的指导要求，或是简单照搬同业经验，而是应将展业三原则与自身内控管理制度紧密结合，在充分了解自身业务发展特点及管理现状的基础上，制定出切实可行、高效清晰的本行外汇业务风险管理办法及外汇政策审核操作流程，使管理手段真正指导于操作、防范于风险。

（四）客户部门参与审核，促成利益趋同

要想打破"营销优先、内控辅助"的传统经营理念，银行应想方设法将合规经营指标与营销部门的 KPI 综合考核指标挂钩，使合规经营目标与营销人员的自身利益紧密结合，进而促成业务拓展部门和内控合规部门的利益趋同。例如，客户部门作为维系客户关系、挖掘客户需求的核心部门，对客户信息及其主营业务了如指掌。如将外汇业务的真实性审核职责赋予客户部门，使其承担真实性审核的首要责任，则客户部门出于自我保护，必将在业务的前期审核环节更加谨慎，从而落实合规展业要求。

（五）政策审核集中上收，提升岗位价值

针对外汇从业人员流动性过大、核心岗位人才大量流失的问题，建议银行将外汇政策审核人员集中上收至管理行层级，使之独立于前台营销；同时，提升外汇政策审核岗位的价值，打通此类从业人员的晋升通道，使核心人才得到重视，岗位价值获得体现。

（六）打造科技流程控制，实现系统强控

对于部分业务流程中客观存在的易发性操作风险，应以系统流程强控取代人工控制。一是持续完善银行核心业务系统功能，不断推进系统集约化、流程化、智能化发展。二是将银行业务系统与外汇监管机构数据系统有效对接，通过系统自主传输业务数据、自动抓取监管信息，不仅实现银行与外汇监管机构的信息互通和资源共享，而且能够解决经办人员多系统操作的痛点。此外，通过系统机控逻辑，实现对高风险业务环节的合规强控，进而从源头降低人工干预，杜绝操作风险发生。

浅析展业三原则在商业银行外汇管理中的运用

中国建设银行北京市分行　王彦君

一、展业三原则概述

展业三原则是国际上通行的监管机构对银行展业基本要求的概括，具体包括"了解你的客户"（Know Your Customer, KYC），"了解你的业务"（Know Your Business, KYB）和"尽职审查"（Customer Due Diligence, CDD）。2013 年以来，随着外汇管理五个转变的施行和简政放权力度的不断加大，外汇管理改革大幕徐徐拉开，行政审批事项大幅减少，监管方式从规则监管向规则监管与原则监管相结合转变，展业三原则全面引入外汇管理的各个领域。

展业三原则对银行从三个不同维度提出了具体要求：

1. "了解你的客户"要求银行了解客户的真实身份，银行应关注客户的股东情况、各类登记凭证、要了解客户的生产经营发展计划及运营目的、要了解客户的财务状况、历史记录等信息。由于外汇业务多为跨境交易，银行除考量境内客户情况外，还应关注境外客户及双方的交易背景。

2. "了解你的业务"要求银行应根据客户自身及市场的情况，对业务的真实性与合规性进行审核，了解业务的交易背景、目的和性质，并及时监测客户的业务变化情况，强调交易的真实性。要求银行审核交易单证并能够证明其真实需求的背景材料。

3. "尽职审查"要求银行应基于对客户及其业务的了解，在确保业务表面真实合规的基础上，采取必要措施对可疑交易进行延伸审查，确保业务实质上的真实性和合规性。对于大额、涉嫌分拆业务、贸易融资、转口贸易等业务予以特别关注，并建立可疑交易报告制度。

二、展业三原则实施以来外汇业务的变化

展业三原则政策是从规则监管到原则监管，该原则反映在外汇管理的各个领域，表 1 是实施展业三原则以来，外汇管理的变化情况。

从表 1 可见，展业三原则在宏观层面对于银行开展外汇业务赋予了更大的自主审核权利和责任，具体规章制度的废止，在一定程度上改善了银行外汇业务的运行效率。对于经常项目交易，有效促进贸易便利化，节省审核大量单据

的时间，业务办理效率平均提高 40%；资本项目的业务变化，能够有效促进投资便利化，提升融资便利化，降低企业、银行、外管局的人力、资金和时间成本。

表1　　　　　　　　　展业三原则实施以来外汇业务变化

项目或领域		改革前模式	改革内容	政策依据
经常项目	货物贸易	外汇收支逐笔核销，提供大量凭证	货物贸易名录分类管理，取消逐笔核销，增加关单电子校验功能	《国家外汇管理局关于印发货物贸易外汇管理法规的有关问题的通知》
	服务贸易	部分需事前审批，每类也有详细的时间、金额或者比率的规定	全面取消服务贸易事前审批，单笔等值 5 万美元以下的无须审单；等值 5 万美元以上的大幅简化单证	《国家外汇管理局关于印发服务贸易外汇管理法规的通知》
资本项目	直接投资	外管局逐笔核准审批，银行凭外管局核准件办理相关业务。外商投资企业需验资报告以及年检登记	由外管局核准制度变为银行登记制度，取消直接投资项下外汇登记核准、境外再投资外汇备案及直接投资外汇年检，简化了境内直接投资项下外国投资者确认登记管理。对外商投资企业外汇资本金实行意愿结汇管理。推行"负面清单"管理	《国家外汇管理局关于进一步改革和调整直接投资外汇管理政策的通知》、《国家外汇管理局关于改革外商投资企业外汇资本金结汇管理方式的通知》
	外债及跨境担保	外债业务在外管局事前审批，逐笔核准	以事后登记为主的对外债权债务管理框架，从重事前监管变为强调事后管理，拓宽外债结汇用途，采用"负面清单"管理	《外债登记管理办法》、《跨境担保外汇管理规定》
	证券投资	境外上市账户开立、资金汇兑逐笔核准	境外上市账户开立、资金汇兑业务放宽至银行办理，外管局只对基金互认总额度进行监控，实施信息报告制度	《国家外汇管理局关于境外上市外汇管理相关问题的通知》
其他	跨国公司外汇资金集中运营管理试点	新增	创新账户体系，允许离岸资金在岸归集、额度内可调入境内使用，经常项目集中收付汇和轧差净额结算，外债和对外放款额度可集中共享	《跨国公司外汇资金集中运营管理规定》

三、商业银行落实展业三原则存在问题

随着展业三原则的逐步推开，银行经营的自主性不断增强，并且随着外汇管理的简政放权，银行外汇业务的开放度也逐步加大，但是商业银行在落实展业三原则的过程中还存在许多问题。

（一）展业三原则缺乏具体明确的配套制度或指引

展业三原则是以原则监管模式，但是原则监管模式不能完全取代规则，完善的法律体系是由原则、规则和指引等法律规范共同构成。原则是基本行为准则；规则和指引是对原则进行解释和说明并提高可操作性的监管规范。目前，外管局只针对资本项下直接投资业务有详细的操作指引，其他业务均为原则指导，商业银行审核时可操作性差。

（二）不同商业银行审核标准不同

目前，展业三原则没有统一的标准和细化的要求，导致各家商业银行审单操作标准不一。由于银行激烈的行业竞争和内部考核压力，审核标准严格导致客户流失，所以倒逼银行降低尽职审核的标准。部分银行仅停留在单证表面，仅以单证的堆砌和单证表面的逻辑性、一致性替代业务的真实性。存在"表面单证齐备，实则审核不足"的风险隐患。由于没有统一标准，因柜面操作人员的政策审核水平不同，而导致业务审核结果不一致，也造成业务互相推诿而停滞不前。

（三）商业银行部门职责与展业三原则实施存在差距

展业三原则是一项系统工程，外汇业务又较为复杂，通常一项业务涉及多个部门，例如，外汇业务由国际部负责，结售汇业务由金融市场部负责，但客户调研等走访工作由公司部负责，反洗钱等由合规部门负责。不同层级的部门职能各自掌握外汇业务部分环节，管理资源的分散制约了展业三原则的执行。银行内控制度多数是原文转发外管局文件，没有根据自身情况细化的内控合规标准，导致经营部门尽职审查时可操作性不强。

（四）展业三原则主体配合度有待提升

展业三原则的落实成效很大程度上取决于办理外汇业务的银行客户。由于银行对涉外主体解释不到位，企业和个人对展业三原则相关规定不了解，造成部分主体在办理业务时不积极主动配合银行，甚至认为银行是干预过度、有意刁难。银行往往陷入进退两难的境地：严格审核，流失客户；从宽审核，存在风险。

四、商业银行落实展业三原则的对策及建议

（一）完善相关外汇管理政策，建立实施细则

商业银行应该对明确银行职责，根据银行自身情况，建立银行自己的审核标准；制定操作指引，提升监管政策的可操作性，规范商业银行真实性审核流程。目前，部分商业银行已就部分外汇管理政策以及操作编写流程，但是外汇业务复杂、灵活，涉及领域较多，操作指引不能涵盖所有业务，导致一部分业务需要靠外汇从业人员经验进行判断。

（二）引入分层管理机制

对于外汇业务的分层管理可以从两个维度考虑：主体信用风险和外汇业务可控风险。

1. 主体信用风险

涉外主体是机构，可将银行对客户的分类评级引入尽职调查中，同时可以参考外管局、人民银行的黑名单进行管理。对于货物贸易名录分类为 A 的，银行评级较高的客户审核材料可以简化，流程相对简单；对于在外管局、人民银行管控名单内的企业，并在银行分类评级较低的客户，应该将尽职调查深入进行。

2. 外汇业务可控风险

根据展业三原则的原则，可将外汇业务分为低风险业务、中等风险业务和高风险业务。低风险业务为日常结算类业务和即期结售汇等业务；中等风险业务为担保及承诺类（如信用证、保函）和交易类业务（如远期结售汇、期权等衍生产品）。高风险业务为外汇贷款、贸易融资、出口买方信贷等业务。对于低风险业务，客户只提交申请和相关材料，如 5 万美元以下的交易，可简化提供单据；中等风险业务，客户经理应对客户进行真实性审查，不能停留在表面的单据一致，要与客户进行深层次交流，通过不同的方式了解客户需求以及交易的真实性。高风险业务要建立事前、事中、事后审核流程，办理过程中不仅要了解客户的经营情况，还要了解客户的上下游以及交易对手的资信状况，对合同的真实性、条款合理性、交易合理性、要素一致性进行综合审查。商业银行可将业务审批、放款、结算以及贷后追踪整合到同一生产系统中，并且将反洗钱系统纳入业务管理以及客户尽职审查中，从源头防范业务风险，并且能够通过客户的资金交易和银行流水全面反映交易客户上下游的交易情况，助力经营部门对客户的尽职调查。

（三）拓宽商业银行审核渠道

商业银行在展业三原则执行过程中，除了审核客户提供的商业合同、商业单据外，还可有效利用第三方专业以及监管机构平台或证明文件，如利用国家

外管局外汇管理平台核验客户提供的报关单、会计师事务所提供的独立审计报告、税务部门核准的税务备案表、商务部或者商务委员会、发改委的项目备案表等。商业银行还可借助劳式船级社（LR）、船讯网等外部查验机构对交易中形成的单证真实性进行检验，全面落实展业三原则，确保外汇业务交易背景的真实性。

展业三原则赋予银行怎样的"权"和"责"

中国工商银行北京市分行　周嫦娥

以"了解你的客户"、"了解你的业务"、"尽职审查"为内容的展业三原则，不仅是商业银行业务发展与风险管理的核心要求，也是外汇管理局最新的监管实践。随着我国对外开放程度的持续加大，各种创新业务层出不穷，原有的外汇管理局对每项业务配套一个管理规范、银行照章办事的监管模式已无法适应形势发展要求，而展业三原则在宏观层面对于银行开展外汇业务赋予了更大的自主审查权利和义务，具体规章制度较之前简化，在一定程度上改善了银行外汇业务的运行效率，同时也节省了监督管理资源，契合我国外汇管理和改革的现实需要，也符合国家简政放权的改革方向。展业三原则的实施赋予银行更多的自主权，在管控风险、尽职审查的基础上，可以进行创新经营。同时，展业三原则规避了整齐划一的监管标准，有利于银行提供差异化的产品和服务。

一、展业三原则的由来

展业三原则的提出是在借鉴国外银行的先进监管经验，结合我国的监管实际，通过在重点业务领域改革试点、进一步推广适用并最终确定下来的。《国家外汇管理局关于印发服务贸易外汇管理法规的通知》汇发〔2013〕30号文中，关于外汇收支审查中明确金融机构审查的交易单证无法证明交易真实合法，或与办理的外汇收支不一致的，金融机构应当要求境内机构和境内个人补充其他交易单证。金融机构应按"了解你的客户"、"了解你的业务"的原则合理尽职，首次提出了展业三原则的基本雏形。《国家外汇管理局关于完善银行贸易融资业务外汇管理有关问题的通知》汇发〔2013〕44号文中，也提到了银行应当遵循"了解你的客户"原则，切实履行贸易融资真实性、合规性审查职责，积极支持实体经济真实贸易融资需求，防止企业虚构贸易背景套取银行融资。《中国人民银行令》〔2014〕第2号，首次正式提出了展业三原则，银行办理结售汇业务时，应当按照"了解你的客户"、"了解你的业务"、"尽职审查"的原则对相关凭证或商业单据进行审核。汇发〔2014〕53号文《国家外汇管理局关于印发〈银行办理结售汇业务管理办法实施细则〉的通知》中，指出银行应当建立与"了解你的客户"、"了解你的业务"、"尽职审查"的原则相适应的内部管理制度。再一次明确了该要求。自此，展业三原则开始作为银行审核外汇业务的指导性原则进行全方位推广。这不仅是外汇管理改革中践行简政放权的重要决策，也是银行自身经营发展，完善自身内控制度的基本要求。

二、银行如何践行展业三原则的"权"与"责"

展业三原则的实施赋予银行更多的自主权，在管控风险、尽职审查的基础上，可以进行创新经营。同时，政府管理部门事前控制和监管的放松，也使银行面临的业务风险日益凸显。因此，在完善细化内控制度建设和落实真实性审核要求方面，银行则需要承担更多的责任和义务。笔者从银行常办的以下几类重点业务中具体分析了在践行展业三原则的过程中银行是怎样切实履行其权利和义务的。

（一）对外担保业务

银行保函在跨境与境内经贸活动、融资活动中越来越得到广泛应用，市场需求旺盛，其重要作用日益凸显。2014 年 5 月 12 日，国家外汇管理局以汇发〔2014〕29 号文发布《跨境担保外汇管理规定》，该政策的出台，实现了跨境担保外汇管理领域的基本可自由兑换。此次改革也是外汇局简政放权和践行"五个转变"的重要体现。2016 年，我国对外承包工程新签合同额累计达 2 440 亿美元，同比增长 16.2%。"一带一路"沿线国家新签合同额 1 260 亿美元，占新签合同总额的 51.6%。

外管局审批、核准手续的放松以及市场业务量的迅猛增长，给了银行更大的自主经营空间，使得商业银行对外担保业务量呈现了跨越式的增长。2016 年工行北京分行累计办理对外担保业务 40.67 亿美元，余额达 95.75 亿美元，其中承包工程项下担保业务仍是担保业务的基础，内保外贷业务成为政策发布后业务量迅速增长的支柱产品。

自主经营权的扩大也意味着风险和责任的增加，业务管理难度的加大。商业银行的对外担保业务由于涉及的业务范围、业务国家比较广，每个国家在适用的法律政策和保函条款方面有着不同的要求，因此面临着诸多的业务风险，比如申请人/被担保人违约风险、受益人欺诈/恶意索赔风险、外部环境风险、国家风险、市场风险、保函条款风险、法律及仲裁地风险等多种风险。因此，需要更加完善的内控管理制度以及配套更加灵活的监管政策来管控风险，在制度的框架下依法合规的办理业务可以说是银行面临的最大的义务与责任。为此，工商银行建立了授信业务的审批制度，保函业务的管理实施细则，法律风险的管理制度对对外担保业务进行制度性规范。除了客户经理前期的业务背景调查外，通过配套多样化的审查手段来完成每笔业务的风险审查，也即审查的三道关口：授审部门对客户的信用风险审查，国际业务专业部门对业务背景和条款的技术审查，法律部门对于条款的法律审查。审查内容涵盖了保函申请人偿付能力审查、保函申请人履约能力审查、合规性审查、项目所在国家、项目业主、项目情况的审查、保函对应承包合同的审查，三查合一，全面防范银行和客户风险。对于特殊条款，通过在担保协议的格式文本中追加风险缓释措施来控制风险。通过这些管控措施，践行了银行尽职审查的义务。

（二）衍生交易业务

近年来，一方面，我国银行业的改革不断深入发展，使得国内商业银行不断进行着转型和提升；另一方面，利率市场化改革、汇率体制改革等金融市场化进程的不断加快，使各项金融资产价格的波动日益频繁，商业银行规避风险的需求增强，发展金融衍生品相关业务成为我国商业银行发展的必然要求。同时，客户面临复杂多变的经营和金融环境，参与衍生品业务已成为客户套期保值、规避汇率利率风险的重要手段。

随着1997年中国银行放开办理首单远期结售汇业务以来，国家金融政策给予了衍生品更多更大的自主交易空间。借助政策之势，工商银行现在开展的衍生交易业务已涉及汇率类、利率类、商品类等多类产品，针对汇率类和商品类产品，衍生类交易工具延伸到了远期、掉期、期权，针对利率类产品，主要交易工具延伸到了货币互换、利率互换等。为了充分用好用活政策放开带给银行的业务自主权。

商业银行落实展业三原则问题与对策

中国工商银行北京市分行

左晓娟　王　岚　张晓丽

2013 年 7 月，根据国家外汇管理局下发了《关于印发服务贸易外汇管理法规的通知》（汇发〔2013〕30 号），要求金融机构应当按照"了解你的客户"、"了解你的业务"原则合理尽职。2014 年 12 月，外汇管理局下发了《关于印发银行办理结售汇业务管理办法实施细则的通知》（汇发〔2014〕53 号），要求银行结售汇业务应当遵循"了解你的业务、了解你的客户、尽职审查"原则。外汇管理局在多个领域，包括贸易融资、自由贸易试验区、跨国公司外汇资金集中运营、支付机构跨境外汇支付、资本项目等，纷纷要求银行业务办理有效执行展业三原则要求，即了解你的客户、了解你的业务、尽职审查。该原则已成为商业银行自身外汇业务的基本要求，也是办事规则。

一、商业银行贯彻展业三原则的必要性

1. 展业三原则是银行业国际规则，是商业银行改革发展的必然趋势。展业三原则包括"了解你的客户"、"了解你的业务"、"尽职审查"，最早是在反洗钱领域提出的，之后陆续运用到商业银行金融管理很多领域内。例如，巴塞尔委员会、金融行动特别工作组曾先后发布了《银行客户尽职调查》《KYC 一体化风险管理》《新四十项建议》等，对银行落实展业原则提出明确、具体、详细的要求。展业三原则的提出和落实，不仅是国家外汇管理局等政府相关监管部门的外部监管需要，同时也是国际银行业已有的国际惯例，是银行开展业务的基本要求和必然趋势。

2. 国家外汇管理局由"规则监管"向"原则监管"转变是更好落实简政放权、放管结合、优化服务的必然要求。我国外汇管理深入贯彻落实"五个转变"，更加科学合理减少外汇管理行政审批程序，不断加大简政放权、放管结合、优化服务力度，持续推进各项监管规范的"立、改、废、释"工作，从2009 年以来共有 700 多份外汇管理文件经充分论证调研后废止并失效。究其原因，国家外汇管理局要建立新的监管模式来适应形势发展的要求，尤其到现在，我国以"一带一路"倡议为重点的对外开放格局深入推进，针对形势顺势而为的各种新业务、新模式如雨后春笋般层出不穷，对原有监管模式的改进和创新

已迫在眉睫。为进一步满足我国外汇管理上的现实需要，符合国家简政放权的改革方向，国家推出了展业三原则，这在宏观层面赋予了银行外汇业务更多的自主审查权，提高了银行外汇业务的运行效率，对银行外汇业务具有里程碑的现实意义。

3. 商业银行遵守展业原则，是促进银行业外汇业务健康发展，维护外汇市场秩序，促进公平竞争的有力保障。2016 年 6 月，在国家外汇管理局综合司指导下，中国银行、工商银行等 14 家主要商业银行共同签订了《银行外汇业务展业公约》，该公约有利于建立健全跨境资金流动宏观审慎管理框架，促进银行外汇业务健康发展，维护外汇市场秩序，促进公平竞争。该公约要求成员承诺按照展业三原则和"三反"（反洗钱、反恐融资、反逃税）等要求以及真实性、合规性、审慎性等原则，不断完善内控制度和业务操作流程，审慎开展外汇业务。

二、商业银行落实展业三原则存在的问题

1. 网间不均衡问题。商业银行业务发展的广度和深度与其落实展业三原则息息相关，在同一个银行业务中，存在外汇业务水平地区间发展不平衡，客户需求的不平衡造成不同营业网点间业务能力发展不平衡等问题，比如笔者所在支行辖内 7 家网点，2017 年一年跨境收支业务，业务量最大的网点是 5 864 笔，日均 22 笔，金额达 112 亿美元；业务量最小的网点仅 677 笔，日均 3 笔，金额为 919 万美元。同时落实展业三原则要求商业银行具备一定门槛，即要求外汇业务从业人员个人能力和素养较高于营业网点普通柜员，在外语水平、政策连贯性、理解力、执行力、合规意识、风险意识等方面具备专业素养。然而在现实中存在 2 个主要问题：第一，队伍稳定性不强，人员易于流动。比如自 2014 年北京外汇管理部提出外汇合规考试以来，笔者所在支行共培养了 60 名通过其从业资质人员，因工作晋升调动目前从事外汇合规工作的仅 18 人。第二，因资源有限，基层网点均是综合柜员，无专职外汇岗位人员。比如笔者所在支行虽然每周政策通报、每月国际收支通报、每季度政策培训，但是网点人员均是综合柜员，精力有限，同时学历水平层次不齐。

2. 信息不充分问题。目前，在落实展业三原则上，商业银行掌握客户资料信息仍比较原始单一，比如从客户获取的主要信息通常为单笔业务合同、发票等，或询问客户经营情况、交易目的或到客户经营场所实地调查等。实践证明，这些信息往往是片面的、不连贯的、不完整的，甚至无法准确核实的。如果从业人员要深入审查，那将耗费很大成本，且对真实性的很多审查途径不同，如客户年度办理的跨境收支金额、货物、服务、资本占比、海关进出口业务量、商品种类、出口报关单、提单、空单、仓单等。

3. 规则不细化问题。作为服务行业的商业银行，竞争激烈，既面临外部外

汇政策监管的要求，又面对内部客户外汇服务效能的考核，银行商业利益最大化目标与政策合规性要求之间矛盾不可避免。目前，国家外汇管理局从事前审批转向事中、事后监督，却未制定执行展业三原则的具体操作要求和标准，往往通过检查结果来对银行进行评判和衡量。鉴于细化标准的缺失，商业银行在业务实际办理中可能存在两个不良选择：第一，铤而走险型，即在业务利益驱使下放松审查，仅凭业务资料表面的真实、一致开展办理工作。第二，退缩拒绝型，即因客户业务收益很低，当资料表面不完全合规，即便有真实的业务背景，但不确定是否会在将来的外汇检查中面临质询而受到处罚，所以还是选择直接拒绝客户。银行间市场竞争激烈、客户业务繁多、面临的情况错综复杂，如果展业三原则没有细化标准和操作流程，很有可能让严格执行其政策的银行在业务营销中受挫。

三、针对上述问题的对策研究

1. 建立外汇业务集中处理中心。鉴于外汇业务的专业性、连贯性，商业银行应建立外汇业务集中处理中心，集中全行各地区、各营业网点的外汇业务审查。专业事情集中办，势必让执行展业三原则的效果凸显。目前很多银行在办理国际业务的单证业务时均采用集中机制，实践证明取得良好效果，同时有一些无集中能力的小银行将单证业务转包给大银行的单证中心代处理。外汇业务集中也可借鉴此模式，通过细化执行银行外汇内控制度和集中培养外汇专门人员，打造专业、高效、尽职、合规的外汇集中处理团队。当国家发布外汇新策时，中心人员更有机会直接与国家外汇管理局相关政策制定者进行面对面业务交流和参加政策培训，以便更好理解和执行外汇政策。通过业务的集中，整合全行资源，可以将某个地区业务成功做法和经验推广至其他地区，实现业务均衡发展。

2. 建立完善大数据共享机制。旨在进一步方便银行利用国家外汇管理局业务系统、海关、税务、工商等部门查询相关数据信息，对银行判断客户业务真实性提供数据支撑、信息参考和潜在的预警，为银行贯彻落实展业三原则提供了强大的系统支持。比如在保护客户信息安全的基础上，国家外汇管理局可专门开发涉及银行业务的信息查询系统，如提供企业年度的跨境收支数据概览、海关数据查询，包括跨境收支金额，按照交易编码分类的货物、服务、资本等分类统计，交易国家等，既让商业银行在办理外汇业务前充分了解对象企业宏观资金流和货物流数据，也可以及时发现异常交易资金信息和可能存在的风险隐患情况，提高商业银行预警意识。比如工商和国家外汇管理局实现了对企业信息的数据共享，在国家外汇管理局业务系统中避免企业频繁手工填写单位基本情况表、银行和国家外汇管理局手工逐笔逐次修改等情况，取而改之是企业新建、变更每一次信息均由工商部门直接共享，既节省资源，又提高企业基础数据的准确性。

3. 建立展业三原则具体明确的配套制度。原则监管模式是在监管规范体系中为了提升银行活力的同时，防范金融系统性风险发生，但是并不意味着只有原则不要规则，适当的细化和补充是为了更好地让原则监管落地实施。在具体执行过程中需要建立明确、具体的配套制度，比如出台银行贯彻落实展业三原则的执行情况标准，分为关键尽责、一般尽职、履职失范、严重失职四种情况区别定向，细化具体要求标准。如关键尽责银行可以免予处罚，严重失职银行将依法依规受到重罚，确保银行在事前明确知晓展业三原则的法规界限，从而避免银行执行政策时的畏首畏尾，同时能够提前给予各种失职程度的不同警告。此外可以建立一条明确的国家外汇管理局创新、疑难业务的答疑通道。外汇监管部门作为专业监管部门，拥有强大的数据管理分析系统和专家人员构成，对商业银行遇到的问题有着宏观的判断和微观的解读。因此，在落实展业三原则的过程中，商业银行遇到创新业务、疑难业务时，可以通过加强与外汇监管部门沟通交流，确保渠道畅通明确，做好业务事前备案，从而避免业务风险发生。

四、区块链技术 & 产业链解决交易真实性审核瓶颈

银行系统现有技术手段存在对特殊贸易条款无法满足真实性审核瓶颈。

举例：国际原油转口交易之 WOT（WARRANTY OF TITLE）保函 + 价格条款 DES/DDU。WOT 为进口原油及相关产品贸易中开立信用证时要求提交的一种单据。原油因单笔交易金额高，通常货物在运输过程中被多次转手，租船提单的传递效率往往不能满足信用证交单时间的要求，由此出现了上述单据在原油贸易中的广泛应用。交易背景：A 公司拥有原油进口配额但无原油进口资质，采购原油主要用于下属炼厂加工使用。A 公司在境外采购原油转卖香港 B 公司，由下属炼厂委托境内具有原油采购资质的 C 公司向境外 B 公司进口采购原油。A 公司的贸易模式为离岸转手买卖。按照外汇管理政策规定 2016 年 4 月 26 日之前 A 类企业转口贸易凭进出口贸易合同、发票，收支在同一家银行、不错配币种。银行一般按照内部白名单管理对符合业务准入资质的企业审核贸易背景真实性即可办理。根据新的汇发〔2016〕7 号文第五条："规范货物贸易离岸转手买卖外汇收支管理。银行为企业办理离岸转手买卖收支业务时，应逐笔审核合同、发票、真实有效的运输单据、提单仓单等货权凭证，确保交易的真实性、合规性和合理性。同一笔离岸转手买卖业务应在同一家银行网点采用同一币种（外币或人民币）办理收支结算。"文件中强调的真实有效的运输单据等货权凭证在上述转口贸易中成为了无法获取的凭证。首先，必须强调客户贸易背景真实。其次，WOT 条款的进口贸易是原油进口贸易经常采用的条款。问题是 WOT 明确

为卖方货权。之所以产生如此条款也是由于在上述贸易链条中原油要经过 5 次转手，如果每个买家办理货权转移将大幅增加货物运输在途时间。卖家货权恰恰是为了保障在原油到港前货物风险由卖家承担。保障了买家的利益尤其是最终使用者的利益。拿不到货权凭证银行如何检验贸易背景真实性呢？除了通过上下游合同、发票、银行会要求 A 公司提供同境内 C 公司签署的委托代理进口协议，在这个贸易链条中 A 公司拥有货物控制权，通过放货指令给 C 公司，最终炼厂才能完成提货。

核心要素：（1）A 公司转口贸易背景真实。（2）A 公司与 C 公司之间有委托进口协议，C 公司有真实进口货物报关单，报关单数据与 A 公司进口发票和 WOT 单据内容匹配；（3）转口贸易由于是卖方货权，买方 A 公司无法获得货权凭证但不等于该转口贸易无货权凭证。此案例争议核心在于现有手段无法准确追踪核实卖方货权真实性。虽然属于国际原油贸易中常见贸易方式，但按照目前国内监管政策要求和数据提取手段尚欠缺审核条件。

五、未来金融新格局

金融科技的发展衍生出了区块链技术的推广和应用，极大程度地降低了获取征信信息的成本。点对点交易大幅度提高了金融系统结算体系的整体运行效率，为互联网金融的推进打通了最终的关键性技术环节，为国际贸易、物联网与共享经济提供了可实现性。区块链技术的出现提供了解决国际业务所面临问题的渠道，具有划时代金融技术革新的意义，定义了未来金融和经济的新格局。

在前面案例中关于业务事后跟踪、全流程监控，贸易流程的各个环节的重要交易单据的补充审核等，充分反映了当下银行通过现有系统大数据和网络共享等一切手段对受理的业务尤其是监管机构重点强调的业务进行多维度调研审核。涵盖事前、事中、事后每个环节。事前主要是业务资料核查，通过系统核实业务资质、贸易背景真实性调查。包括交易对手反洗钱黑名单核查。海关关单核查、对外付汇税务备案核查等。事中审核主要是依靠系统大数据统计功能，对拆分业务、跨机构同一交易对手多笔业务进行可疑性业务排查。对虚假套利业务利用内控机制中止业务。事后监督系统设置的业务管理岗可以随时调阅下辖业务数据，随机抽取业务进行审查，防范一线柜员因业务不熟、一知半解造成监管统计数据缺失、错误、业务瑕疵等系列问题。未来区块链金融技术的融入将进一步解决国际业务真实性、合规性的业务审核瓶颈，释放更多人力资源到新金融业务领域，有效加快中国金融国际化进程。

六、结语

金融科技和区块链技术融合产业链的平台推广和应用，不久的将来可以预见的是各类监管政策法规可以通过植入系统，持续完善市场风险和流动性风险管理体系，税务、海关、物流公司等机构同银行资金流数据统一系统平台共享信息，交易单证系统自动核验，达到资金流和货物流与缴税信息系统比对。实现通过电子数据全流程对外汇业务进行智能监控，切实落实细化展业三原则。银行外汇从业人员可以通过系统提供的智能解析数据，加强对宏观经济金融形势、市场利率及流动性的前瞻性研判，合理匹配资产负债，为客户提供更为专业高效的服务。

　　银行业应该加快扩展区块链实际应用创新，系统平台采用联盟链形式，实现全行业共同发展，体现平等、互信、公开的原则。平台需要依据银行间交易业务场景，打造多场景业务并发、逻辑串行的应用服务流程，保障系统的兼容性、通行性、灵活性和拓展性，解决传统信息发布渠道交易信息失真问题，解决价格撮合和资产转让脱节难题。未雨绸缪，在科技创新的基础上建设健康的生态系统，积极应对法律、监管层面的新要求，打造新金融科技服务平台。

三、美联储加息

美联储加息对新兴经济体货币的影响

一、美联储加息向全球释放三个信号

美国联邦储备委员会（美联储）于北京时间 2018 年 9 月 27 日凌晨再次加息，同时重申货币政策回归正常化的既定政策将保持不变。这一决定符合华尔街预期，暂时未对国际金融市场造成冲击。从长远看，美联储的风向标作用将进一步显现，更多经济体将选择是否跟随加息，而全球债务市场也将承受更大压力。

本次美联储将基准利率提升到 2% 至 2.25% 区间，相当于 2008 年 4 月的水平，但距离上轮降息的起始点 5.25% 仍有很长一段距离。这意味着美联储在今后可预期的一段时间内，还会朝着前主席伯南克时代定下的货币政策回归正常化这一战略目标继续前行。

从伯南克到耶伦，再到如今的鲍威尔，三任美联储主席保持了政策的连贯性，而退出量化宽松、启动加息周期、缩减资产负债表规模——货币政策回归正常化的"三部曲"从时间上看如今已演奏过半。对鲍威尔掌控下的美联储来说，实现基准利率的中性水平——既不对经济产生刺激作用，也不会阻碍经济增长，将是未来两年美联储的终极目标，也是现任主席鲍威尔的第一要务。就本次会议来说，美联储向全球市场释放出三个信号。

一是尽管美国总统特朗普多次作出厌恶加息的表态，但保持政策独立性的美联储未受影响，渐进加息依旧是美联储不会轻易动摇的方针。根据美联储公布的预测，年内或再加息 1 次，2019 年仍有 3 次加息机会，2020 年可能加息 1 次。自 2015 年 12 月美联储启动本轮加息周期以来，美联储已加息 8 次，加息频率也在逐渐提高，预计其收紧货币政策的立场会延续到 2021 年。

二是美联储对美国经济增长前景持乐观态度，从本次上调 2018 年美国经济增长预期值到 3.1%、2019 年至 2.5% 来看，美联储认定美国经济将保持适度扩张的稳定增长，而特朗普政府减税对美国财政带来的负面冲击，以及美国与主要经济体之间的纠纷，会对美国经济产生"逆风"影响，但不至于骤然刹车。

三是美联储已经将目光投向下一次经济衰退。鲍威尔曾经指出，目前美国经济仍面临多项长期结构性挑战：中低收入阶层实际工资数十年来增长缓慢；经济流动性下降至低于多数其他发达经济体的水平；随着退休人口比例上升，解决联邦政府财政赤字问题越加紧迫。

已经有越来越多的经济体投身加息阵营，其中的一个方阵以加拿大、英国等发达国家为代表，另一个阵营以沙特阿拉伯、巴林、阿联酋等执行盯住美元政策的石油生产国为主。在美联储持续加息的冲击下，还有土耳其、阿根廷这样的新兴经济体和发展中国家，在本国经济重挫、本币崩盘、股市暴跌的趋势下，不得不采取更为激进的加息策略进行救市。可以预见的是，受迫性加息将是很多发展中国家和新兴经济体延缓投资外流、稳定本国货币、抑制国内通胀的无奈之举。

与此形成鲜明对比的是，欧洲央行和日本央行在加息问题上依旧"稳"字为先。欧洲央行总是走在美联储的老路上，从降息到购债，再到缩减购债规模，欧洲央行小心翼翼地呵护着欧元区经济。但零利率政策并非长久之计，为此欧洲央行行长德拉吉已多次暗示加息的可能性逐渐增加，而市场普遍预计欧洲央行的加息时点落在 2019 年秋季。日本央行是非常规宽松货币政策的"老友"，但央行行长黑田东彦也表示不会无限制地执行这一政策。

二、新兴经济体货币承压

美联储的加息已经算不上什么新闻，毕竟是预期内的事。现在市场关注的是美国经济增长的加速是否会促使美联储加快收紧货币政策的步伐。此外，市场更加关注的是美联储加息后全球新兴市场的表现。尤其是像阿根廷、土耳其、巴西、南非这样已经遭受重创的新兴经济体，它们的危机还将持续多久？

本次声明最重要的变化是，有关"货币政策立场仍然宽松"的语句被整体删除，是 2015 年开启加息周期以来首次。鲍威尔就此措辞宣称此举不代表联储的利率路径预期有任何改变。他重申整体金融条件仍然宽松，不排除一旦经济走软降息的可能。

美联储的连续加息，自然不可避免地吸引资金流向美国，而这对一些"免疫力"较差的新兴经济体来说，可能是一场灾难。虽然在过去的 10 年里，很多新兴经济体通过采用更加灵活的汇率机制和提高外汇储备，从而提升抗风险能力。但是一些新兴经济体在此前依靠货币宽松和经常账赤字偏低带动经济增长，在面临资本外流时的脆弱性更加突出，极易陷入危机。典型的例子就是"脆弱五国"——巴西、印度、印度尼西亚、土耳其和南非。

2018 年以来，这"脆弱五国"都遭遇了大规模的抛售：印尼盾兑美元汇率年初至今累计跌幅超过 12%，成为亚洲表现最糟糕的货币，尽管印度央行在过去 3 个月已经 2 次加息；印度尼西亚货币印尼盾年初至今也累计下挫 10.5%，逼迫印度尼西亚央行从 2018 年 5 月开始，进行 4 次加息，并大举干预支撑印尼盾；巴西的雷亚尔兑美元年初至今已下挫 27%；年初至今，南非兰特兑美元也已下挫 24%，可以说南非经济已经陷入 2009 年以来的首次衰退。

土耳其的问题更加严重。数据显示，2017 年底，土耳其外币债务占 GDP 比重高达 53%；通货膨胀至 2014 年新高，接近 16%，是官方通胀目标 5% 的 3 倍；本币里拉兑美元年内跌超 60%。

拉美的第三大经济体阿根廷近年出现严重的经济衰退现象：赤字飙升，货币超发严重，导致汇率大幅缩水，债务违约风险随之急剧上涨。阿根廷比索 2018 年贬值幅度已超 97%，稍早跌幅一度达到 110%，是今年新兴市场表现最差货币。

三、美联储加息对人民币的影响

国际货币基金组织的实证研究显示，稳健的金融体系是实现汇率成功转型的重要先决条件。新兴经济体货币动荡的经验再次表明，唯有国内经济金融体系健康，才能充分享受汇率浮动带来的好处。在全球经济金融高度一体化的今天，实行弹性的汇率安排对于防范资本流动冲击风险、提高经济政策自主性至关重要；但同时也要看到，浮动汇率不能包治百病。阿根廷、土耳其由于金融体系极度脆弱，因而虽然实行了浮动汇率，但当面对国际资本外流加剧、货币面临较大贬值压力时，政府不敢让汇率"一浮到底"，甚至不惜动用加息手段进行绝望的救赎。印度尼西亚也存在类似的情形，由于其外债负担较重，所以对汇率波动的容忍度低于其他新兴市场。相反，由于巴西、印度等国经济金融体系相对稳健，当面临市场紧张局势时，这些国家依然有较好的自我调整及应对能力，即使本币出现了大幅波动的情况，也能够坦然面对、处之泰然。

短期来说，美联储加息会促使美元上涨，人民币兑美元方面会有短线的下滑，但人民币汇率依然较为稳定。首先，中国经济增速虽然相对放缓，但从全球横向比较仍属较高水平，中国仍保持一定规模的贸易顺差。其次，人民币纳入国际货币基金组织"特别提款权"货币篮子后，境外持有的人民币资产规模将逐步增加。最后，中国外汇储备充裕，财政状况良好，金融体系稳健。

从中长期基本面看，人民币汇率有条件保持在合理均衡水平上的基本稳定。此外，前述经验还表明，汇率浮动是开放型经济吸收内外部冲击的减震器。汇率有涨有跌是正常的，且不论涨还是跌也都是有利有弊；汇率下跌也不一定就是坏事情，下跌幅度大的经济体并不一定就比下跌幅度小的经济体基本面情况更糟。如果市场能够以平常心待之，则汇率稳定器的作用就能够得到更加有效的发挥。

美联储加息对世界经济及主要货币的影响

中国工商银行北京市分行　焦雅男

一、影响美国加息进程的几大因素

2014 年美联储退出量化宽松，2015 年 12 月首次加息以来，截至目前已加息 8 次，联邦基准利率由 0.25%~0.5% 的水平上升至 2%~2.25%，美元走强和国际资本回流美国本土已经在路上。但与此同时，整个欧洲以及日本经济低迷、银行业蕴藏巨大风险，拉美经济衰退社会动荡，新兴市场经济的极度不稳定，而中国房地产泡沫和债务风险凸显。因此后续美联储如若持续加息将会在国际经济脆弱环节再度施压。

增长、就业和物价是影响美国货币政策调整的主要因素，进而决定着利率和汇率水平。1979 年第二次石油危机以来，美国经历了四轮经济周期：1981—1992 年的里根和老布什执政时期、1993—2000 年克林顿执政时期、2001—2008 年小布什执政时期、2009—2016 年奥巴马执政时期。在这四轮经济周期中，除了石油危机等少数时段外，大部分时间经济增长和物价走势基本一致，且物价走势略有滞后。

美联储政策风格也是影响货币政策的重要因素。面对第二次石油危机的冲击，1979—1987 年担任美联储主席的沃尔克坚决抑制通胀，即使在经济低迷期仍采取紧缩手段。格林斯潘、伯南克和耶伦时期美联储的货币政策目标则相对综合，力图实现增长、就业和物价的平衡。

从历史看，当面临衰退或通缩风险时，美国货币政策取向宽松，联邦基金利率和国债收益率趋于下降，美元指数走弱，大宗商品价格上升，资本流出美国本土市场，增加全球流动性，容易引发各地区的资产泡沫或过度负债；当面临过热或通胀风险时，美国货币政策转向紧缩，联邦基金利率和国债收益率趋于上升，美元指数走强，国际大宗商品价格下跌，美元资产收益预期上升，国际资本回流美国本土市场，造成全球资金面紧张和利率上升。如果这一时期世界某些地区出现了较大的资产泡沫或债务风险，对流动性和利率比较敏感，则容易出现经济危机，比如拉美债务危机、东南亚金融危机等，以及近期出现的新兴市场经济动荡。

美国财政和债务状况对美元指数影响不大，虽然在经济衰退或债务快速膨胀时期经常成为短期热门话题。但至今尚没有出现经济规模超过美国的国家，也没有出现能够替代美元国际储备货币地位的货币。里根政府时期面对冷战和美苏争霸的环境，倾向于扩大国防支出，财政赤字和国债余额占 GDP 比重上升；克林顿政府时期冷战结束，美国一直独霸，开始着手缩减国防支出，并试图改革福利体系，出现了美国历史上少有的财政盈余状况，国债余额占 GDP 比重下降。因此里根和克林顿时期，由于良好的经济增长表现和偏紧的货币政策，先后出现了两轮美元强势周期。

二、美联储加息对全球货币影响

由于美元的国际货币地位和美元资产在全球资产配置中的重要性，美国货币政策调整是引发多次全球性或区域性金融危机的重要因素。近期美国正逐步引导加息，这增加了全球金融市场的不稳定性。

世界经济复苏进程和货币政策周期不同轨，美国经济走向复苏并率先加息，而欧日及新兴经济体仍在低谷不具备加息条件。2008 年次贷危机以来，美国实施零利率和量化宽松，欧洲及日本实施负利率以及采取的定性和定量宽松的货币政策，把货币宽松发挥到极致，但效果却差别很大，使得全球经济复苏进程大不相同。美国经济经过 3 轮量化宽松和零利率，并借助开放的移民政策、相对健康的人口年龄结构、富有弹性的市场机制和创新机制，率先走出衰退、走向复苏。因此，相对于其他经济体，美国具备率先加息收紧货币的条件。但与此同时，欧洲及日本经济低迷、银行业蕴藏巨大风险，拉美经济衰退社会动荡，新兴市场经济不稳定、中国经济处于结构调整阵痛期，使非美经济体大多数并不具备加息条件。

美联储进入持续加息周期，全球货币宽松可能走到尽头，全球流动性边际收紧。当前新一轮美联储加息周期已经启动，自 2015 年 12 月首次加息以来已经持续 8 次加息，美元走强和国际资本回流美国本土已经走在路上，这导致全球流动性边际收紧。近期美债收益率上升，全球股市动荡，美元 LIBOR 利率上升。新一轮美联储加息和美元强势周期将对国际经济脆弱环节施加压力，比如欧洲银行业、新兴经济体房地产市场、拉美采掘业、全球远洋贸易等。

由于担忧汇率贬值和资本流出压力，美联储加息将封杀其他经济体货币宽松空间。G20 会议公告：贸易和投资是增长、生产力、创新、创造就业和发展的重要引擎。美国波士顿联储主席罗森格伦鸽转鹰，认为应逐渐收紧政策。2018 年 12 月欧洲央行议息会议维持主要利率、购债规模不变，德拉吉表示近期经济数据不及预期，这反映了外部需求减弱。欧元区经济前景面临的风险依旧大体均衡。由于地缘政治因素、保护主义的威胁、新兴市场的脆弱性和金融市场波动等不确定因素的持续存在，风险平衡正在转向下行风险方面。

三、美联储加息对世界经济的影响

经济金融结构脆弱是危机爆发的基础，供给侧结构性改革是出路。金融危机多次打断了后发国家经济的高速追赶进程。拉美债务危机的内因是过度举债发展且产业缺乏竞争力，东南亚金融危机的成因是结构调整迟缓和资产泡沫，次贷危机的成因是过度金融创新和房地产泡沫。而对于上述的危机，美国货币政策调整成为外部因素，起到了刺破泡沫的作用。拉美和东南亚国家一度创造了高速增长的奇迹，但先后被金融危机打断。只有进行有效的结构调整，实现增长动力转换，才有望避免危机或走出危机，比如1998年前后的韩国。

同时，债务危机最常见，无论是20世纪80年代的拉美债务危机、1997年的东南亚金融危机、2007年的美国次贷危机、还是2009年的南欧债务危机，都有一个共同点：这些地区在经济繁荣或低利率时期大举借债，用于发展缺乏比较优势的产业、放任资产泡沫或提升社会福利水平；一旦情况反转，进入经济衰退或高利率环境，要么依靠借债发展的产业陷入严重亏损，要么资产泡沫难以维持，要么福利支出由于刚性难以压缩，偿债负担大幅增加，从而爆发金融危机。

四、美联储加息对人民币汇率的影响

美联储降低利率对人民币汇率的压力是两方面的：一方面，利率上升缩小了美国对其他国家的利息差，这会增加中国本国的资金净流入，从而减轻投机性资本流动对人民币升值的压力；另一方面，利率上升会抑制美国经济的增长速度，而使得其他国家更愿意将资本投资进入中国而非美国。综合考虑各方面因素，人民币升值的压力会随美联储加息而减小。中国是美元国债最大的购买国之一，持有大量的美国国债，利率的上升将导致债券价格下跌，如果人民币大幅度升值，那么中国持有的这笔债券投资会面临汇率损失，所以在非紧急情况下中国是不会大量抛售美元国债的。

除此之外，人民币升值的另一个主要压力是欧元对美元的相对升值。中国"盯住美元"的汇率政策使我国在对欧贸易结算中存在汇价损失。而美国利率上升至少会延缓美元对欧元的相对贬值，从而缓解对人民币升值的压力。全球利率市场一直是由美国的利率市场主导的，总体来说，现在的利率上升对银行业的经营而言是有好处的，所以美联储加息后全球各大央行都会陆续跟进调高利率的。

综上所述，美国与世界其他地区经常出现经济增长和物价走势的不一致性，并导致货币政策调整的非对称性，当美国货币政策由宽松转向紧缩时，如果世界某些地区出现了较大的资产泡沫或债务风险，对流动性和利率比较敏感，将会持续产生较大影响。

浅谈美国加息对中国当前金融形势的影响

中国工商银行北京市分行　马玫玫　曹　红

　　2018 年是国际金融危机爆发 10 周年以及亚洲金融危机 21 周年，世界经济刚进入上行周期，美国挑起经贸摩擦，全球经济又到了危险的十字路口。中国政府在十九大后中央经济工作会议中明确提出了"金融稳定、扶贫、污染防治"三大攻坚战，防范化解重大风险被置于首位，其重点又在于防控金融风险。2017 年 11 月成立了国务院金融稳定发展委员会，金融稳定在当前形势下已经被提到相当重要的高度。

　　美联储自 2015 年已经启动加息，目前正处于加息周期，对包括中国在内的新兴经济体产生重大的影响，对中国的金融稳定和汇率走势带来相当的不确定性。20 世纪 80 年代初至今，在美联储的五次加息周期之间或之后，世界各国发生了大大小小数起经济危机和金融危机，这些都与美国的加息周期的即时或滞后影响有千丝万缕的关系。本文试图从日本、阿根廷和土耳其在不同的加息周期内受到的影响及应对措施，结合当前我国的经济金融局势，分析本轮加息对中国金融稳定性可能带来的影响。

一、经济金融稳定运行的关键要素

　　一国的金融运行稳定的影响因素包括利率和汇率形成机制、金融业经营模式、经济和市场环境、金融监管及相关政策等。

　　利率形成机制是指利率水平的确定方式和变动调节方式。在不同的宏观经济环境、经济体制和经济发展水平下，每个国家的利率形成机制也不尽相同，通常都由市场供求和不同程度的政府干预或直接定价共同决定。汇率形成机制一般决定于实质经济中经济主体对商品与劳务的供需而产生的对外汇的供需以及金融经济中金融资产的供需而派生的对外汇的供需，同时也受外汇市场中参与者的情绪影响。国内宏观经济体制的完善程度、宏观经济环境的稳定与否，对维持金融系统稳定也起着关键作用。国有商业银行的公司治理结构、激励机制、金融市场在信息不对称情况下导致逆向选择，会导致经营能力强和信誉优良的金融中介和客户无法赢得市场，劣币驱逐良币，金融资源得不到最优配置，并引发金融不确定性。金融主体的有限理性在不完善的金融市场中表现为过度反应或反应不足，参与者"羊群效应"有时会对金融市场造成很大的不确定性。

金融监管模式对于金融业经营、风险控制和管理效率以及危机的预防和应对有重要影响。货币政策是中央政府用来平衡物价、加快经济发展、提高就业率以及维持金融稳定的重要手段。财政政策也是中央银行维护金融稳定的重要手段之一，财政政策不会对货币稳定造成直接的影响，同时财政政策有时会通过调控税收政策以及财政支出间接地影响货币稳定性，进而实现金融市场的稳定。

在众多的影响因素中，中国金融系统的稳定最易受到经济环境、货币政策及财政政策及金融监管等宏观经济因素影响。

二、美国加息的简要分析

（一）美联储历次加息的情况回顾

美联储从 1983 年至今，一共经历 6 次较明确的加息周期，分别为：

（1）1983 年 3 月至 1984 年 8 月第 1 次加息周期，联邦基准利率从 8.5% 调整至 11.5%。

（2）1988 年 3 月至 1989 年 5 月第 2 次加息周期，联邦基准利率从 6.5% 调整至 9.81%。

（3）1994 年 2 月至 1995 年 2 月第 3 次加息周期，联邦基准利率从 3% 调整至 6%。

（4）1999 年 6 月至 2000 年 5 月第 4 次加息周期，联邦基准利率从 4.75% 调整至 6.5%。

（5）2004 年 6 月至 2006 年 6 月第 5 次加息周期，联邦基准利率从 1% 调整至 5.25%。

（6）2015 年 12 月 15 日，美联储公布加息，意味着美国进入第 6 次的加息周期，从 2015 年 12 月 15 日至 2018 年 9 月 26 日，美联储已进行 8 次加息。

美联储的货币政策一般具有逆周期性，在预期经济步入繁荣期、通胀进入上升通道时开启加息周期。因此，加息周期开始阶段，经济基本面在内在动力的推动下仍然保持增长趋势，直至加息到一定程度，高利率对经济逐渐产生负面影响，经济数据开始走弱，此时加息周期结束后进入降息周期，此为美联储加息周期和经济增长的一般规律。

在通常为 1~2 年的美国加息周期中，抑制通货膨胀是美联储加息的重要目标，每次加息周期结束时，CPI 相较于初始 CPI 均有所增加。从失业率上看，历次加息周期的结束失业率都比初始失业率低，这是因为加息周期美国经济仍然维持良好的运行情况，就业态势在加息结束时均呈现改善。而经济增速在加息周期结束随后的一段时间内均有所下滑。在美联储的五次加息周期之间或之后，世界各国发生了大大小小数起经济危机和金融危机，这些都与美国的加息周期的及时或滞后影响有千丝万缕的关系。

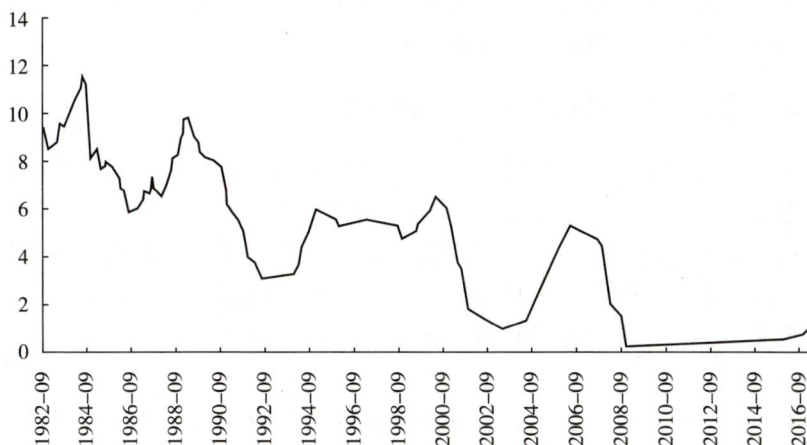

数据来源：Wind。

图1　美国联邦基金目标利率历史变动

（二）此轮美联储加息所处的国际经济金融环境

本轮加息普遍认为自 2015 年 12 月开始，至 2018 年 9 月已累计加息 8 次，联邦基金利率上限从 0.5% 加至 2.25%。

表1　　　　　　　　　　　　美联储本轮加息情况

美联储本轮加息时间	加息后的联邦基准利率
2015.12	0.50%
2016.12	0.75%
2017.03	1.00%
2017.06	1.25%
2017.12	1.50%
2018.03	1.75%
2018.06	2.00%
2018.09	2.25%

美国国内的情况是自上一轮加息周期后，由于美联储持续推行量化宽松政策，偏离了原来的 5 年左右一轮的周期，利率长期在低位运行。2015 年底以来，美国经济复苏迹象明显，且失业率降至 5% 以下，CPI 升至 2% 以上。为了避免在超低利率环境持续时间过长，美联储开启新一轮的加息周期。

世界经济政治格局自特朗普上台后变数增大，国际间合作正在旧秩序被不断打破，新秩序尚未建立，贸易摩擦和局部地区冲突频发，偶然性事件频发；

新兴市场国家较大的不确定性。本轮加息过程中，阿根廷和土耳其等新兴市场国家已经出现了货币的大幅贬值，引发危机。

三、不同经济体危机应对的比较分析

中国经济发展虽有自身独特的特色，但此前的高速增长模式、经济体量和面临的困境与20世纪90年代的日本有一定的相似性，而当前所处的美联储加息周期以及金融的不稳定性，同为新兴经济体的土耳其和阿根廷的表现对我们也有一定的借鉴作用。因此，我们选取具有一定可比性的90年代日本经济危机和2018年阿根廷、土耳其货币危机做比较分析。

（一）日本

日本的崛起首先得益于当时特殊的世界政治环境。由于冷战，社会主义国家与西方世界被人为分隔，彼时世界上的许多国家正忙于革命与解放运动而无暇专心发展经济。战败后被解除武装的德国与日本政治与军事地位受到限制而专注于发展，反而因祸得福，经济快速增长。日本快速发展的另一个因素是勤劳俭朴的东亚传统，它使日本企业总能以比欧美企业更低的成本生产产品，其背后的代价是国人尽可能少休闲多工作。较高的教育水平也是日本经济迅速起飞的另一大关键。正是这些因素的综合作用使日本经济在一段时间内遥遥领先于世界绝大多数国家和地区。1985年9月，《广场协议》签订，美国与日本、联邦德国、英国和法国签署，美国通过美元贬值促进美国出口，日本等国同意稳步推进日元、马克等非美货币升值。1986年日本为应对经济下滑，采取了扩张性财政政策和货币政策，1年内连续5次下调央行贴现率，日本开始了连续5年的"平成景气"，1991年日本的人均国内生产总值已超过美国，GDP总量占世界13%。

危机发生时间在美联储降息周期，美元长期走弱短期走强时期，主要是广场协议和卢浮协议下日元走强，日本宽松的货币政策导致流动性异常充足，日本的房地产、股票市场都飙升，企业海外并购活跃，经济出现泡沫化。1989年末，日本央行宣布要戳破泡沫，加之金融业内丑闻导致大量银行破产。1992年日本经济进入萧条，股市、地产业大幅下跌、实体经济下行，失业率上升。

日元对美元升值，导致通货紧缩，特别是在金融危机爆发以后，商品出口更没有竞争优势。此外，贸易是市场经济的基础，参与自由贸易的各方是基于各自的比较优势。在危机爆发之前周边的中国转向了市场经济，"亚洲四小龙"、东盟等国家和地区也早已快速崛起。在经过10多年的市场洗礼后，这几股力量先后向日本产品发起了挑战。这些地区的人民与日本人民一样有着勤劳俭朴的传统，受教育程度提高。日本原有的劳动生产率和成本上竞争优势逐渐丧失。至此，建立在此基础上的日本经济随着其竞争力的相对下降，经济衰退就不可避免地发生了。

自 1991 年至今长达 20 年的时间里，由于资本市场和房地产泡沫的破灭，日本经济骤然减速，经济长期停滞，被经济学家们称为"失去的 20 年"。也有观点认为，日本并不存在所谓失去的 20 年，制造业的衰落只是表象，而深层次的创新却在酝酿。名义 GDP 有下降，但实际 GDP 一直保持增长，但增速放缓，同时日本在海外有大量的投资并未纳入 GDP 统计范畴内，经济增长放缓只是表象。数据显示在整个 20 世纪 90 年代，日本失业率仅为 3% 左右，是美国同期失业率的一半。2009 年人均收入为美国的 90% 以上，为中国的 30 倍以上。日本的外汇储备超过 1 万亿美元。日本将精力和资源投入调结构，发展高新技术和金融创新领域了。

1992—2000 年，日本在多次刺激政策收效甚微的情况下，开始放松规制，减少制度性干扰，降低经营成本。1998 年日本修改了《银行法》《证券交易法》《保险法》等金融相关法律，开启金融业改革，银行业重组，推进不良债权处理。

（二）阿根廷、土耳其

阿根廷和土耳其在本轮美元加息中受到显著冲击，美联储加速加息环境下导致资本流出，加之两国外债高企，货币贬值对高外债国家的偿债能力带来进一步冲击，影响投资者信心，资本加速流出，进而货币大幅贬值。

图 2　阿根廷比索汇率走势

对于阿根廷，其财政赤字在 2015 年至 2017 年持续上升。高额的财政赤字一方面依靠外债来弥补，另一方面通过赤字货币化解决。阿根廷的外债一直保持在高位，2017 年上升迅速。且阿根廷的外债中短期债务占比过高，2017 年短期外债占外汇储备比重达 140.7%。货币供应量的持续增长带来了 20% 的通货膨胀

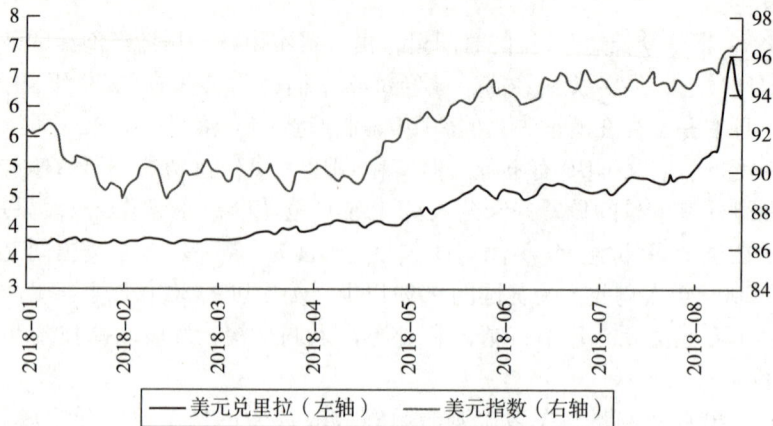

图3　土耳其里拉汇率走势

率。汇率是两国货币相对购买力的体现，阿根廷长期通胀高企下货币已然存在巨大贬值压力，而贬值后外债压力进一步加剧会再推升货币贬值。美联储的加息成为了导火索。

贬值后，阿根廷政府提高了基准利率、承诺降低政府赤字，并抛售美元以维持汇率稳定。40%的利率水平和不断下降的外汇储备严重不利于阿根廷的经济增长，导致局势不稳定。

土耳其同样面临着外债高企的困局，由于连年经常账户赤字，土耳其只能依靠外债弥补经常账户赤字。2016年经常账户赤字为331.37亿美元，2017年进一步扩大到473.78亿美元。2018年，美联储加快了加息步伐导致短期资本开始流出土耳其，2月外汇储备下降2.54亿美元，里拉开始贬值。3月外汇储备大幅下降48.4亿美元。

政府的干预使得土耳其央行无法加息，反而在3月后货币供应增速上升。充裕的货币供给和持续贬值的里拉催生通货膨胀，土耳其通胀率超过10%，由此导致里拉加速下跌。5月底6月初，土耳其央行曾两度加息以阻止资本外流，并声明央行的独立性以降低不确定性，稳定投资者信心。然而受美土外交关系恶化和美国进一步的金融、贸易摩擦影响，稍有企稳的里拉在8月再度开启暴跌模式。里拉的暴跌引发了市场对新兴经济体货币的抛售。

（三）中国当前经济金融形势

在第一部分我们提到，在众多的影响因素中，中国金融系统的稳定最易受到经济环境、货币政策及财政政策等宏观经济因素影响。

从经济环境来看，当前宏观经济形势总体稳定，经济金融保持稳定发展态势，供给侧结构性改革持续深化，就业保持稳定，微观主体韧性进一步增强

（2018 年 9 月国务院金融稳定发展委员会第三次会议）。但国内经济基本面面临一定下行压力，扩内需和降低企业融资成本成为经济金融工作的主要目标，内部环境制约货币政策收紧，加息面临的压力较大。2018 年上半年我国国内生产总值同比增长 6.8%，连续 12 个季度稳定在 6.7% 至 6.9% 区间。居民消费价格涨势温和，前 7 个月居民消费价格上涨 2%，总体还是处于正常可接受水平；7 月全国城镇调查失业率为 5.1%。中国 2017 年扭转了资本流出的态势，短期资本和直接投资双双流入带动外汇储备积累。但受贸易摩擦影响，经常账户逆差需关注。

从货币政策来看，金融委提出要"积极贯彻执行稳健中性货币政策，并根据形势的变化有针对性地适时适度预调微调，保持市场流动性合理充裕，信贷市场、债券市场、股票市场平稳运行，人民币汇率保持合理稳定，各类金融风险得到稳妥有序防范化解，金融市场风险意识和市场约束逐步增强"。2018 年国内国际经济环境有所变化，央行四次降准，但这只是应对短期形势变化的应急响应机制。央行一直力图保持货币政策的连续性和稳定性，在经济不发生重大负向冲击的前提下，不会有根本变化。美联储加息带来的中美利差缩小和人民币汇率贬值是外部因素，对我国央行会否加息有一定影响。但美联储加息及美元走强，势必对人民币汇率产生打压。

在经济政策上，积极的财政政策取向不变，同时坚持经济的结构性调整与优化，2018 年 1—7 月，全国规模以上工业企业利润同比增长 17.1%。更重要的是前 7 个月规模以上工业增加值同比增长 6.6%，而其中高新技术制造业和装备制造业增加值分别增长了 11.6% 和 9%，战略性新兴产业增加值增长也达到 9%，都明显快于整体工业的增长。上半年消费对经济增长的贡献率达到 78.5%，比上年同期提高了 14.2 个百分点。民间投资、制造业投资情况也有所改善。这都是经济结构调整的成效。

在金融监管上，银监会和保监会合并，成立金融委，有利于解决当前混业经营趋势与分业监管不匹配造成的风险控制和管理效率高协调成本问题。加强监管，整治"脱实向虚"乱象，遏制了同业、理财快速盲目增长的发展势头，拆除影子银行业务的隐形炸弹，防范房地产泡沫风险，自 2017 年以来，一系列"强监管"行为有助于促进银行业机构合规经营，加快补齐监管制度短板，涵盖股权管理、资本补充、流动性风险、大额风险管理、理财业务、表外业务、交叉金融产品等方面。防范和化解系统性金融风险。

监管层政策工具充足，外汇市场的政策信誉已经重新确立，对人民币汇率形成较强支撑。在经历了 2015 年至 2017 年外汇市场的宽幅波动，且前期资本外流压力已有所释放，市场对于汇率波动的容忍度和适应性均有所提高。此外，自 2017 年 5 月引入"逆周期因子"，适度对冲市场情绪的顺周期波动，缓解外汇市场可能存在的"羊群效应"，减少市场非理性交易，在必要时重新获得市场价格主导权，同时也向市场释放了人民币汇率相对稳定的积极信号。

四、结论

中国当前的经济金融应格局与 20 世纪 90 年代的日本有一定程度的类似，但面临的局势不同。以史为鉴，应警惕和提前化解在加息周期结束后的危机可能。在当前美联储加息周期内，我们要通过稳健的货币政策，允许一定幅度的利率和汇率波动，专注于调结构、防范系统性风险。

中国经济的韧性强，在经济增长率、通货膨胀率、经常账户和短期外债占外汇储备比重等衡量经济基本面和债务是否稳健的指标中，中国的数据优于在本轮加息中发生货币危机的阿根廷和土耳其，突然"崩盘"的可能性不高。美联储的货币政策是一个长周期的计划，并不是短期举措，我们一定要保持改革的定力，调结构的过程要保持耐力，在采取必要措施解决眼前矛盾的时候，要努力避免为日后的可持续发展增加新的困难和障碍，妥善处理短期利益和长远利益的关系。

坚持稳健的货币政策，防范和化解不良贷款、房地产风险等，合理去杠杆，抑制投机和泡沫化。同时运用合理的政策工具应对目前中国经济增速阶段向下、美国经济增速向上，美国不断施压贸易摩擦，带来人民币阶段贬值预期过高的可能性，警惕人民币贬值进一步形成对国内经济和流动性的向下压力的负面传导。

加强金融风险监测预警。在当前金融创新的背景下，一是加快数据采集和整合，提高金融数据真实性和及时性；二是进一步完善金融风险预警评估机制。通过加大对内外部金融环境变化与经济发展的关联性监测，积极做好形势研判和预警。

浅谈美联储加息对我国金融稳定运行的影响及对策

中国农业银行北京市分行　苏　雁

2018年9月26日晚间，美联储一如市场预期，毫无悬念地加息25个基点，将美国联邦基金目标利率提升至2%~2.25%区间内，这是年内第3次加息，也是2015年12月开启本轮加息周期以来的第8次加息，预计年内应还会加息1次，且2019年会加息3次，2020年会加息1次。谈及此轮的加息，感觉与历史上美联储的数次加息周期有较大不同。历史上，美联储加息周期大多是因为对抗通胀或是抑制经济泡沫的需要，加息开始后基本都会连续推进形成一个完整而且快节奏的加息周期，直到经济增长开始放缓直至进入衰退期。而此轮的加息的目的主要是要回归货币政策以及利率的正常化，目的性的不同也导致加息进程与以往有所不同。现阶段美国国内并不存在要抑制通货膨胀的压力，美联储正循序渐进地进行加息操作，在一定程度上也缓和了连续加息带来的市场风险。但无论美联储加息进程如何，由于美国的强势经济地位及美元硬通货的属性特征，其加息进程必然会对全球范围内整个外汇市场，资本流向，大宗商品价格等产生或多或少的影响，尤其是对金融体系本就相对脆弱的新兴经济体而言，受到的冲击必然更加明显。下面本文将从回顾美联储的几次加息周期入手，对比其加息进程对包括我国在内的新兴经济体带来的诸多影响，并就自身理解，简述对我国未来一段时间为规避加息周期带来的负面影响可采取的一些措施和建议。

一、美联储近三次加息周期影响简析

1. 第1次加息周期：1999年6月至2000年5月。不到一年时间，美联储共加息6次，累计提高联邦基金目标利率1.75%，将联邦基金目标利率提高到6.5%。1999年，美国经济迎来了上一轮加息后的第二个增长高峰，股市屡创新高，GDP增长率接近6%，而通胀率仅在2.2%，失业率也降至4.3%。互联网热潮使IT行业的投资迅速增长，经济出现过热倾向，为避免互联网泡沫成为美国经济和金融持续发展的潜在危险，美联储再次启动紧缩政策。但是，美元指数在此轮加息周期开始却呈现出明显的下降趋势，直至加息后期及以后一段时间，美元指数才有所上涨。同时，此轮加息并没有给美国带来明显的资本流入，资本流入流出的波动性很强，但标普 500 指数却呈现一路上涨的态势，加息周期内累计上涨超过 7.2%。布伦特原油价格也出现大幅上涨，累计涨幅达到75%。在此轮加息周期中，巴西、印度尼西亚、俄罗斯、韩国、阿根廷等新兴经济体都受到了明显的冲击和影响。巴西雷亚尔大幅贬值，资金大量外流，外汇储备急剧减少，在衰退泥沼中越陷越深。俄罗斯卢布也在此期间大幅贬值超过 13%；阿根廷股市更是大跌，跌幅达到 25%。另外，由于加息政策导致了美国经济增长放缓，进口需求减弱，部分依靠出口带动经济的新兴经济体遭受了沉重的打击。印度尼西亚的 GDP 增长率由 46% 迅速下滑至 7% 左右，韩国 GDP 增长率则从 1999 年的近 28% 跌至次年的 14.9%，2001 年更是出现了 -5.86%的负增长。中国当时顺利渡过亚洲金融危机，除股市略受影响外，没有受到过多冲击。

2. 第 2 次加息周期：2004 年 6 月至 2006 年 6 月。历时两年，共加息 17 次，累计加息 4.25%，联邦基金目标利率由 1% 回升至 5.25%。此轮加息期间，美国国内的通货膨胀率和失业率都逐渐好转，房地产市场也逐渐回温，美元指数先涨后跌，并未复制前两次加息期间的走强态势，国际资本流动也出现了前期流入大幅增长后期流出逐渐增多的情况；倒是标普 500 指数一直延续强劲走势，一路上涨；大宗商品价格指数也走出大牛行情，两年内布兰特原油价格将近翻番。对于新兴经济体而言，不同于以往两次加息，新兴经济体大部分有不错的经济表现，韩元、巴西雷亚尔和俄罗斯卢布在加息开始后均逐步走强，分别升值近 2326%、41% 和 13%。但也有部分经济体受到冲击，土耳其里拉兑美元汇率贬值 16.6%，南非兰特贬值 14%。股票市场上迎来了新兴经济体普遍的牛市，与标普 500 指数的走势变化基本一致。我国在这一周期中情况相对比较特殊。2005 年，人民币汇率制度由固定汇率制变为有管理的浮动汇率制。自 2005 年 7月开始，人民币持续升值，在其后不到两年的时间里汇率更是突破 7.0 价位。股票市场上，加息周期开始时上证综合指数大幅下挫至 998 点，在完成筑底之后则开始强势反弹，一路攀升到 2007 年 10 月的 5 824.12 点。中国的 GDP 增长率在这段时间也是持续以每年超过 1% 的速度强力上升。

3. 第 3 次加息周期：2015 年 12 月至今，截至 2018 年 9 月底，美联储已累计加息 8 次，每次 25 个基点，目前联邦基金目标利率在 2% ~2.25% 区间内。在上一个加息周期结束后不久，美国爆发了次贷危机，对美国的金融部门以至于宏观经济均产生沉重打击，世界其他国家也都受到了不同程度的波及，次贷危机逐渐演化成全球性金融危机，致使全球主要金融市场出现资金流动性严重不足，对全球经济造成了巨大冲击。为缓解危机带来的影响，美联储连续降低联邦基金目标利率，并采取了一系列刺激经济的措施，通过量化宽松政策，购买上万亿美元的资产。随着美国经济的逐渐复苏，美联储自 2014 年 10 月正式结束量化宽松政策。进入 2015 年下半年，美国宏观经济企稳，失业率下降，通货膨胀率符合 FOMC 所设定的 2% 的长期目标。为了维持就业和价格水平的稳定，FOMC 谨慎地进行货币政策调整，并于 2015 年 12 月 16 日，在距上一次加息 10 年之后，将联邦基金目标利率提高 25 个基点，自此开启了新一轮的加息周期。在开始加息以来的近 3 年间，美国国内经济表现相当亮眼，国内房地产市场持续向好，失业率维持较低水平，美国股市更是令人艳羡。2018 年第二季度 GDP 环比增长率达到 4.1%，创造了近几年增长率的最高纪录。美国国内经济在这轮加息进程中表现强劲，但对于其他新兴经济体而言，就没有那么幸运了。

二、本轮美联储加息对新兴经济体的冲击

1. 对主要新兴市场的影响

由于美元在各国外汇储备、国际支付、国际债务、外汇市场交易中都占有绝对优势，国际大宗商品交易也基本都以美元标价，导致很多货币政策独立性较低的新兴经济体货币政策被动随美国货币政策而走，部分对美国经济、美元外债存在高度依赖的新兴市场经济体受到很大冲击，金融市场及货币再现动荡危机。近半年来，阿根廷比索下跌近 48%，土耳其里拉下跌近 40%，南非兰特下跌了 18%。以阿根廷为例，其经常账户长期处于逆差状态，外债规模较高，2017 年占 GDP 比重达到约 40%，从短期外债和外汇储备之比来看高达 120%。此外，2015 年阿根廷取消了外汇管制，国际资本自由流动加剧了危机来临时的金融脆弱性。2018 年以来，受强势美元的影响，资本加速回流美国，阿根廷比索贬值加速，同时国债利率快速上行，股指下跌，现"股债汇"三杀。阿根廷实施了一周内加息 3 次、向 IMF 寻求资金支持、抛售外汇等措施，最终干预无果，阿根廷比索持续贬值。土耳其、巴西等新兴国家货币同样出现大幅贬值，各国出手干预效果均收效有限。总体来看，新兴市场国家货币危机，一是经常项目逆差、外债高企，经济结构不合理，结构性问题长期存在。二是政局不稳、历史记录不佳。比如南非、伊朗、印度及俄罗斯正遭受美国方面的政治压力，此前土耳其危机的导火索也源于美国的制裁。阿根廷等国历史上多次发生债务和货币危机，投资者信心脆弱，容易诱发自我实现的危机。三是美元周期的资本流动是直接诱因。

目前，主要货币危机国家纷纷推出加息等举措，抑制通胀、捍卫本币，新兴市场货币有所企稳，贬值动能出现收窄迹象，MSCI 新兴市场货币指数也触底反弹。但加息等紧缩政策短期很难从根本上解决危机，还需更多提振投资者信心的举措。

2. 对中国的影响

在此轮美联储的加息进程中，我国同时还面对着美国挑起的愈演愈烈的贸

易战等叠加因素，金融维稳的压力显而易见。从 2015 年底美联储首次加息以来，人民币汇率虽有阶段性升值，但整体仍呈贬值趋势。2018 年以来，随着美元指数的反弹以及周边新兴经济体货币危机的影响，人民币再次步入下跌行情，波幅渐大。美元兑人民币汇率中间价由 2015 年 12 月 17 日的 6.4738 跌落至 2018 年 9 月 28 日的 6.8792，跌幅 6.2%。自 2015 年 12 月以来，我国外汇储备总体也呈现下降趋势，从 2015 年 12 月 33 303 亿美元下行至 2018 年 9 月底的 30 870 亿美元，跌幅 7.3%。针对市场变化，央行加大政策组合拳调控力度，确保人民币汇率市场稳定。具体来看：一是调整远期售汇的外汇风险准备金率，减弱人民币贬值过程中的顺周期效应。央行宣布 8 月 6 日起将远期售汇的外汇风险准备金率从零调整至 20%，这是 2015 年"8·11 汇改"后央行第三次调整外汇风险准备金率。从过去两次风险准备金调控经验来看，该政策有利于稳定汇率预期，并让汇率阶段性反向波动。但过去两轮的准备金调控都没有改变既有趋势，人民币汇率贬值预期的消退，仍需要基本面的配合。二是央行上海总部窗口指导限制上海自贸区 FTU 账户向境外存/拆出人民币，收缩离岸市场人民币流动性，提高做空人民币成本。三是适度对冲贬值方向的顺周期情绪，央行重启"逆周期因子"。具体来看，重启逆周期因子针对的是外汇市场中存在的顺周期行为。在这一轮人民币贬值过程中，外贸企业的准备并不充足，对外的投机性相对较大，与我国经济基本面背离，此时再次推逆周期因子，可以使汇率和市场信心保持相对稳定。重启逆周期因子有望缓解一部分贬值压力。从 2017 年下半年的实践看，逆周期因子的重启对于分化贬值预期、稳定人民币汇率有帮助，有助于缓解汇率与利率之间的政策冲突。虽然本轮贬值相比"8·11 汇改"后的幅度更大，但市场预期总体较为稳定，目前并未出现恐慌性购汇现象，央行对汇率波动的容忍度也明显增强。在各项政策的调控下，我国跨境资本流动基本保持稳定。2018 年第二季度我国国际收支实现"双顺差"，期内我国经常账户顺差 53 亿美元，资本和金融账户顺差 60 亿美元，其中证券外资净流入 610 亿美元。过去资本外流的主要目的地美国对中国资本的吸引力也在下降，2018 年上半年中国对美直接投资骤降 90%。总体来说，相较于其他新兴经济体的表现，我国虽然面临的压力大，但所受冲击依然在可控范围内，并未对我国金融整体运行产生重大影响。

三、面对美联储加息，可采取的措施及建议

尽管美联储在最近一次的会议声明首次将"货币政策立场仍然宽松"的表述整体删除，让市场分析者认为这意味着美联储或多或少已经趋于中性立场，但预计加息进程仍将稳步推进，未来中美货币政策的差异性或将越来越大，加之贸易摩擦的不确定性及负面影响的进一步体现，国内经济的下滑趋势已逐步

显现，面对如此不利境地，我国必定要积极面对，采取多种措施，解决自身经济结构不合理的现状，稳定自身，加快内部发展，恢复市场信心，进一步提高防御和应对外部的压力的能力。

（一）从国家层面

1. 保持必要的汇率干预机制，保证充足的外汇储备。如果人民币汇率被迫出现大幅波动，对我国的金融、贸易、财政等多个方面都将产生巨大影响，因此采取灵活的汇率制度，通过市场自主调节与政策适时运用相结合的措施，稳定汇率，防止过快上涨或下跌，都是非常必要的。同时，外汇储备又是另外一层保护，它增强了经济体抵御风险的能力，有了充足的外汇储备，才有能力和空间对汇率和流动性进行适当的调控。

2. 谨慎对待资本市场完全开放。我国的金融体制改革还未完成，金融体系和体制还在不断完善，在利率市场化还不成熟、汇率制度还没有完全放开的时候，应进一步加强金融体系的建设，控制好资本市场的开放的步伐和速度，防范资本流动的快进快出、大起大落。以往我国在美联储加息时能够有效抵御部分风险很大一部分原因来自资本市场的严格管制。面对全球金融发生动荡时，国内的金融改革节奏也应顺势做出调整，以确保金融稳定性不受动摇。

3. 平衡人民币国际化带来的风险与机遇。人民币国际化程度不断深入，人民币将更大程度上受市场运作的影响，这在提升人民币国际货币地位、增加人民币国际需求的同时，也逐渐增加了汇率大幅波动的可能性。这是人民币走向国际化我国所必须承受的，但我们应对此作出充分有效的应对准备，减轻外汇市场开放所造成的负面影响。同时我们在国际化的进程上不能急于求成，要低调行进，有所取舍，否则容易引起市场误解，不利于汇率稳定，进而影响整体内部经济发展。

4. 应密切关注国际市场上占有重要地位和有较大影响力的国家的政策变化，把握政策走向，分析可能会带来的市场波动及对自身的潜在威胁。可以提前有针对性地调整自身政策制度，以期有效适应市场波动带来的影响，减小对自身的冲击。

（二）从银行层面

1. 积极寻求新的投资机会。在资产配置策略上，可适当缩减对美国出口和投资相关领域资产配置，扩大内需尤其国家稳增长、居民消费升级等领域的资金运用，把握好资产配置节奏。考虑到欧洲和日本央行货币政策依然相对宽松，可以及时优化美元与非美货币资产、负债结构和期限匹配度，注意运用多种金融工具对冲汇率风险。

2. 注重风险防范。银行应对重点客户进行摸底排查，全面了解客户中美元债务占较高的客户，尽快制定针对性的风险处置预案。谨防美元利率汇率双升致其财务状况恶化，引发信用风险。另外，还要强化境内外分支机构在客户信息保护、反洗钱、知识产权保护等方面的合规审查，进一步防范反洗钱等合规风险。

3. 丰富客户外汇避险金融产品。由于汇率、利率的波动弹性增加，客户对于资金避险的需求越来越多。商业银行应积极研究市场行情，提升对市场变化的敏感度，加大业务创新力度，加强对贵金属交易、外汇避险、债券通、债市宝等业务的整合与创新，在合规基础上进一步满足客户在汇率、利率和贵金属方面的投资、交易、套保需求。

浅谈美联储加息对我国经济
金融稳定运行冲击影响

平安银行北京分行　国际业务部　张率真

一、美联储加息背景

美国东部时间 2018 年 9 月 26 日，美联储货币政策委员会宣布加息 25 个基点，将联邦基金目标利率区间上调至 2% ~ 2.25%，创 2008 年以来最高。此次加息是继 2018 年 3 月和 6 月加息以来的第 3 次加息，也是自 2015 年 12 月进入本轮加息周期的第 8 次加息。会议同时公布了美联储官员们的利率预期点阵图。据预期，美联储 2018 年加息 4 次、2019 年加息 3 次、2020 年加息 1 次，这表明今年还会有一次加息。

目前美国经济增长强劲，特朗普执政以来一系列新政促进经济持续向好，经济活动持续增长。劳动力市场健康，整体有向好趋势，就业人数增长稳定，失业率持续下滑，就业情况整体良好。美国通胀指标在 2018 年第一季度达到高点之后有所回落，但近期有所提升。美联储主席鲍威尔指出：虽然通货膨胀率最近上升了近 2%，但我们没有看到任何明显加速超过 2% 的迹象，也似乎没有过热的危险。房价指数接近历史高点、股指走势强势。美联储本轮加息的目的在于恢复货币正常化，让利率渐进地重返常态。

过去美联储实行的是长期宽松货币政策，但是如今美国经济和就业状况已经复苏，假如持续推行低利率的政策，那将无法使国外资金回流美国，无法使海外资本投资美国市场。另外，美国经济一旦复苏，国内的核心通胀率会上升，一直对通胀率回升较为敏感的美联储认识到一旦形成恶性通胀后这种趋势将很难扭转。所以美联储也希望利用加息来遏制通胀的势头。

二、美联储加息对世界经济的影响

鉴于美国和美元在世界经济金融体系中的地位，美联储如期加息后，全球多个央行陆续进行加息。在主要央行中，加拿大和英国已转向加息轨道。巴林、沙特阿拉伯、阿联酋央行相继宣布将基准利率提高 25 个基点。香港金管局也上调贴现窗口基本利率 25 个基点至 2.5%。同时，随着美联储加息，美元指数持续回升，新兴市场国家汇率出现了大幅贬值。土耳其、阿根廷等国的汇率贬值幅度达到 50%，巴西的汇率贬值了 20%。此外，印度卢比、印尼盾、澳元均下挫。未来美国仍会继续加息，这意味着新兴市场的汇率依然会遭到巨大挑战。未来全球流动性或将进入拐点，全球流动性收紧，利率上行，主要国家和地区有退出 QE 的趋势。欧洲央行开始缩减资产购买规模，已明确 2018 年底退出 QE；日本央行也有缩减购债规模的迹象。

三、美联储加息对我国经济金融稳定运行冲击影响

美联储实现货币政策正常化将会对我国产生较强的外溢影响，跨境资本流动、人民币汇率、金融市场以及货币政策等都会受到不同程度的影响。

第一，美联储加息加快跨境资本的流动，跨境资本可能再次外流，造成资本外逃风险。美元加息升值，美元资产吸引力势必会增强，一般都会引来其他货币的流出状态。美联储加息后会使我国部分资产外流，会引起部分逐利资本回流到美国，对我国跨境资本流动产生影响。2017 年我国跨境资本流动形势出现好转，今年跨境资本流动整体情况仍保持稳定。美联储再次加息后，美元将继续处于牛市周期，美元资产收益率上升，将造成我国境内资本流出，资本外流形势有可能会恶化，资本外逃可能性很大。

第二，美联储加息会引起人民币汇率波动，人民币短期内有调整压力，增加人民币贬值风险。根据利率平价理论的内容，两个国家利率的差额等于远期兑换率与现货兑换率之间的差额。在两国利率存在差异的情况下，资金从低利率国流向高利率国以谋取利润。但套利者在比较金融资产的收益率时，不仅考虑两种资产利率所提供的收益率，还要考虑两种资产由于汇率变动所产生的收益变动，即外汇风险。美联储加息后，许多国家货币的汇率都出现了波动，货币汇率波动是很多国家需要面对的问题。美联储加息美元收益率上升，各国货币会流向高收益的美元，人民币也有贬值的压力。人民币贬值既是促进出口增长的一种可行方式，又会对国内的进口贸易带来不利影响。虽然，中国拥有世界首屈一指的外汇储备，但其实现在也面临危机。然后，中国已经充分预计到这种情况，坚持人民币市场化，顺利使人民币加入了 SDR，稳定世界对人民币的信心，长远来说为货币战争做好了准备。

第三，美联储加息会波及到我国股市、楼市等基本面。跨境资本流动中的很大比重是以套利为目的的热钱和短期流动资本。这部分资本流入我国后大部分进入股市、楼市等虚拟经济领域，带来通货膨胀压力。美联储加息将导致我国跨境资本外流，在资本流出和房地产调控背景下，这部分资本将会率先流出，钱沉淀最多的楼市、股市都会受到挑战，加剧楼市、股市的波动。虽然实体经济受到了强烈冲击，但是目前国内经济最大的隐患仍然是房市泡沫，近期，政府也努力在化解房地产危机。在美国加息的冲击下，楼市部分

资金撤离，未来流动性宽松的空间很小，房地产企业融资和境外债务偿还成本也将上升，资金周转困难。三、四线城市房地产市场早就已经出现了一些衰退迹象，开发商卖房困难，资金无法快速回笼，银行债务无法偿还的情况将会日益凸显。同时，对股市产生一定影响，主要利空就是加息引发的资本外流。美联储加息政策对我国股票市场的影响主要集中在 A 股市场。在美联储加息背景下，人民币贬值预期一旦形成，将导致热钱流出，国内的流动性面临收缩，不利于 A 股的走强。美联储的每一加息周期都是我国上证指数的下跌周期。美联储货币政策变化会加大市场短期波动，海外股市大跌，国内市场情绪也受到干扰，股市出现调整。

第四，美联储加息会使我国货币政策调控难度增大。如果维持低利率，则面临汇率下跌风险会使资本外流。但我国需要通过降息促进经济发展，缓解高负债公司的负担。我国陷入经济学家所说的"三元悖论"。没有一个国家可以做到盯住汇率、独立货币政策和资本自由流动。所以我国货币政策也将分阶段跟随调整。

四、我国的应对措施

第一，总体来说，我国需继续推行稳健的货币政策，既不实施紧缩的货币政策，也不实施扩张的货币政策。央行应该以释放合理流动性需求作为货币政策的目标，通过公开市场操作和基准利率调控增加基础货币投放量，实行积极稳健的货币政策。第二，应对美联储加息的冲击，还需加强对跨境资本的监管，健全完善我国跨境资金流动风险监测、统计制度和反洗钱制度，抑制不合理不合规的投机性资本流出，同时需适度放松境外资本流入。第三，在经济全球一体化的背景下，要重视和加强国际间合作，加快人民币国际化进程。另外，需要密切关注重要国家的货币和金融政策，及时应对和调整。第四，经济增长保持新常态，不要过度追求经济增长，促进经济稳定增长。

央行参事盛松成表示，中国不会跟随美联储加息，这不适合我国目前国内经济形势，我国当前需要降低实体经济的融资成本，解决企业融资难融资贵的问题，促进经济平稳增长。可见我国跟随加息的可能性和必要性不大。美国加息对我国的影响是有限的。中国债务以内债而非外债为主，因此汇率的波动对于中国的影响不大，不会面临新兴市场国家由汇率贬值带来的货币危机转向债务危机的风险。从基本面来看，近期国内通胀有所抬升，但年内程度相对可控，而经济的下行压力依然较大，此时跟随加息的概率也不高。从货币政策来看，货币增速放缓，汇率贬值压力改善。从市场利率来看，央行保持流动性合理充裕，利率基本能够合理反映资金供求关系，跟随加息的必要性不大。从汇率来看，美元兑人民币汇率相对稳定，加息必要性低。

综上所述，美联储加息虽然将会对我国产生较强的外溢影响，但我国可以充分发挥主观能动性，即使面临严重的外部环境干扰，仍可以保持国内货币金融市场稳定，中国经济仍然具砥砺前行的强大内力。

美联储持续加息背景下我国货币政策选择浅析

中国银行北京市分行　周　晨

美国东部时间 2018 年 9 月 26 日，美联储公开市场委员会 FOMC 宣布加息 25 个基点，将联邦基金目标利率区间调整为 2%~2.25%，创下 2008 年以来的新高。这是自美联储 2015 年底重启加息周期以来的第 8 次加息。预计在未来的 3 年内还会进行 5 次左右的加息，联邦利率将在 2020 年前后达到 3.25%~3.5% 的水平。

美联储持续加息将会对世界带来哪些变化？因加息带来的美元升值，资本回流美国本土又将如何影响其他国家经济？以金砖五国为代表的新兴市场国家货币自年初至 2018 年 8 月已分别贬值接近 10%~20%，更有阿根廷、土耳其等国家货币贬值超过 50%。国际资本加速流出新兴市场国家，回流美国境内。在这种全球经济大环境下，我国又该以怎样的货币政策加以应对？

一、美联储缘何持续加息

（一）美联储持续加息的背景

中央银行的主要职能是通过维持货币信贷总量的长期增长与经济的长期潜在增长一致，以有效促进充分就业、稳定物价和长期利率适度的目标。美国联邦储备体系自 1913 年由国会创立以来，一直行使着美国的中央银行职能，为美国乃至为全球市场提供了一个更安全、灵活和稳定的货币和金融体系。

2008 年金融危机发生后，全球主要经济体不约而同地采取超宽松的货币政策来尽可能地抵消金融危机对经济带来的影响。美联储在 2008 年 12 月将美国联邦利率降至零利率，并维持长达 7 年之久。美联储还先后推出 3 轮大规模的量化宽松政策，通过购买各类债券间接增加美元的供给，使其总资产规模从危机发生前的 9 000 亿美元拉升至 4.5 万亿美元，为市场注入了大量流动性。

在世界各国共同努力之下，金融危机逐渐消退，全球经济逐步企稳并开始缓慢复苏。近年来，美国经济回暖更是领先其他国家一步，展现出一枝独秀之势。此时，为了防止经济过热、过度通货膨胀，同时也为经济再次下行时保留一定的政策调整空间，通过逐步加息和缩表来退出超宽松货币政策，回归货币政策常态化管理成为美联储的必然选择。

（二）本轮加息的过程和特点

如何在维持好经济复苏态势的同时，择机退出宽松货币政策，是各国央行在这一阶段普遍需要面对的问题，稍有闪失，就有可能再次使国家经济陷入泥沼。2011 年前后，欧洲央行误判通货膨胀形式，实施了两次加息，为随后欧债危机的爆发埋下隐患。因此，美联储对于加息的态度也非常谨慎，自 2014 年 10 月停止 QE 政策到 2015 年 12 月首次加息，中间也长达 1 年有余。

从本轮美联储进行的 8 次加息过程上看，呈现出以下几个特点：

一是单次加息幅度小且灵活。本轮加息基本上每次幅度都在 25 个基点左右，且给出了一个目标阈值，可在 25 个基点的范围内灵活选择，加息后的利率下限与加息前的利率上限接近，对市场的影响很小。

二是措辞温和，缓和市场情绪。2018 年 9 月的第 8 次加息，美联储对经济的判断相对乐观而明确，也是第一次在会议声明中将"货币政策立场仍然宽松"整句删除。而在今年 6 月第 7 次加息之前，美联储的声明中也一直在使用诸如"基于市场的通胀补偿指标仍处于低位"、"联邦基金利率仍将相当长一段时间保持利率在当前低位"等措辞来打消和对冲市场疑虑。

三是议息频繁但加息谨慎，给市场充分的消化时间。在进入本次加息周期的前两年，分别只加息了 1 次，但加息一直是美联储会议上的主要议题之一。从联储前主席耶伦到现主席鲍威尔再到多位鹰派、鸽派委员不断发声，向市场传达美联储政策动向，给了市场充分的准备时间，市场的反馈也为美联储对政策的修正提供了依据。从加息落地后的结果看，美股次日走势有升有降，媒体也多次使用"靴子落地"等字眼，也间接说明了市场对于联储的政策出台已经做了充足的准备。

二、美联储加息对全球经济的影响

（一）美联储加息对其他国家经济的主要影响

总的来说，美联储加息收紧货币政策将引起美元资金回流美国境内，而美元长期充当着全球市场主要贸易货币的角色，相当于收紧了全球的流动性，使得全球市场资金的借贷成本随之升高。另外，美联储加息，也对美元指数起到提振和支撑作用，美元也将持续走强。而对于其他国家经济的影响，由于各个国家经济情况不同，造成的影响也有所区别。2018 年以来，多国货币对美元出现不同程度的贬值，不少国家货币的贬值幅度都在 10% 以上。

对于欧洲、日本等发达地区而言，由于目前经济尚未出现明显起色，现阶段需要继续维持宽松的货币政策。货币政策间的差异化将可能会给外汇市场的投机者以可乘之机，导致在汇率市场出现异常波动，进而影响了国家经济复苏。

对于较为依赖外部融资的新兴市场，美联储加息带来的影响要更为显著。美元升值，全球资本流出新兴经济体，回流美国市场。仅 2018 年 5 月单月，就有超过 123 亿美元从新兴市场流出，而同期流入美国市场的资金达 573 亿美元。

为了防止资本进一步外流，一些新兴市场国家不得不采取激进的货币政策，这在部分外债负担较重且以大宗商品出口为主的新兴国家上体现得尤为明显。在陈卫东、王家强的研究结果中，更是明确指出以大宗商品出口为主导，外部赤字和美元敞口较大的国家爆发危机的可能性较高。

（二）对我国经济实质性影响有限

上文已经提到，受美联储加息影响最大的是经济结构较为单一和脆弱的新兴经济体。而对于我国而言，国家决策层早已根据我国经济发展情况完成了一系列部署。在过去的一定时期内，一直坚定不移地通过供给侧结构性改革、去杠杆、税费政策调整、增加基建投入等手段来调整国家经济产业结构，扩大内需，稳定内生性增长。而国内庞大的市场需求，也足以成为拉动国家经济增长的新引擎。

从我国目前的宏观数据分析，国际贸易依然保持着整体顺差，直接投资也呈现净流入的态势，并未出现大规模的资本外流。即使8月银行代客结售汇逆差创下一年来最高达到633亿美元，外汇储备余额依然维持在3万亿美元以上的水平。因此，虽然我国经济目前受到了来自美联储加息等外部环境变化的影响，但货币政策调整仍应保持独立性，由国内经济基本面的情况来决定。

三、我国货币政策的选取策略浅析

（一）高层会议指出宏观经济状况，奠定政策基调

2018年7月31日，习近平主持召开中共中央政治局会议分析研究我国当前经济形势，部署下半年经济工作。会议指出，当前我国经济是"稳中有变"，外部环境明显变化。同时要求保持国家经济平稳健康发展，坚持实施积极的财政政策和稳健的货币政策。

（二）人民银行可能作出的货币政策调整

高层会议已经分别为接下来一定时期内的财政和货币政策奠定基调。人民银行刚刚公布的货币政策委员会第三季度例会也指出，现在我国的货币政策目标是稳健而中性的货币政策，要松紧适度，管好货币供给总闸门，保持流动性合理充裕。

1. 前期人行并非盲目跟随美联储加息

美联储本轮加息以来，除了2017年6月和2018年6月，美联储每次加息我国央行都会跟进加息，我国央行利率一直维持上行态势。感觉上人民银行一直在使用跟进策略。但这种跟进加息并不是盲目的，实际上，这是一方面由于美联储通过加息和缩表使其货币政策正常化，要求我国央行将人民币利率维持在一定利率水平上，以此来保持两国货币间存在一定的利差，从而维持汇率稳定和我国投资吸引力。

但更为重要的原因是国内经济大形势下需要加大金融领域去杠杆的宏观要求，必须通过维持一定利率水平来提升金融机构的融资成本，挤压市场的套利空间，从而起到去杠杆的效果。因此，两者所需要调整的政策方向一致，因此人民银行前期才会多次跟随美联储加息。

2. 短期内，不跟随加息是大概率事件

当前国内经济受结构性去杠杆影响和中美贸易摩擦拖累，官方数据显示新出口订单跌至 2016 年来最低点。新的税费减免和增加基建投资等积极的财政政策对经济的刺激效果还需时日，我国经济短期内仍然面临较大的下行压力。

相比美联储加息对我国经济的有限的实质性影响，目前我国货币政策首先要考虑的是我国自身的经济问题。现阶段已经没有必要再跟进加息，如果盲目跟进加息反而可能会打乱我国自己的货币政策节奏，因此，在保持稳健中性和流动性的合理充裕的目的性前提下，短期内加息的可能性不大。

3. 中长期可能仍会使用"定向降准"等途径保持流动性合理充裕

我国经济目前仍处在结构调整和转型升级的过程中，因此需要保持流动性的合理充裕来培育带动国家经济的新动力。在前期金融领域去杠杆的过程中，很多企业由于无法筹措足额的资金兑付而发生债务违约，出现信用和流动性等风险。

而实际上，目前市场上的流动性是相对充裕的，问题的症结是在于如何疏通政策利率到市场利率的传导机制。此时就需要央行采取更具有针对性和灵活性的货币政策工具，来缓解结构性去杠杆与小微企业、民营企业融资难的矛盾。例如通过带有指向性的降低部分专注于中小企业金融服务的金融机构存款准备金，来满足小微企业、民营企业的融资需要，间接引导流动性流向实体经济，做好金融保障服务，而不是让开闸放的"水"脱实向虚，流入资本或房地产市场。这在缓解我国现阶段的流动性结构问题上具有一定的可操作性。因此，在现阶段我国经济没有出现明确的好转态势前，预计人民银行还可能在一定时期内通过"定向降准"等手段来达到货币政策目标。

美联储加息对我国经济金融稳定运行的冲击影响

中国银行北京市分行　王　钊

自 2015 年 12 月美联储宣布将联邦基金利率增加 25 个百分点，开始新一轮的加息周期，截至 2018 年 12 月初，已经加息 8 次。其中 2018 年已加息 3 次，虽然美国总统特朗普多次批评并试图干预美联储独立的货币政策决定，但市场对美联储是否会在年底完成年内第 4 次加息预期并不明朗。美联储加息直接促使了新兴市场国家的资本回流美国，甚至已经在一些新兴经济体中产生了较为严重的影响。对此，研究美联储加息对我国的金融稳定有重要意义。

一、美联储加息政策的原因

自 2008 年美国爆发次贷危机起，美国启动了量化宽松政策，一方面，拉动国内经济增长，提高消费水平，增加进口量，改善贸易收支。另一方面，通过美元贬值、增加货币供给量、降低利率，同时造成其他国家货币升值，外储贬值，将国内的经济问题转嫁给世界其他国家共同承担。

2015 年以后，美国次贷危机给美国带来的影响基本解决，美国经济的基本面开始出现复苏，失业率大幅下降，新增就业岗位增多。美国国内居民收入增加，导致了消费意愿提升，使美国的社会总需求抬升，消费者价格指数 CPI 的大幅增长也反映了这一情况。世界经济体也都实现了恢复，经济形势一片向好，为美元加息提供了基础。在此情况下，美国消费者指数和生产者指数大幅上扬，市场热度过高，投资热度增加，资产价格升高。为有效抑制经济过热导致的市场泡沫，美联储采取了"快加息＋慢缩表"的政策搭配。

二、加息政策对我国外汇市场的影响

一般来说，美元的加息都将对汇率产生溢出效应，对人民币汇率面临承压。美元加息实际上美联储加息对于外汇市场影响是最大的，理论上来说，美元加息意味着美元走强，打压美元兑一篮子货币，相应的美元兑一篮子货币都将会有不同程度的上涨。

蒙代尔不可能三角告诉我们，资本自由流动、汇率稳定和货币政策独立性三者不可能兼得。在我国下半年实施稳健的货币政策，强调把好货币供给总闸门，加强预调微调，保持流动性合理充裕，同时资本项目对外开放不断深入的前提下，我国不可能为了稳定汇率而紧随美国进行加息。我国境内人民币汇率从 3 月末开始了一波贬值的行情，在岸及离岸人民币贬值超过 6 000 个基点，直至 8 月末才有所企稳。另外，若要保持汇率稳定，其他货币兑美元走弱，将会带来人民币贸易加权汇率的快速上升，致使我国出口产品的竞争力下降，在目前中美贸易战背景下，这对我国金融稳定和经贸发展均将造成负面影响。

三、加息政策对我国资本市场的影响

美联储加息对新兴市场国家往往会造成显著压力。美元抬升，造成资本外流，对各国的外汇占款产生压力，热钱流出境内，造成境内流动性不足。对于新兴市场国家，大量的资本外流及汇率贬值，会造成本国股价下行，债券价格下降，收益率被推高，出现债市违约风险。同时，由于美国在量化宽松期间，部分新兴国家大量境外资本流入，刺激了本国信贷规模增长，推高了资产价格，造成经济过热。美元加息造成的短时间资本外流使得资产结构瞬时崩塌，造成了金融动荡。如 2018 年以来，阿根廷，土耳其等国均出现了金融市场震荡，甚至导致了金融危机，相关国家只能靠提升利率试图扭转局面，但是往往毫无作用更打击了本国投资者信心。

对我国而言，通过对往期数据分析，可以看到，我国同样作为新兴市场国家，面临着其他新兴市场国家的问题。我国 10 年期国债收益率 2015 年美联储启动本轮加息之后一直处于高位。股市走弱，特别在加息时点前后出现了较为明显的下行。同时，由于美联储本轮加息周期，我国处于"三去一降一补"的阶段，市场流动性趋紧，对信贷规模造成了一定影响。

四、正确理解和应对加息对我国金融稳定的影响

我们应正视美联储加息会对我国金融稳定造成一定影响，甚至对我国的货币政策和"去杠杆"的推进造成了一定压力。同时目前中美贸易摩擦的背景下，美联储加息造成的影响可能会被扩大。但是，我国对美联储加息的影响处于一个较为可控的范围内。主要原因为：我国的经济保持了总体平稳、稳中向好态势。经济增速保持平稳，主要宏观经济指标处在合理区间，外汇储备稳定。这是人民币汇率的基本面，给了人民币一定的承压能力，人民币并无长期贬值的基础。美元升值主要原因是美国经济的持续复苏，与加息时点并不一致，可以看到，本轮加息之前，美元已经开始升值，加息是在美元升值到一定幅度后才开始的。所以市场对于美元升值有足够的反应时间。我国的金融监管较为全面，宏观审慎管理运行有效，并不会出现其他新兴市场国家的重大金融风险和金融市场运行动荡。

　　同时，我们仍要重视未来美联储加息可能带来的影响，特别是在目前中美贸易摩擦加剧的情况下，美联储加息的风险性可能扩大，需持续关注。我国应当继续加强金融监管，提高金融市场防风险能力；加强外汇储备管理调整外汇储备币种配置结构；调整负债规模从偏重债务向偏重权益转换；进一步深化资本市场改革，引导投资者理性、多元化投资；继续实施稳健的货币政策，保持流动性合理充裕。

浅谈美联储缩表的影响

中国建设银行北京市分行　李　博　李昀阳

一、引言

经济危机后，美联储开展了数轮量化宽松计划，以刺激美国经济，与此同时美联储的总资产负债规模迅速膨胀，从 2008 年初的不到 1 万亿美元增长到现在约 4.5 万亿美元（截至 2017 年 12 月 13 日）。伴随着美国经济持续复苏，美联储自 2015 年 12 月后首次加息，为十年来首次，2016 年 12 月继续加息，为十年来第二次，进入 2017 年，美联储明显加快了加息步伐，分别在 2017 年内 3 月、6 月及 12 月三次上调联邦基准利率至现在的 1.25% 至 1.50% 水平。加息步伐加快的同时，美联储于 2017 年 6 月公布资产负债表正常化计划（以下简称缩表），并于 10 月起正式开始对一定规模的国债、机构债及 MBS 等有价证券到期不续做。美国经济走强，美联储加息缩表，经济危机后流向全球市场的美元势必会流回美国，而我国作为世界第二大经济体，在经济对外开放不断深化的背景下，关注并研究美联储缩表对我国经济发展具有重要意义。本文从此次联储加息、缩表的背景入手，以联储缩表对人民币汇率影响为着眼点，分析随着美联储缩表不断推进，我国面临的政策选择问题。

二、美国经济向好，联储开启渐进式缩表

2017 年，美联储联邦公开市场委员会（The Federal Open Market Committee，FOMC）共召开 8 次会议。2017 年年内，除去第四季度美国遭受飓风影响造成短期价格波动外，整个 2017 年 FOMC 会议对于美国劳动市场、经济活动、失业率、消费、投资及通胀等主要经济指标的表述都偏正面。利率政策方面，围绕充分就业和 2% 的长期通胀目标，美联储全年对于美国经济的判断是当前经济的运行走势允许联储渐进加息，当前的利率水平会在较长期限内维持，未来的利率政策将根据具体的经济指标进行调整。在 6 月年内第二次上调联邦基准利率至 1.00% ~1.25% 水平的情况下，美联储同时明确提出委员会希望在 2017 年开始实施资产负债表正常化计划，该计划将作为一项附录，添加进入美联储政策正常化原则和计划（Committee's Policy Normalization Principles and Plans）。7 月 FOMC 表示将在经济运行符合预期的情况下，尽快按照 6 月公布的方案开启缩

表。9 月 FOMC 表示渐进式缩表计划将于 10 月起正式启动。根据 9 月的会议纪要，联储每月将减少不超过 60 亿美元规模的国债再投资及不超过 40 亿美元规模的机构债和 MBS 再投资。12 月，伴随着又一次加息，联储从 2018 年 1 月开始将每月国债到期不续做的规模增加为不超过 120 亿美元，机构债和 MBS 则增加到不超过 80 亿美元。

表 1　　　　　　　　　2017 年美联储历次工作会议纪要摘录

会议时间	劳动市场	经济活动	失业率	消费	固定资产投资	通胀	联邦基准利率	关于缩表的表述	投票结果
2017/02/01	持续增强	稳步增长	处于低位水平	持续稳步增长	保持温和水平	近几个季度有所增长，但仍然低于 2% 的长期政策目标	0.50% ~ 0.75%	—	10 票赞成
2017/03/15	持续增强	稳步增长	近几月有所变化	持续稳步增长	保持稳定	近几个季度有所增长，向 2% 的长期政策目标靠拢	0.75% ~ 1.00%	—	9 票赞成 1 票反对
2017/05/03	持续增强	增长有所放缓	降低	仅略有增长，经济基本面支持消费稳步增长	保持稳定	接近 2% 的长期政策	0.75% ~ 1.00%	—	10 票赞成
2017/06/14	持续增强	年初至今，稳步增长	平均来说，较年初降低	持续稳步增长	持续扩张	近期下降，低于 2%	1.00% ~ 1.25%	联储将于今年开启缩表	9 票赞成 1 票反对
2017/07/26	持续增强	年初至今，稳步增长	平均来说，较年初降低	持续稳步增长	持续扩张	近期下降，低于 2%	1.00% ~ 1.25%	委员会希望尽快按照 6 月公布的方案开始缩表计划	10 票赞成
2017/09/20	持续增强	年初至今，稳步增长	保持低位水平	持续稳步增长	近几个季度持续扩张	本年度以来下降，低于 2%	1.00% ~ 1.25%	委员会将于 10 月启动缩表计划	10 票赞成
2017/11/01	持续增强	稳步增长	降低	持续稳步增长	近几个季度持续扩张	本年度以来下降，低于 2%，尽管飓风导致了汽油价格波动	1.00% ~ 1.25%	10 月启动的缩表计划进行中	10 票赞成
2017/12/13	持续增强	稳步增长	降低	持续稳步增长	近几个季度持续扩张	本年度以来下降，低于 2%	1.25% ~ 1.50%	—	8 票赞成 2 票反对

资料来源：FOMC 会议（https：//www.federalreserve.gov/monetarypolicy/fomccalendars.html）.

　　根据缩表计划，美联储将对持有的国债、机构债和 MBS 等有价证券到期不续做，从而回笼美元，从每月停止不超过 60 亿美元国债和不超过 40 亿美元机构债及 MBS 的再投资开始，对上述两项每 3 个月分别增加 60 亿美元和 40 亿美元额度的再投资减少规模，直到每月 300 亿美元和 200 亿美元的再投资减少规模，执行渐进缩表。根据现有的缩表计划，若政策持续执行，2018 年 10 月，国债、机构债及 MBS 每月的再投资减少规模将分别达到 300 亿美元和 200 亿美元的最大值，此时，执行了 13 个月的缩表累计规模为 3 500 亿美元。若缩表计划持续三年，2019 年 11 月美联储将累计减少 1 万亿美元资产，至 2020 年 9 月三年期满，美联储将累计减少 1.5 万亿美元资产。

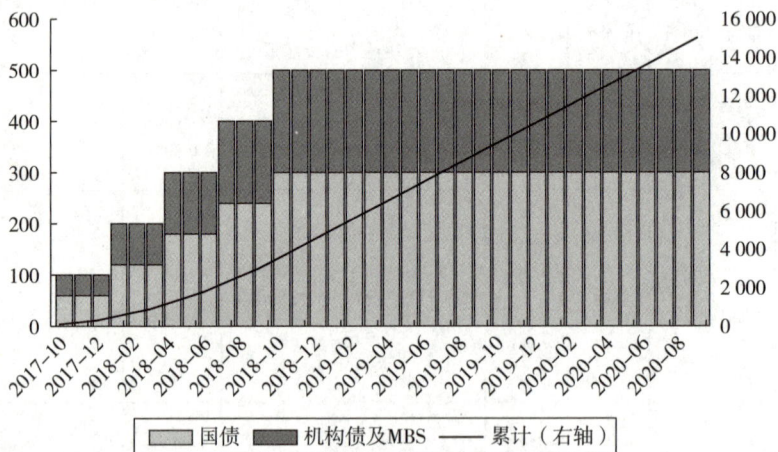

数据来源：根据联储缩表计划及 FOMC 会议纪要测算（https：//www. federalreserve. gov/newsevents/pressreleases/monetary20170614c. htm）。

图 1　美联储缩表计划测算

　　截至 2017 年 12 月 13 日，美联储总资产规模为 4.49 万亿美元，而 2008 年 12 月的数据为 2.28 万亿美元，2008 年 3 月危机前 3 月的总资产则只有 0.93 万亿美元。危机发生后，2008 年 12 月，因为救济美国金融机构，联储临时性持有大量的中央银行流动性互换（占比 24.33%）、定向竞标信贷（19.79%）、商业票据融资公司的投资组合净额（占比 14.68%），国债的占比仅为 20.92%。暂时性救济过后，联储主要持有国债（54.54%）及 MBS（39.56%），这一总资产结构近年来保持稳定，本次缩表所涉及的资产购买主要便是这两项。美联储若按照计划执行缩表，根据前文的测算，到 2018 年底，美联储资产规模将降至约 4 万亿美元、2019 年底将降至约 3.5 万亿美元，2020 年底将降至约 3 万亿美元。

表 2 　　　　　　　　　　2008 年和 2017 年美联储资产概况

项目（亿美元）	2017/12	占比（%）	2008/12	占比（%）
储备银行信贷	44 132.02	98.07	22 235.37	97.72
储备银行信贷：持有证券：合计	42 388.83	94.20	4 956.29	21.78
储备银行信贷：持有证券：美国国债	24 542.56	54.54	4 759.21	20.92
储备银行信贷：持有证券：美国国债：短期债券	0	0	184.23	0.81
储备银行信贷：持有证券：美国国债：中长期名义债券	23 244.04	51.66	4 104.91	18.04
储备银行信贷：持有证券：美国国债：中长期通胀指数债券	1 101.34	2.45	410.71	1.80
储备银行信贷：持有证券：美国国债：通胀补偿债券	197.17	0.44	59.36	0.26
储备银行信贷：持有证券：联邦机构债券	43.91	0.10	197.08	0.87
储备银行信贷：持有证券：抵押贷款支持债券（MBS）	17 802.37	39.56	0	0
储备银行信贷：当前持有的未摊销证券溢价	1 600.36	3.56	80.49	0.35
储备银行信贷：当前持有的未摊销证券折扣	−141.87	−0.32	−14.89	−0.07
储备银行信贷：正向回购协议	0	0	800.00	3.52
储备银行信贷：定期竞标信贷	0	0	4 502.19	19.79
储备银行信贷：贷款	0.35	0	1 938.74	8.52
储备银行信贷：贷款：一级贷款	0.04	0	937.69	4.12
储备银行信贷：贷款：二级贷款	0	0	0.15	0
储备银行信贷：贷款：季节性贷款	0.31	0	0.07	0
储备银行信贷：贷款：定期资产支持证券贷款	0	0	0	0
储备银行信贷：贷款：其他扩展贷款	0	0	0	0
储备银行信贷：持有的商业票据融资公司的投资组合净额	0	0	3 341.02	14.68
储备银行信贷：持有的货币市场融资公司的投资组合净额	0	0	0	0

续表

项目（亿美元）	2017/12	占比（%）	2008/12	占比（%）
储备银行信贷：持有贝尔斯登（Maiden Lane）投资组合净额	17.12	0.04	270.23	1.19
储备银行信贷：持有 AIG 住房抵押贷款支持债券 RMBS（Maiden Lane II）净额	0	0	201.17	0.88
储备银行信贷：持有 AIG 相关债务担保凭证 CDO（Maiden Lane III）组合净额	0	0	267.85	1.18
储备银行信贷：持有 TALF LLC 公司投资组合净额	0	0	0	0
储备银行信贷：应收未收款项（托收中款项与延期支付款项的差额）	-2.53	-0.01	-14.94	-0.07
储备银行信贷：中央银行流动性互换	0.42	0	5 537.28	24.33
储备银行信贷：其他联储资产	269.34	0.60	435.53	1.91
外币计价资产	210.82	0.47	258.74	1.14
黄金存量	110.41	0.25	110.41	0.49
特别提款权账户	52.00	0.12	22.00	0.10
财政部发行的货币	493.15	1.10	386.74	1.70
总资产	44 998.40	100.00	22 754.52	100.00

数据来源：Wind。

　　通过以上对 2017 年的 FOMC 会议释放的信息的解读、美联储缩表计划的测算及美联储资产负债表的梳理，我们发现此次美联储缩表呈现以下特征：（1）美联储此次缩表显得"态度明确"，在 6 月美联储公布的缩表计划中，我们发现，美联储缩表计划建立在联邦基准利率充分调整的基础上（the federal funds rate is well under way），在 10 月初次执行缩表计划时，2017 年年内已经加息两次至 1.00% ~ 1.25% 水平，启动缩表之后，12 月联储继续加息至 1.25% ~ 1.50% 水平，且在缩表方案中明确提到，当每月的国债、机构债及 MBS 到期再投资减少额分别达到每月 300 亿美元和 200 亿美元的最大值时，依然会保持这一缩表计划至美联储资产收缩到合适水平，可以预期此次缩表计划将会持续较长时间。（2）"渐进温和"是本次缩表计划的另一重要特征，相比现有的美联储 4.5 万亿美元总资产规模，直至 2018 年 10 月每月资产再投资减少总额达到 500 亿美元最大值时，13 个月的持续缩表总共减少 3 500 亿美

亿美元

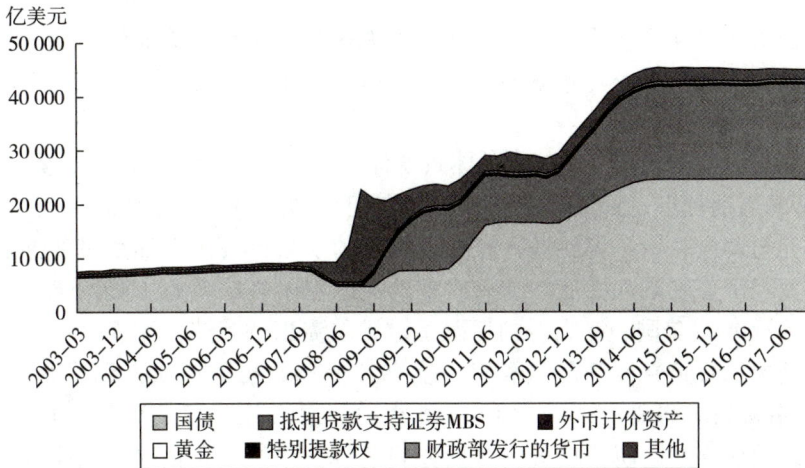

数据来源：Wind。

图2　2003年至今美联储资产变化概况

元的总资产，还不到现有资产总量的1/10，这给了市场充分的反应时间，且为美联储提供了充分的观察期以便适时调整其缩表计划，而缩表方案中明确表明缩表后的美联储总资产规模会高于危机前水平，为市场打消了严格紧缩货币政策的预期。（3）此次缩表一方面"态度明确"，而另一方面"渐进温和"，态度明确在其短期执行，而渐进温和体现的是缩表的长期思路，这就需要我们关注此次缩表长短期影响的不同从而制定不同的应对方案，并及时关注联储释放的政策信号，最新的美联储对美国经济2017年、2018年、2019年及2020年的增长率预期中值分别为2.5%、2.5%、2.1%和2.0%，对同期失业率的预期中值则是4.1%、3.9%、3.9%和4.0%，而通胀率的预期中值分别为1.5%、1.9%、2.0%和2.0%，可见联储对于影响其决策的各项主要经济指标预期均偏乐观，对于2017年至2020年四年联邦基准利率的预期中值为1.4%、2.1%、2.7%和3.1%（上调了2020年的利率预期，9月预期值为2.9%），可以推测，未来一年联储依然会在量的调整（缩表）之上叠加价格调整（加息），参照其利率预期中值，2018年美联储仍将加息3次，2019年加息2次，2020年加息2次，因此2018年短期内联储缩表总规模较低的情况下，分析汇率问题时，缩表的影响更多体现在利率这一价格手段上，2019年及之后缩表力度增大，但后续经济运行的不确定性不能忽视，在考虑远期对策时，则要提前布局、实时关注。

三、回顾历史上的美元周期

美国对于全球经济活动的主导地位很大一部分体现在美元作为国际货币对全球资本流动的影响，自布雷顿森林体系解体后至今全球共经历三次大的美元周期。

第一次美元周期为布雷顿森林体系解体后，贸易加权美元指数跌至1978年不到90的周期低点，到1985年广场协议签订前超过145的历史高位。这一周期内，美元与黄金脱钩，美元进入较长期的贬值阶段，两次石油危机的冲击，使西方国家经济普遍陷入滞胀。这一时期，美联储的货币政策主要围绕抑制通胀展开，1979年在美国通胀高企的情况下，沃尔克当选美联储主席，一上台便采取强硬的加息政策，联邦基金利率一度突破20%，虽然通胀得到了有效抑制，但是美国经济在1982—1983年经历了严重的衰退，付出了相应的代价。与此同时，持续的加息周期使得拉美国家债务问题日益严峻，高企的利息使得拉美地区国家不堪重负，大量资金外逃并最终导致1982年开始的拉美国家债务危机，此后该地区国家陷入长期的经济衰退。

第二次美元周期从1985年《广场协议》的签订开始，美元进入了迅速的贬值时期，直到2001年美国互联网泡沫破裂并消退，2002年美联储将之前因为互联网泡沫危机、"9·11"恐怖袭击采取的短期救济措施退出，形成了短暂的缩表期。1988年至1992年，美联储大幅下调基准利率，并伴随着美元持续贬值，国际资本纷纷逃离美国流向全球市场。《广场协议》签订后的日元一路暴涨，市场上充斥的热钱纷纷投向股市和地产，最终20世纪90年代初期日本股市楼市大跌，造成日本经济此后一蹶不振。随后1993年至2002年，美国进入一个超长的经济增长期，随着美国经济稳步增长，美国进入了漫长的加息周期，贸易加权美元指数从1993年的90左右一直增长到2002年初的约110。同期，1997年东亚经济危机爆发前，以泰国为代表的东亚国家盯住美元的汇率政策和被动随美元加息执行不恰当的高利率政策为危机的发生埋下了隐患，危机爆发后，叠加国际投机者推波助澜，亚洲地区遭受了惨痛的资本外流。第二轮周期内，"9·11"恐怖袭击的意外发生使美联储迅速降息，刺激经济，但不久后随着经济企稳，美联储逐渐退出短期救济措施。

第三次美元周期以美联储退出之前的短期救济措施为开始标志，此前的大幅降息造成了房地产市场空前繁荣并伴随通胀上行，以房地产抵押信贷为基础资产的各类金融衍生创新则加剧了房地产市场泡沫的积累，此时联储选择采取加息抑制过热的地产泡沫，导致了金融危机的直接爆发。危机爆发后，美国采取三轮量化宽松政策，保持联邦基准利率长期低水平，刺激经济复苏，随着美国经济持续复苏，美联储非常规货币政策逐渐退出，并最终于2015年12月重启加息，时隔一年后 2016 年 12 月加息，并在 2017 年年内三次加息并启动渐进式缩表，美元进入危机后的强势周期。

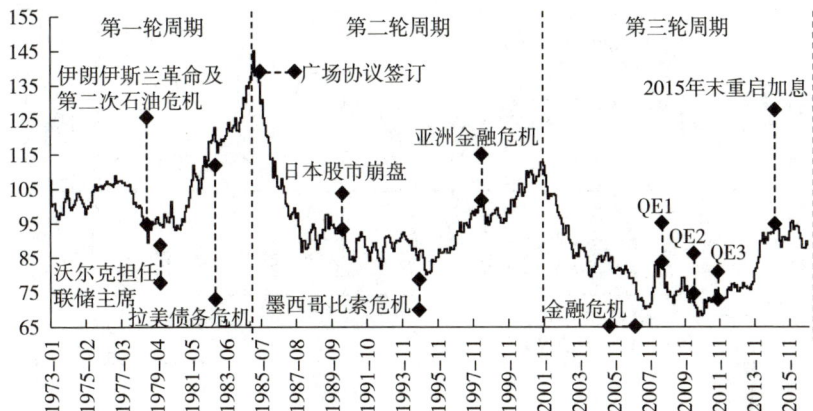

数据来源：Wind。

图 3　贸易加权美元指数

回顾数次美元周期，我们总结出货币政策的调整往往先于美元指数，紧缩的货币政策后会跟随美元走强，但存在一定的时滞，这就要求我们在考虑汇率问题时，厘清造成短期波动和中长期走势背后的不同原因，从而制定相应对策时做到有的放矢。不同时期不同的美联储主席也对美国货币政策的执行有着深远影响，接任"坐着直升机撒钱"的伯南克之后的现任联储主席耶伦对于就业便格外关注，2018 年 2 月任期届满后，鲍威尔将出任新的美联储主席，政策上会基本延续先加息后缩表的路径。当然，随着联储政策经验不断积累、机构发展不断完善，可以预期不同主席人选对于联储政策连续性不会造成重大影响，2017 年启动的渐进式温和缩表方针不会有较大变化。

四、缩表如何影响全球经济，对人民币影响几何

回顾历史上数次美元周期，我们可以发现美元周期对于全球资本流动有着决定性的影响。在美元扩张期，联储采取宽松货币政策，向全球市场投放大量美元，造成全球资产价格提升和投资者风险偏好提高；当市场过热、市场投机者增加、资产价格严重脱离经济基本面时，各国前期过度积累的信贷风险逐渐暴露，加之能源等大宗商品价格冲击，资本外逃开始出现；美国经济稳健复苏，通胀上行，联储退出宽松货币政策，美元回流美国，新兴市场发生经济衰退甚至危机。

通过梳理，我们可以简单总结出美元周期"扩张—泡沫—收缩—危机"的基本逻辑，但值得关注的是，不同时期、不同经济形势和不同的联储领导层会

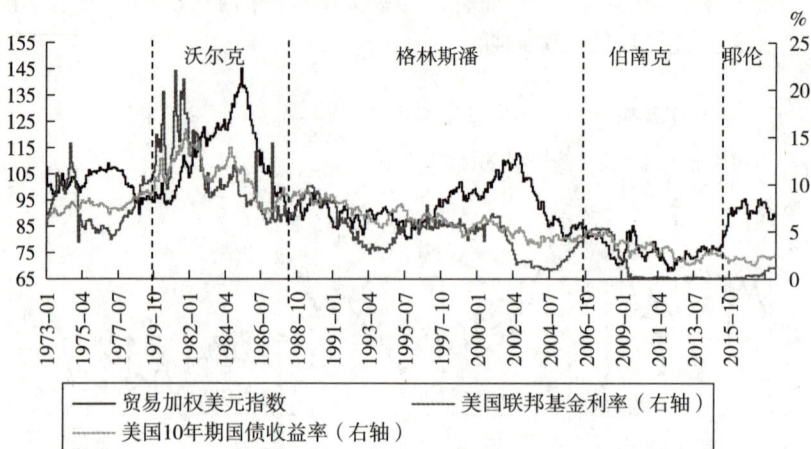

数据来源：Wind。

图4　贸易加权美元指数

导致不同的周期特征。沃尔克时期，不惜以美国经济衰退为代价的坚决通胀抑制导致了拉美严重的债务危机；美国以改善美国对日本长期双边贸易逆差为目的促成的广场协议导致了日本资产价格经历过山车式的快速的扩张和严重衰退；2006年美联储连续加息以抑制资产泡沫，导致了2008年经济危机的发生。当前，耶伦担任美联储主席即将四年期满，后续将由同在FOMC的同事鲍威尔接替出任联储主席，在经历过2008年严重的经济危机后，美联储在货币政策制定和执行中将全球经济参与者对于政策的反应置于重要的地位。退出量化宽松政策后的美国经济稳健，而耶伦在任期间的加息、缩表节奏则在经济数据预期稳定的基础上同样表现出渐进温和，美联储的政策相比过去对于市场的冲击更加容易接受，因此在借鉴过去经验的同时，出于我国国情的外汇政策制定应该给予当前特朗普政府相关经济工作导向和配套的货币政策高度关注，从短期内缩表计划可见、可控的角度出发定调外汇工作。

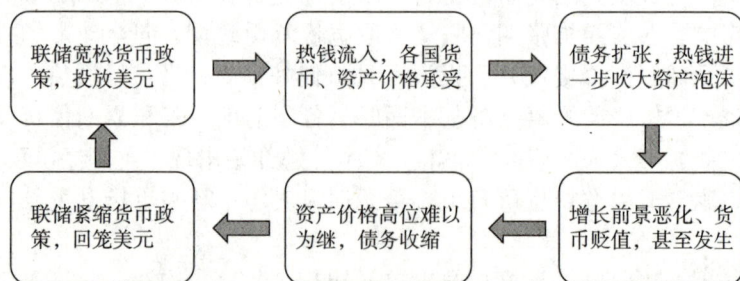

图5　美元周期与全球资本流动

　　结合人民币汇率走势与美元周期，我们可以观察到，自 2005 年汇改以来到金融危机发生前，人民币对美元是单向升值的，从 2005 年的 8 元人民币/美元左右到 2008 年危机前的约 6.89 元人民币/美元，其间人民币相对美元升值约 16%，危机前美联储长期较宽松的货币政策也导致了同期美元的走弱，当然，中国经济实力的增强是汇改后人民币进入升值通道的重要原因，但值得注意的是，美元同期走弱进一步放大了这一趋势。2008 年危机爆发后，美元指数陡增，虽然危机爆发自美国，但是相比全球其他的脆弱市场，美元资产依然是当时最为可靠的避险工具，短时间内全球资本流向美国，随后联储立即采取量化宽松政策以刺激经济复苏，向市场投放大量的美元。但在危机爆发后直至 2010 年 8 月，美元对人民币一直保持在 6.80 元人民币/美元附近，虽然联储向市场大量投放美元，但双边汇率却基本稳定，一方面是由于全球市场避险情绪上升减弱了美元的贬值；另一方面是人民银行面对经济危机同样采取了宽松货币政策，抵消了美元单方面增发带来的人民币升值影响。危机后联储先后推出三轮量化宽松政策，随着量化宽松政策的不断加码，人民币直到 2015 年 6 月一路升值，从 2010 年 6 月的 6.81 元人民币/美元左右到 2015 年 6 月的约 6.11 元人民币/美元，升值约 11%。2015 年 8 月 11 日，央行宣布调整人民币对美元汇率中间价报价机制，做市商参考上日银行间外汇市场收盘汇率，向中国外汇交易中心提供中间价报价，这一调整使人民币兑美元汇率中间价机制进一步市场化，更加真实地反映了当期外汇市场的供求关系。"8·11 汇改"后至 2017 年初，人民币贬值，从约 6.11 元人民币/美元到 6.89 元人民币/美元，这一期间人民币贬值幅度大、速度快，一方面是汇改后定价机制的调整，另一方面则是由于美联储加息缩表政策的预期导致。2017 年年初至今，联储加息预期落地，向市场公布渐进式温和缩表，人民币小幅升值并在 6.61 元人民币/美元附近企稳，若美联储按照预期渐进式温和加息、缩表，短期内人民币不存在较大的下行压力。

　　根据现有研究惯用处理，本文简单计算我国近年来的短期资本流入数，计算公式为：短期资本流入 = 外汇占款增加额 - 贸易顺差额 - 外商直接投资额。通过梳理，我们发现 2002 年至 2008 年危机发生前，我国基本上呈现短期资本净流入的态势，2008 年危机爆发后，之后数月出现大额的资本流出，根据计算 2009 年 1 月单月短期资本净流出超过 790 亿美元。危机后美联储采取三轮量化宽松政策，在此期间伴随着人民币对美元走强，短期资本总体呈净流入趋势，但短期资本的双向流动较之前年份明显活跃。2014 年央行资产负债表中外汇占款开始减少，2015 年年中人民币再次汇改，2015 年末联储启动加息，美元对人民币升值伴随着我国短期资本流出。结合美元周期和我国短期资本流入情况，可以明显看出宽松美元政策下，热钱流入我国，紧缩美元政策下，资本流出承

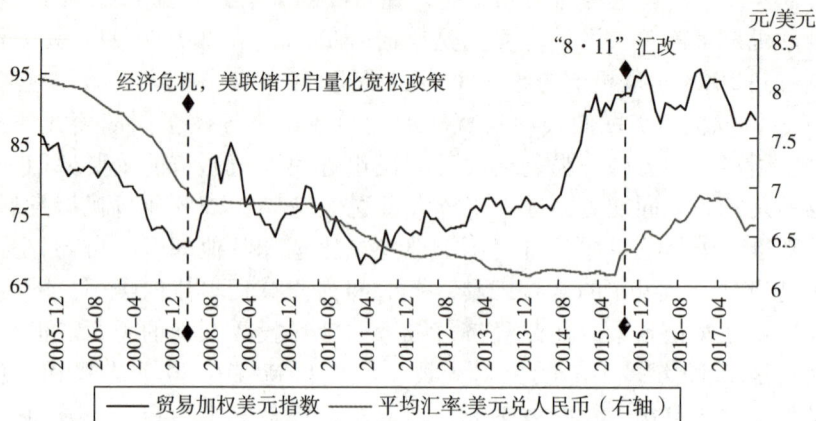

数据来源：Wind。

图 6　贸易加权美元指数与人民币汇率

压。当然，根据短期资本净流入的计算公式，可以推断，人民银行近年来减少外汇占款（减少货币供给的被动性）、我国鼓励企业"走出去"、人民币不断国际化等促进了近年来我国短期资本流出，但 2017 年资本流出规模较之前年份已经有所缓和，随着联储缩表不断推进，及时监控资本流入流出规模、评估相关影响、适时调整政策以避免大规模资本净流出造成负面影响是后续工作的重要着眼点。

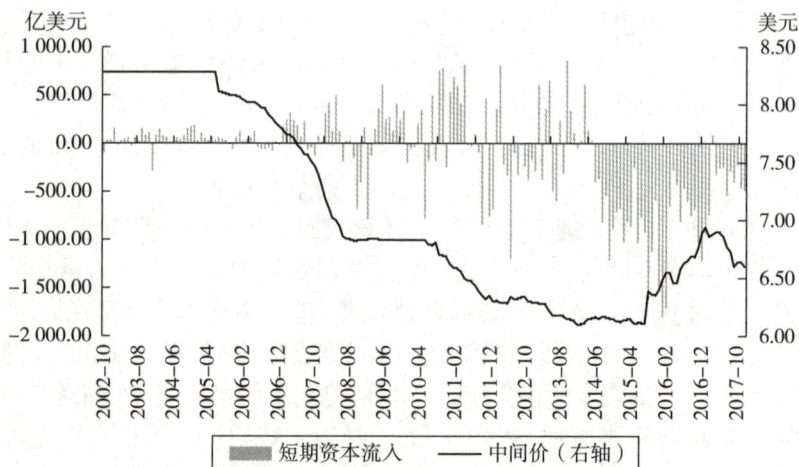

数据来源：Wind。

图 7　近年来中国短期资本流入与人民币汇率

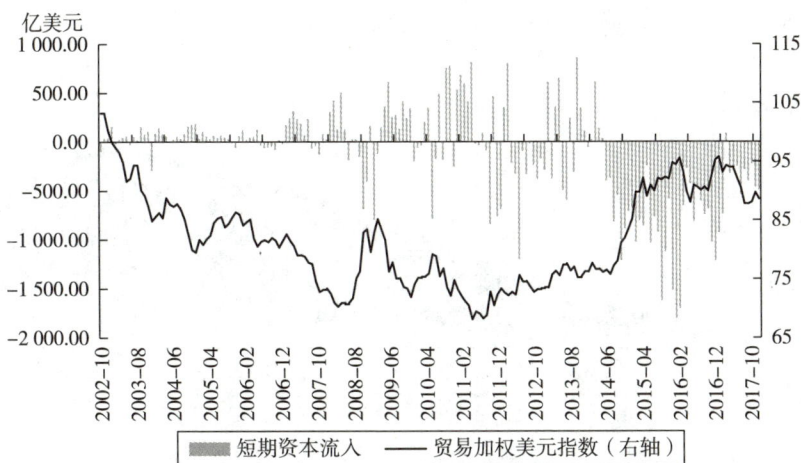

数据来源：Wind。

图 8　近年来中国短期资本流入与美元指数

五、结合人民银行资产负债表分析我国应对"缩表"策略

落脚到我国央行资产负债表，人民银行目前总资产为 36 万亿元人民币，其中外汇占款约 21 万亿元，占比 59% 左右，而 2014 年外汇占款曾达到 27 万亿元的峰值，最高占比逾 83%。近年来，为减轻外汇占款增加而进行货币发行的被动局面，央行有意压缩外汇占款在总资产中的占比，截至 2017 年 11 月，对其他存款性公司债权 10 万亿元，占比约 28%。央行负债以储备货币为主，储备货币

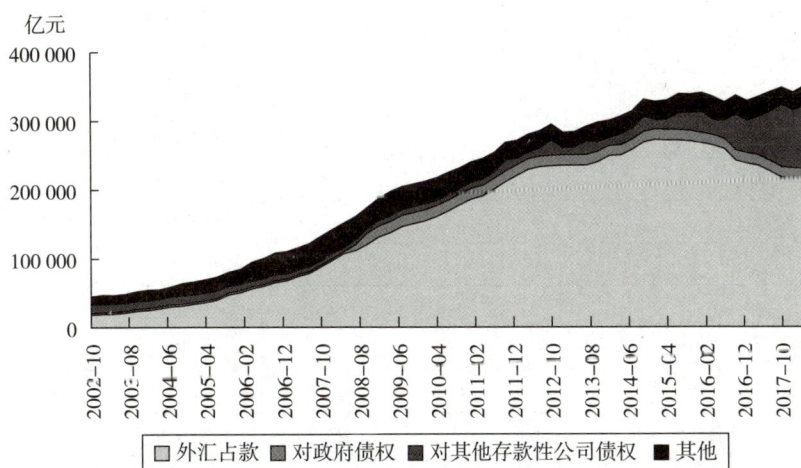

数据来源：Wind。

图 9　2002 年以来人民银行资产变化概况

占总负债近84%，且近年来占比不断提高。

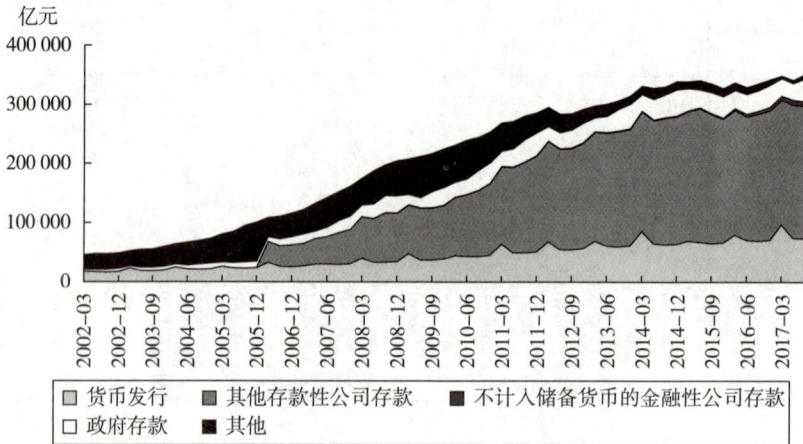

数据来源：Wind。

图 10　2002 年以来人民银行负债变化概况

表 3 　　　　　　　　　中国人民银行资产负债表（2017 年 11 月）

项目	金额（亿元）	占比（%）
国外资产	221 984.56	61.24
国外资产：外汇（中央银行外汇占款）	215 151.52	59.36
国外资产：黄金	2 541.50	0.70
国外资产：其他	4 291.54	1.18
对政府债权	15 274.09	4.21
对政府债权：中央政府	15 274.09	4.21
对其他存款性公司债权	101 125.50	27.90
对其他金融性公司债权	6 321.41	1.74
对非金融公司债权	88.41	0.02
其他资产	17 679.90	4.88
总资产	362 473.88	100.00
储备货币	307 064.54	84.71
储备货币：货币发行	74 851.16	20.65
储备货币：非金融机构存款	994.9	0.27
储备货币：其他存款性公司存款	231 218.49	63.79
不计入储备货币的金融性公司存款	5 420.93	1.50

续表

项目	金额（亿元）	占比（%）
债券发行		0
国外负债	1 243.26	0.34
政府存款	41 410.36	11.42
自有资金	219.75	0.06
其他负债	7 115.04	1.96
总负债	362 473.88	100.00

数据来源：Wind。

对比人民银行与美联储资产负债情况，可以发现，危机后人民银行并未出现像美联储一样资产规模快速膨胀的现象，资产负债规模有序增长，各项组成比例保持稳定。近年来，我国央行逐渐寻求货币政策独立性（外汇占款减少以减小货币发行的被动性），资产项中对其他存款性公司债权占比增加（SLF、MLF、PSL 等工具创造性使用），加上汇改后更具弹性、更加市场化的汇率定价机制为货币政策提供空间，共同构成了我国央行近年来争取货币政策主动性的积极尝试。一方面是美联储渐进温和缩表逐步推进；另一方面是人民银行货币政策工具不断丰富、追求主动调控能力，结合前文对于联储缩表计划、美元周期梳理、对人民币汇率影响等方面的分析，本文给出以下结论性建议。

一是要充分认清美联储缩表事实，短期内人民币不存在向下调整的基础。根据缩表计划，美联储此次采取的是国债、机构债、MBS 等有价证券到期不续做的"被动缩表"，且缩表初期再投资减少规模相对不高，缩表总体呈现渐进温和特征。而决定美联储政策的主要经济指标均预期稳定，可以推断短期未来内，至少 2018 年度内，缩表基本会围绕计划展开，伴随的数次加息也会如市场预期到来。耶伦任内，联储更加注重与市场的充分沟通和预期管理，而耶伦任期届满后，鲍威尔大概率也会保持政策延续性。联储启动加息后，2015 年和 2016 年人民币不断贬值，但 2017 年随着三次加息落地、缩表计划方案公布，人民币逐步企稳，这主要是加息预期的兑现和对前期汇率超调的恢复。在美联储缩表计划立场坚定、充分预期的情况下，缩表不会对人民币汇率造成较大冲击。2017年，人民银行在人民币汇率中间价形成中引入"逆周期因子"，进一步增强了人民币汇率的稳定性，有助于中间价更好地反映宏观经济基本面，充分反映市场供需变化，成为控制汇率风险的有效机制。

二是人民银行丰富的政策工具为继续实行稳健中性的货币政策留有余地，密切关注后续美国经济及联储政策调整，适时根据外部环境对政策进行调整。2016 年 12 月、2017 年 3 月美联储加息后，央行上调了操作利率，变向加息；

2017 年 12 月美联储加息后，央行上调了逆回购和 MLF 操作利率，但利率上调幅度并不大，体现了央行对于联储加息确定性的预期。人民银行第三季度货币政策执行报告中提到"本轮货币政策正常化存在一些新特点，这包括主要经济体央行资产负债表规模庞大，各国债务水平仍处于高位，长期生产率可能发生结构性改变，政治不确定性升高等，在此背景下，一旦货币政策收紧过快，导致长期利率抬升，可能对宏观经济和资产价格产生较大影响，阻碍复苏进程并引发金融风险"，这就要求后续央行政策制定会密切关注美国经济走势、政治局势及联储可能的政策，同时也体现出央行的决策信心，在相关表述中，央行关心的是"一旦货币政策收紧过快"，而根据现有的缩表路径，不构成过快收紧，因此短期内我国货币政策不会出现较大调整，汇率仍会保持稳定。

三是在联储缩表短期内影响充分预期、汇率风险稳定可控的前提下，货币政策保持主动性，关注并支持国内经济发展。推动经济结构供给侧改革仍将是未来我国经济发展的主要思路，而金融工作方面，可以预期去杠杆、控风险仍将占据重要工作地位，美联储缩表这一外部因素影响下，如何实现上述经济、金融目标是我国货币当局应重点关心的问题。联储缩表，虽然短期内影响有限，但若力度加码，那么我国会面临人民币贬值、资本外流的压力，那么央行就需要在保持流动性充沛但不泛滥的同时避免过度放水影响供给侧改革。为进一步追求货币政策独立性，掌握调控经济的主动权，在资本跨境管控前提下，进一步探索汇率形成的市场化弹性机制，同时在实践中积累汇率逆周期因子操作经验成为后续应该重点关注的方向。

四、综合研究

浅析近期新兴经济体资本外流对我国金融稳定运行的影响及应对措施

中国建设银行北京市分行　张舒涵

一、全球主要新兴经济体概况

（一）新兴经济体概念及范围

新兴经济体，是指某一国家或地区经济蓬勃发展，成为新兴的经济实体，但目前并没有一个准确的定义。英国《经济学家》将新兴经济体分成两个梯队。第一梯队为中国、巴西、印度、俄罗斯和南非，也称"金砖国家"；第二梯队包括墨西哥、韩国、菲律宾、土耳其、印度尼西亚、埃及等"新钻十一国"。2010年博鳌论坛发布的《博鳌亚洲论坛新兴经济体发展 2009 年度报告》则首次定义了"E11（新兴 11 国）"的概念：指二十国集团（G20）中的 11 个新兴经济体，即阿根廷、巴西、中国、印度、印度尼西亚、韩国、墨西哥、俄罗斯、沙特阿拉伯、南非和土耳其。

（二）新兴经济体特征及发展现状

1. 新兴经济国家特征

一般来说，成为新兴经济国家需具备以下几个条件：一是丰富的自然资源，二是增长的年轻劳动人口，三是国内政治经济稳定，四是积极引进外资，五是消费人群扩大。

在当今经济全球化大背景下，一些发展中国家逐渐具备了必要的社会、文化或资源条件，满足了资金、技术等经济要素寻找低成本、高增长场所的需求。与此同时，这些国家内部也出现了生产和消费的良性互动，经济获得了内在动力，开始了增长的循环。新兴经济体还有一个特点，它们都不属于西方文化圈，或不属于西方文化圈的中心地区，有效推进了世界政治多极化、经济全球化、文化多元化进程。

2. 新兴经济体发展现状

（1）国际地位日益凸显

2017 年新兴经济体的经济增速明显提升，并总体呈现向好趋势。2017 年 E11 的 GDP 增长率约为 5.1%，比 2016 年提高 0.5 个百分点，比世界经济增速高出 1.4 个百分点。作为最大的新兴经济体，中国经济保持 6.9% 的中高速增长，对全球经济增长贡献约 1/3。俄罗斯和巴西经济走出衰退，经济增速由负转正。基于市场汇率计算的经济规模 GDP 份额均显示，2017 年 E11 的经济规模占世界经济份额显著提升。相比而言，欧盟和 G7 的经济规模虽也有所增大，但相对份额下滑，说明新兴经济体的增长势头好于发达经济体。

表 1 2015—2017 年主要国家集团与全球经济规模及份额变化情况

（市场汇率，现价） 单位：十亿美元，%

	2015 年			2016 年			2017 年		
	总量	增量	份额	总量	增量	份额	总量	增量	份额
BRICS	16 801.0	− 639.8	22.6	16 872.6	71.6	22.4	18 270.9	1 398.3	23.0
E11	22 342.5	− 953.2	30.1	22 317.6	− 24.9	29.6	24 093.6	1 776.1	30.4
EU	16 371.3	− 2 255.0	22.0	16 447.5	76.2	21.8	17 112.9	665.4	21.6
G7	34 554.6	− 1 422.8	46.5	35 516.4	961.8	47.1	36 599.9	1 083.5	46.2
G20	63 997.1	− 3 443.6	86.1	65 117.5	1 120.4	86.4	68 483.7	3 366.2	86.4
世界	74 311.5	− 4 283.0	100.0	75 367.8	1 056.3	100.0	79 280.9	3 913.2	100.0

注：2017 年的数据为估计值。

资料来源：IMF – WEO，2017 年 10 月。

面对日趋严峻的全球经济和金融形势，新兴经济体也遭到前所未有的挑战，譬如债务水平持续攀升，国际直接投资增长乏力等问题。但是，在一片愁云惨雾中，新兴经济体还是让世界看到了一些积极的迹象：就业市场总体稳定、通胀压力有所缓解、国际贸易继续复苏、金融市场总体保持稳健。

基于新兴经济较为出色的表现，越来越多的人认识到：欧美等发达国家经济依然是世界经济重要引擎，但新兴和发展中经济体对世界经济增长贡献率不断上升，成为世界经济增长主要动力。在金融危机余波并未完全散去之际，新兴经济体正成为"世界经济稳定的来源"之一。

专家也指出，随着金融危机爆发，西方发达经济体纷纷进入衰退期，世界经济重心将持续向新兴经济体转移。在经济全球化的今天，全球性的危机需要全球来应对。G20 的形成本身就说明以 G8 为代表的发达国家在处理全球性金融危机时已经感到力不从心。正应了世界银行行长佐利克所说：我们需要一种包容发达国家、新兴经济体和发展中国家，灵活高效的"新多边主义"，与这个时代的需要相适应。

（2）内外因素交织可能引致危机

新兴经济体的国际地位虽然日益凸显，但其经济增长仍受各种因素影响，如美联储加息及美元升值、经济全球化与区域一体化、大宗商品价格等。纵观新兴经济体经济发展史，货币始终是其软肋。国际市场稍有异动，新兴经济体就可能会出现对外贬值、国内通胀等货币问题，严重者甚至演化为金融危机。

2018年，尤其是4月以来美债利率的上升与美元指数的走强、全球政治关系的重大变化导致新兴市场出现了显著的调整。土耳其、阿根廷、巴西等国的货币出现了大幅度贬值。其中，土耳其里拉在8月的半个多月时间里贬值幅度一度高达40%以上；阿根廷比索兑美元的汇率2018年以来已经腰斩；巴西雷亚尔兑美元一度跌破1:4。

专家分析，新兴经济体发生货币危机的根本原因在于其经济体系的结构性矛盾导致的脆弱性。与发达国家相比，新兴经济体的经济独立性差，贸易结构不均衡，对外依存度高。多数新兴经济体属于出口导向型经济，处在世界经济链条的分工中最底端，主要输出资源、能源和初级产品，或作为发达国家产品的加工地。处于产业链的顶端、全球最大和最高端的消费国美国则通过贸易逆差输出美元。

经济繁荣时期，新兴经济体的弱点尚可掩盖，一旦外部环境条件发生变化，其结构性矛盾和失衡就会在汇率变化中表现出来。金融危机之后，美国实行宽松货币政策，美元大量外流。随着美国经济平稳复苏，美联储宣布退出量化宽松，美元进入加息周期，大量资本又开始从新兴经济体撤出回流美国，导致新兴经济体外汇储备下降，汇率承压。与此同时，金融危机后欧美各国对新兴经济体进口产品需求下降，新兴经济体贸易收支逆差扩大，也使货币贬值压力增大。

新兴经济体汇率贬值的另一个原因是国内通货膨胀。数据显示，8月土耳其CPI较上年同期上涨了17.9%。通货膨胀本质是一种货币现象，其背后一定存在货币超发。金融危机后，由于担心出口受挫影响国内经济，很多新兴经济体也跟随发达国家采取了宽松的财政政策和货币政策。宽松的货币政策导致货币超发，而宽松的财政政策导致财政赤字增加，即财政和国际贸易"双赤字"。此外，随着全球大宗商品涨价，作为进口国的新兴经济体通胀压力也陡然增加。

从历史上看，新兴经济体相对于发达经济体更加脆弱，国内股市与汇市更容易受到外部环境的影响，且在多数情况下问题可以在多个新兴市场国家之间传染，进而对全球市场带来系统性的风险。

二、近期新兴经济体资本外流原因及影响分析

（一）近期新兴经济体资本外流原因

2018年4月下旬以来，拉美新兴经济体率先遭遇动荡，6月以来，亚洲新兴市场又受波及，主要新兴市场国家及地区货币表现低迷，190亿美元的资金大举撤出。彭博社报道，面对贸易争端逐渐升级以及美联储紧缩货币政策的信号释放，投资者们近年来抛售了大量新兴市场资产，即使是那些经济增长前景被看

好以及债务情况良好的国家也未能幸免。

此次新兴经济体资本外流的原因可归结为以下几点。

1. 外部推动因素

（1）美联储渐进式的加息加速美元走强

自 2015 年底第 1 次加息算起，美联储今年已经加息 3 次，且加息预期仍在延续，美元持续走强。

美元走强之所以会引起新兴经济体的危机，首先，在于美元的国际货币地位。大部分新兴经济体属于价格的接受者，美元升值周期就意味着新兴市场货币的贬值。其次，美元升值会使新兴经济体以本币标价的债务总额上升，资产回报率被拉低，杠杆率上升，进而提高债务压力，也会加速货币贬值。贬值虽有利于出口，但是却会带来资本外流、债务压力上升和大宗商品价格下降等问题，造成其经济增长速度下降，催生悲观的市场预期，进而引发其金融市场的动荡甚至危机。出口对经济增长的刺激效应往往滞后，而贬值通过资本市场给实体经济造成的冲击却是即时的，因而会造成国际资本流动的急停和突然逆转。

（2）国际贸易摩擦带来的压力

贸易带动了亚洲部分新兴市场国家的制造业发展，而美国推行贸易保护主义引致全球逐渐显现的贸易摩擦给这些国家造成了直接或间接的压力，干扰其复苏态势，不利于其经济形势和金融市场的稳定，一定程度上也加速了海外资本的撤出。

（3）全球投资者风险偏好

新兴经济体的国别投资风险相对较高，经济抵御风险能力和制度完善程度相对较弱。当全球经济不确定性增加时，国际投资者避险情绪上升，往往倾向于将资产配置于相对较为安全的储备货币国，导致资本从新兴市场经济体流出，给本国货币带来严重的贬值压力。货币当局为了抑制货币贬值，往往又要收紧国内货币政策，从而使国内资产价格面临下降压力。而资产价格的下降又会使投资者的信心受到进一步的影响，资本外流继续加剧。因此，新兴经济体常常陷入资本外流—货币贬值—国内资产价格下跌的恶性循环中。

2. 内部拉动因素

（1）新兴经济体国内经济与发达国家增速差变化

2008 年金融危机后，全球经济增长普遍陷入低迷。而 2016 年前后，发达国家经济复苏态势良好，二者增速差从危机爆发前的 7% 缩小至 3%，为近十几年来最低，造成新兴市场经济体资本净流入下降。

（2）各类国别风险指标及制度安排

外汇储备、经常收支、短期外债等因素通常用来衡量一国的国别风险，国别风险越小，更有机会获得国际资本的青睐从而实现资本流入该国。同时，更加灵活的外汇管理政策以及汇率、利率制度有利于吸收资本流动的冲击，缓冲资本流动波动。新兴经济体国家往往具有较高的国别风险，且金融开放程度较小，更易出现突发性的资本流出。

（二）新兴经济体资本外流相关影响

1. 重者可能爆发危机

纵观历史，在全球经济下滑及强美元的大环境下，新兴经济体曾多次爆发危机，譬如 20 世纪 80 年代的拉美危机，因资本外流导致外汇储备缩水，无法到期偿还外债，爆发外债危机。又如 1997 年的亚洲金融危机，新兴国家央行为抑制资本外流，大幅收紧货币，将国内杠杆高企的经济拖入衰退。

2008 年金融危机之后美国经济增长放缓，新兴经济体市场的相对优势显现。新兴经济体举借大量外债以刺激本国经济增长，导致外债规模膨胀。随着美国经济持续复苏，美联储于 2015 年年底启动了持续的加息进程，并于 2017 年下半年开始全面收紧货币政策。美元资产收益率的不断上升推动着资本从新兴市场国家回流美国。这导致阿根廷、印度等新兴经济体，面临严峻的资本外流和货币贬值压力，债务压力不断上升。同时，新兴经济体国家外汇储备往往不足，从而会增加债务违约风险，导致资本进一步外流。此外，全球贸易摩擦的加剧，使国际收支的前景进一步恶化，新兴经济体货币贬值的压力可能会长期存在。从金融渠道上看，贬值不但会加重新兴经济体的美元债务负担，而且会冲击企业偿还债务和盈利能力，从而对债市和股市带来冲击。短期风险发酵将推动投资者避险情绪的上升，引发外资回撤，转向发达国家的安全资产。

就此而言，金融市场脆弱性较高的新兴经济体爆发货币危机的可能性正在上升。在目前出现危机的各种条件都存在的情况下，短期冲击可能是巨大的，可能引发其货币危机、债务危机，甚至可能引致全球性的金融危机和经济危机。

2. 近期新兴经济体资本外流形势相较此前几次危机具有特殊性

与此前几次全球经济增速放缓，伴随美元走强引发的新兴经济体危机相比，近期新兴经济体资本外流形势具有一定的特殊性。

（1）美元升值力度对新兴经济体冲击有限

2008 年金融危机以后的复苏是一种持续的低速复苏，危机造成的产出缺口迟迟没有补上，也始终没有出现新的技术革命形成新的增长动能，带来真正意义上的经济增长。基于该种"长期停滞"的状况，此轮美元升值是否能够持续数年存疑，升值力度因此比较有限，对新兴经济体的冲击可能不及以往。

（2）美国经济增长乏力将缓解新兴经济体的压力

近日，各主要国际机构调低对 2019 年美国经济增长的预测值。美联储提速加息，可能也正是为了给即将到来的衰退留出政策空间。一旦美国经济停止增长甚至开始衰退，美元就可能进入下行周期，新兴经济体承受的压力会随之大大缓解。

（3）新兴经济体自身实力也有提升

本轮美元升值时的新兴经济体也与 20 世纪 80 年代初和 90 年代末有了很大的不同，不仅相对经济规模和实力有了很大提升，在宏观政策、外汇监管，特别是应对危机方面，也积累了不少的经验。如能辅以必要的资本管制措施，或可抵御危机的冲击，至少再次出现大规模新兴经济体危机的可能性远低于从前。

三、近期新兴经济体资本外流对我国金融稳定运行的影响

（一）近期我国跨境资金流动概况

国家外汇管理局新闻发言人王春英指出，防范跨境资本流动风险是外汇管理部门的一项重要工作，当前我国外汇市场运行比较稳定。经测算，2018 年 6 月 25 日以来，市场波动有所增加，但从每日个人结售汇以及非银行部门跨境资金流动等部分渠道的数据看，远未达到 2015 年、2016 年资金流出压力较高的时期，个人结售汇日均逆差仅是当时最高月份日均水平的 28%，跨境资金日均净流出只是当时最高月份日均水平的 12%。因此，目前关于中美贸易战会引发中国资本外流的假设并不成立。

（二）近期其他新兴经济体资本外流及整体情况

10 月 10 日，国际货币基金组织（IMF）发布 2018 年 10 月《全球金融稳定报告》，分析显示，有 5% 的概率发生以下情况，即新兴市场经济体（不包括中国）在中期面临 1 000 亿美元或在四个季度期间内面临更多的债务证券资本外流（相当于其合并 GDP 的 0.6%）。除阿根廷和土耳其两国 2018 年以来货币贬值超过 50% 外，巴西、南非、俄罗斯三国货币贬值幅度 10% ~ 20%，其余新兴经济体贬值 10% 以内。

从货币发行来看，2018 年 6 月巴西、南非的广义货币 M3 增速分别为 9% 和 4%，俄罗斯的广义货币 M2 增速稍高为 11%；从通胀率来看，2018 年 6 月巴西和俄罗斯的通胀率分别为 3.6% 和 2.5%，南非稍高为 5%，都不算过高；从外汇储备来看，巴西 2018 年 7 月的外汇储备位于 3 800 亿美元的历史最高位，足以覆盖 3 200 亿的外债。俄罗斯 2018 年 7 月的外汇储备为 4580 亿美元，位于 2014 年以来高位，与其 5 200 亿美元外债基本相当，即便是外债规模也比 2013 年峰值的 7 300 亿美元明显下降。

从货币、通胀及外债比例的角度来观察新兴经济体，这一轮新兴经济体普遍都比较正常，并没有严重的货币超发和通胀问题。其中货币和通胀均超过两位数的仅有埃及一个国家。从外汇储备和外债比值的角度来看，新兴市场经济体的平均比值是 1.5 倍。

因此得出"今年以来，土耳其、阿根廷等国触发的货币危机会引发新兴经

济体整体连锁负面反应"的结论还为时过早，但个别货币超发严重、通胀程度
较高以及外债比例过高的国家确有可能会形成下一个风险点。

总结来说，由于支撑美元上行的因素增强，新兴经济体将迎来新一轮动荡
期。如果某个新兴市场国家发生危机，可能造成全球投资者对于新兴经济体国
家整体风险偏好的下降，波及某些与发生危机的国家经济与金融联系都不大的
经济体，但爆发大规模危机并冲击全球经济的可能性较为有限。

（三）近期新兴经济体资本外流对我国金融运行的影响分析

1. 目前新兴经济体资本流动对我国金融稳定运行影响不大

（1）我国主要经济数据情况

①广义货币

货币发行方面，得益于国内金融去杠杆的推进，8月广义货币 M2 增速已经
降至 8.2%，已低于当前新兴市场平均的货币增速，这说明我们的货币超发情况
已有明显改善。

②通胀指数

从通胀指数来看，当前我国 CPI 仅为 2.3% 左右，依然位于极低的水平。而
从房价的走势来看，目前一线城市已经同比下降，二三线城市房价涨幅也开始
回落，这也说明在货币收缩之后，更广义的涨价压力在明显放缓。

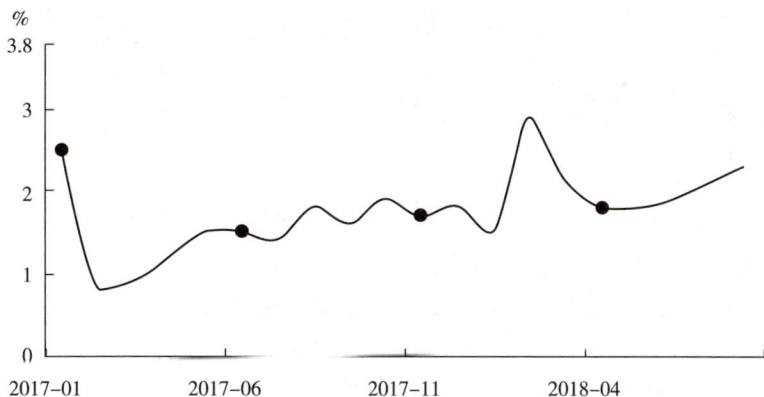

图1　中国 CPI 同比增幅（月度）（%）

③外债情况

从外债比例来看，2018 年 3 月我国外债占外储的比值仅为 59%，外债和
GDP 的比值仅为 15%，均远远低于新兴市场的平均水平。

④贸易情况

中国海关总署发布的 2018 年前三个季度进出口数据显示，2018 年前三个季
度，我国货物贸易进出口总值为 22.28 万亿元人民币，比上年同期增长 9.9%。

其中，出口 11.86 万亿元，增长 6.5%，进口 10.42 万亿元，增长了 14.1%。贸易顺差 1.44 万亿元，收窄 28.3%。其中，前三季度对美国增长 6.5%，美国仍是中国第二大贸易伙伴。

9 月贸易顺差较前月有所扩大。进出口总额为 28 852 亿元人民币，同比增长 17.2%，环比增长 6.9%，为今年新高；出口额为 15 492.2 亿元人民币，同比增长 17%，环比增长 7.9%，为 2012 年以来新高；进口额为 13 359.9 亿元人民币，同比增长 17.4%，环比增长 5.7%；贸易差额为顺差 2 132.3 亿元人民币。中国对美国的贸易顺差在 9 月有所扩大，主要受 9 月出口超预期的拉动作用。另外，对"一带一路"沿线国家的出口也一直是拉动出口数据的重要因素。

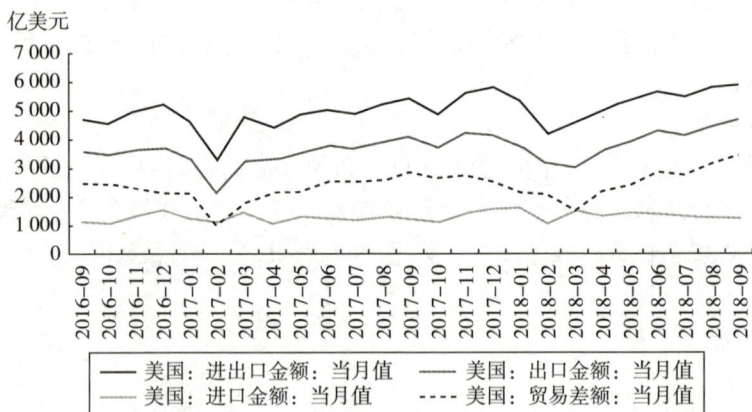

资料来源：Wind，中信证券研究部。

图 2　我国与美国贸易情况

从数据来看，中美贸易战对中国出口影响暂时不大。但从汇率变动来看，2018 年以来人民币一改上年升值态势，特别是 4 月中旬至今，人民币快速贬值，最高贬值幅度 10%。

（2）我国不同于其他新兴经济体国家的特点

①新兴市场分类特殊性

如果以初级产品出口占总出口的比重、净债权占 GDP 的比重两个维度对新兴市场国家进行分类。中国属于拥有净债权、但初级产品出口比例较低的国家，即债权制造国，这类国家的工业结构相对完善，储蓄率相对较高，抵御外部冲击的能力相对更强。

②国家经济政策的特殊性

中国和其他新兴经济体相比的另一个特点是经济政策有一定的特殊性。其一，汇率形成机制特殊性。在 2005 年"8·11 汇改"之后，中国实行以市场供求为基础、参考一篮子汇率进行调节、有管理的浮动汇率制度。后期汇率形成机制中又加入了逆周期因子，增加对人民币汇率预期的管理能力。而其他的新兴经济体大多放开了外汇管制，采用完全浮动的汇率管理制度，使得资本可实现在其国内的自由流动，一旦发生贬值，就会有资本大量外流的危险，这样会加剧本国汇率的贬值。其二，我国尚未全面放开资本管制，资本无法实现完全的自由流动。国际游资难以实行快进快出的获利模式。

（3）综合分析

中国虽然在经济基本面方面依然存在一些问题，在相当长的一段时间内也是依靠引进外资来推动经济增长。但由于外资主要以直接投资为主，不存在通胀过高的风险，各项债务风险指标表现均尚好。具体看，在深化供给侧改革的推动下，经济结构性问题已得到部分改善，虽然贸易摩擦对进出口产生了一定影响，但尚不显著，加之外汇储备较为充足，同时我国还加强了对跨境资本流动宏观审慎管理，外债风险总体可控。中国经济增速有所放缓，但依旧排在全球前列，境内资产的安全边际较高，对全球投资者仍具有较大吸引力。结合国内广义货币、通胀指数、外债及贸易情况分析，中国经济目前受跨境资金流动影响较小，暂时不存在发生危机的客观条件。

所以，近期新兴市场资本流出尚不会对中国经济造成重大威胁。这也为新兴经济体抵御美元升值可能带来的冲击提供了信心和底气，至少再次出现大规模新兴经济体危机的可能性不大。新兴经济体可能出现的动荡虽不至于对我国经济带来严重冲击，但仍会对我国外贸增长、汇率走势、资产价格、市场流动性等产生间接影响，对此必须密切关注、认真对待。

2. 中美贸易摩擦加剧可能引致较大影响

2018 年 9 月，美国总统特朗普宣布对来自中国的 2 000 亿美元产品加征20% 关税，并于 2019 年 1 月 1 日起将税率提高至 25%。长此以往，中国出口可能会快速下滑，贸易顺差大幅缩水，人民币贬值压力加大，外汇储备可能出现大量净流出以维持汇率稳定。因此，如果中美贸易冲突持续升级，国际资本配合贸易战资本将加速流出中国，可能引起国内经济的连锁负面反应。甚至可能形成同样的资本外流—货币贬值—国内资产价格下跌的恶性循环，这点值得警惕。

四、我国针对新兴经济体资本外流的应对措施

（一）深化改革，稳定转型，持续提升自身经济实力

货币保持稳定的前提是经济增长、充分就业、物价稳定和国际收支平衡，这也是宏观调控的四大目标。中国目前面临产能过剩、资源环境约束加剧、城

乡发展不均衡和人口老龄化加快等问题。在经济发展新常态下，必须通过推进供给侧结构性改革加快培育新的增长动力，提高供给体系质量和效率，促进经济社会持续健康发展。此外，还应培育核心竞争力，提高经济发展的质量和韧性，增强抵御内外部风险的能力。

（二）财政政策与货币政策并举，完善外汇管理及金融监管制度

1. 财政政策与货币政策方面

我国应采用较为积极的财政政策：加大减税降费力度，激发市场主体活力；加强地方政府债务管理，促使资金尽快发挥效益；调整财政支出结构，加快财政支出进度，支撑经济平稳增长。

我国应始终保持货币政策定力，实施"稳健中性"的货币政策，多渠道保持基础货币投放稳定，并通过利率价格工具、汇率工具、资产负债表工具等手段保持货币供给合理稳定。

2. 完善外汇管理及市场监管方面

外汇管理方面：对于防范跨境资本流动风险，我国应不断丰富应对预案和政策储备，做到以下几点。

（1）深化外汇管理改革，推动金融市场双向开放，服务国家全面开放新格局。

（2）维护外汇市场稳定，防范跨境资本流动风险，限制短期资本泛滥，保障外汇储备安全、流动、保值增值，维护国家经济金融安全。

（3）建立安全资本流动框架，将其纳入国际货币体系之中，促进金融体系对资本流动的控制弹性。

（4）不断完善和优化跨境资本流动的宏观审慎管理。构建跨境资本流动宏观审慎管理体系，逆周期调节外汇市场短期波动，维护金融体系安全和国际收支平衡。一是建立和完善跨境资本流动宏观审慎管理的监测、预警、响应机制。二是丰富跨境资本流动宏观审慎管理的工具箱，并进行动态调整。

市场监管方面：完善外汇市场微观监管框架，依法依规打击外汇违法违规行为，维护外汇市场秩序。一是坚持真实性、合规性和合法性审核。二是保持政策跨周期的稳定性和一致性。三是加强跨境交易穿透式监管。

（三）深化对外开放，加强沟通合作，实现共赢

1. 加强与国际金融机构联系

加强与 IMF 等国际金融机构联系，寻求公共产品等方面的指导和支持，以提升我国应对资本流动风险的能力。

2. 创造有利贸易环境

我国应营造有利的贸易环境。推进与不同经济体和国家的贸易自由化建设，发展多边贸易关系，加快国内自由贸易区的建设。

3. 加强新兴经济体间合作

当前新兴经济体都在经历转型，从出口主导转向内需主导、从加工型转向创新型，合作对新兴经济体持续、稳定增长意义重大，也是解决贸易壁垒，实现共赢的关键。我国应加强与其他新兴经济体跨区域和区域内往来，优势互补，为彼此挖掘出新的市场潜力和经济增长点，共同提升防控风险及处理危机的能力。

浅谈我国国际保理业务发展现状及风险防控策略

中国建设银行北京市分行　张舒涵

一、国际保理业务发展概况

（一）全球国际保理业务概况

2017 年全球保理业务总量约 2.47 万亿欧元，相比 2016 年的 2.38 万亿欧元增长 4%。其中，全球国内保理业务达到 2 万亿欧元，占全球保理业务的 81%；全球国际保理业务约 0.47 万亿欧元，占全球保理业务的 19%。

（二）我国国际保理业务总体情况

根据保理专业委员会数据平台显示，2016 年保理专业委员会全体成员单位保理业务量折合人民币 1.72 万亿元人民币，其中国际保理业务量 694.25 亿美元，仅占全国保理业务的 28.07%，略高于全球国际保理占比。国际保理与国内保理业务量及占比如图 1 所示：

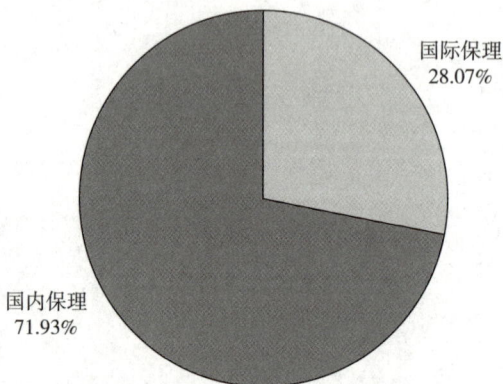

图1　2016 年银行保理占比情况

在中外资银行市场份额占比中，中资银行在市场中仍占有绝对主导地位，在国际保理业务中，中资银行占比 99.43%。

（三）我国国际保理产品结构分析

2016 年，我国银行国际保理业务量 694.25 亿美元。其中出口保理 605.06

外资银行
0.57%

中资银行
99.43%

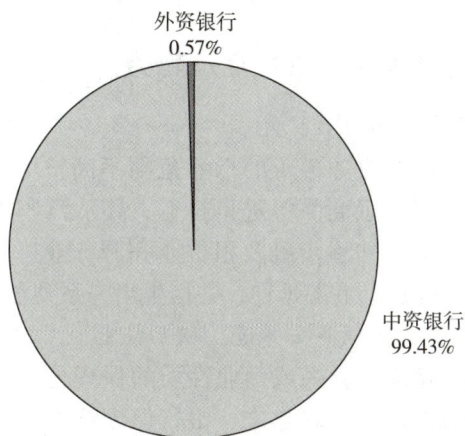

图 2　2016 年中外资银行国际保理业务占比情况

亿美元，占比 87. 15%；进口保理 89. 19 亿美元，占比 12. 85% 。

在出口保理业务中，无追索权出口保理业务量为 35. 08 亿美元，有追索权出口保理 538. 5 亿美元，银保合作保理 31. 48 亿美元。在进口保理业务中，承担进口商风险的进口保理业务 87. 31 亿美元，托收型进口保理业务量为 1. 88 亿美元。

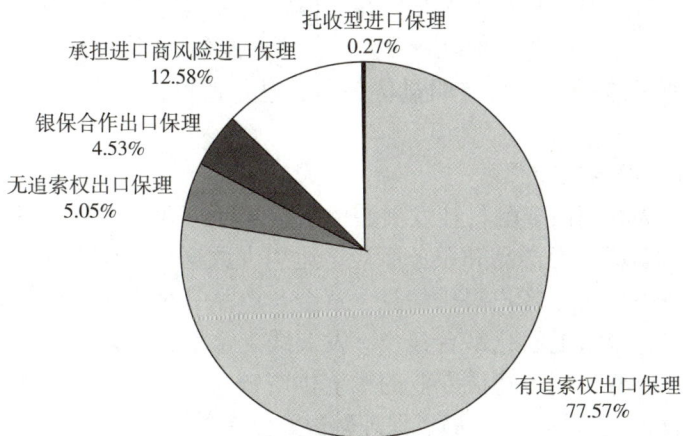

托收型进口保理
0.27%

承担进口商风险进口保理
12.58%

银保合作出口保理
4.53%

无追索权出口保理
5.05%

有追索权出口保理
77.57%

图 3　2016 年中国银行业国际保理分项业务占比情况

通过图 3 可以看出，出口保理与进口保理发展并不均衡，2016 年出口保理比重极大，而进口保理业务发展较为滞后；有追索权出口保理在出口保理中比重高达 89%，无追索权出口保理仅占 5. 8% 。总结起来，我国国际保理业务结构特点表现在"三多三少"，即出口保理多，进口保理少；有追索权业务多，无追索权业务少；融资保理业务多，非融资保理业务少。

二、我国国际保理业务发展特点及趋势

（一）国际保理业务范围日益扩大

近年来，我国国际保理业务覆盖的行业范围不断扩大，从电器、家具、服装等传统出口行业发展到大宗商品等进口行业，还从汽车等制造业延伸到长期限的船舶制造和工程项目，并逐步触及租赁业和服务业。与此同时，国际保理服务还向供应链和贸易链的上下游延伸，并衍生出一系列创新产品。

（二）银行保理与商业保理齐头并进，相互补充

欧美发达地区保理起源于金融或商业性质的保理公司，我国保理业务的初步发展则扎根在银行机构。二十多年来，银行保理业务经历了高速发展期，已趋于平稳。商业保理在近五年开始大规模成立并迅速发展，与银行保理齐头并进。

商业保理业务相关政策法规日趋完善，商业保理行业的注册企业数量和业务规模持续高速增长。商业保理在服务实体经济、解决中小企业融资问题等方面发挥的积极作用日益显现。与此同时，相关部门对商业保理行业的监管工作不断加强和完善，行业规章制度日益完善。综上所述，当前商业保理的政策环境和市场环境良好，行业发展前景空间广阔。

很多商业银行具有特定的客户资源，但在发展国际保理业务中面临专业人才急缺及资金不足的问题，难以开展大规模保理业务。而银行保理在专业人才、资金、系统及风险管理上具有明显优势，通过合作可以与商业银行优势互补，实现共赢。

（三）保理平台电子化

近两年，为在当前金融科技发展趋势下推进保理业务发展，各银行及商业保理机构不断创新金融产品和服务手段，运用大数据、云计算等新技术打造互联网金融服务平台，为客户提供信息、资金、产品等全方位、电子化、一站式综合金融服务。牵头电子化平台建设，发展线上金融，并以平台沉淀数据，逐步开展大数据融资。逐步建成专业的线上供应链金融平台，提供在线的自助融资提款和现金管理等服务，提高了保理融资的效率。

（四）保理资产证券化

与国外保理商筹资方式不同，中国保理商的资金来源除了股东注资支持和银行之外，还会利用保理资产证券化及各地金融资产交易所等渠道，这是庞大的市场融资需求和不同资金市场的成本差异所导致的。自2014年中国资产证券化的发行采用"备案制"后，2016年中国保理业的资产证券化规模增长较快，交易所市场累计发行基础资产为"应收账款"资产支持专项计划共77只，合计

金额 860.95 亿元。

（五）国际保理创新提速

随着金融体制改革的不断深化和贸易自由度的不断提高，客户对国际保理业务的个性化、多元化、专业化需求日益增多，对国际保理业务的创新提出了更高的要求。国际保理创新主要体现在以下几个方面：自贸区、保税区等特殊区域的业务创新，融资渠道的创新，业务合作模式的创新，风险管理及业务流程的创新。

三、我国国际保理业务主要风险分析

（一）信用风险

国际保理信用风险主要涉及的交易相关方包括卖方、买方以及合作保理商。随着全球经济增速放缓、国内经济结构调整，加之汇率、大宗商品价格波动增大等因素影响，企业经营困难加大，赊销贸易方式下信用风险需特别关注。

买方作为应收账款的第一还款来源，一旦其丧失支付能力或恶意拖欠，将给保理商或卖方带来资金损失的风险。卖方履约能力一旦发生问题，也将产生不能及时足额偿还保理融资款项的风险。

在双保理业务中，如出口保理商未严格审查保理项下买卖双方基础交易的背景真实性及对应的应收账款质量，对外转让存在贸易背景虚假、商业纠纷、法律瑕疵等存在隐患的应收账款；或进口保理商未切实履行对买方的尽职调查和评估，自身经营情况出现问题而丧失担保付款能力。都会产生给对方合作保理商带来资金损失的信用风险。

（二）操作风险

操作风险主要指因操作人员操作失误而导致的业务风险。目前，全球各保理商主要通过 EDI 系统进行信息交互及交易。在系统操作过程中，需发送多个报文，录入额度、期限、价格等交易要素。如操作人员录入错误交易信息，譬如 MSG6（正式信用额度回复），可能导致较为严重的后果。此外，操作人员在进行业务发起或放款操作时的失误也会带来操作风险，甚至引发信用风险。

（三）法律风险

国际保理业务的法律关系不仅涉及应收账款债权人与债务人之间的买卖合同关系，还有保理机构与客户之间的保理合同关系。我国对保理业务，尤其是国际保理业务，暂无专门的法律或者相关规章制度加以规范，业务主要存在应收账款合法性风险、应收账款的可转让性风险、应收账款转让中的权利瑕疵风险及买卖合同卖方履约瑕疵风险。

四、国际保理业务的风险防控策略

（一）完善国际保理相关法律规章，强化监督管理体系

1. 健全完善国际保理业务法律体系

参照欧美等国家完善的国际保理法律法规，借鉴其成熟的管理经验，筛选适合我国国情的法律条文，加快搭建完整的保理业务法律体系。加强国际保理商联合会交流，增强国内保理机构的法律意识。

2. 健全保理监督管理体系

加快制定国际保理业务相关管理办法及操作细则，规范保理机构日常经营行为，切实加强对其风险预警及监督管理，严防系统性风险。

3. 加强行业协会的指导作用

保理协会应探索对行业更有效的指导，建立相应的服务规范，加强对保理机构的风险培训从而强化保理风险意识。

（二）搭建更加完善的社会信用体系

完善的社会信用管理体系会为国际保理业务提供可靠的信用管理信息，促进整个行业的健康发展。加快搭建行业信用信息数据库：国际方面，应加强与FCI成员的信息交互共享，加强国际间的保理业务合作并实现全球范围内的风险防控。国内方面，可搭建保理机构与人民银行征信系统通道，共享信息并快速查询债权情况。还应建立国际保理黑名单制度，规范征信、评级等管理标准。

（三）保理机构自身需加强风险防范能力

1. 信用风险

应确保贸易背景的真实性，同时确保债务人偿付能力的真实性和有效性。具体来说，应对客户进行多维度调查，充分了解买卖双方的历史合作及基础交易情况，重点分析财务状况，并详细了解每一笔业务对应的产品。在确定客户正常履约能力后，方可为其办理相关业务，需建立保理专户并明确约定回款路径安排。在业务开办过程中，密切保持与客户及合作保理商的沟通，当发生可疑状况时，须保持高度警惕，采取停止新增业务、逐步提前收回融资款项等多种措施，最大可能降低资金损失的风险。

2. 操作风险

（1）完善保理机构内风险管理体系。设立专人专岗对操作风险进行管理，将国际保理业务操作和管理操作流程化、规范化、精细化，明确各岗位操作要求，并建立分明的奖罚机制。

（2）重点关注创新产品，流程创新化解风险。近年来，保理业务产品及模式创新不断增多。在发展业务的同时也应进行持续跟踪评估，重点关注操作风险。此外，还应加快业务流程创新，通过流程的简化、规范、调整来化解操作

风险。

（3）加强员工操作培训工作。做好外部操作系统（如 EDI 系统）与内部操作系统的培训，使操作岗位员工熟悉各项操作流程。同时，做好内外部系统及时、准确的对接工作。

3. 法律风险

在当前国际保理相关法律尚不完善的形势下，各保理机构应该重点判断应收账款是否适用于保理。主要包括应收账款的可转让性及应收账款的可收回性。保理机构需严格审核贸易背景及合同真实性，发票及相关单据的真实性。对一些较为典型的国际保理法律风险案例进行分析解读，汲取相关经验教训。

（四）培养国际保理高水平专业人才

国际保理作为一项综合性金融服务，涉及境内外两个市场，多个交易方，操作流程较为复杂，业务创新层出不穷，对从业人员的专业度要求极高。因此，每家保理机构都应重点培养一批高水平的专业人才。应定期组织培训学习，鼓励员工参加 FCI 各项保理考试，获得从业资格证书；加强国内外业务交流，邀请优秀同业进行经验分享，借鉴欧美等国成功经验，持续提升国际保理业务水平。

我国宏观经济稳定运行思路探索

中国银行北京市分行　邢春华

2018 年 7 月底，中央政治局提出"稳就业、稳金融、稳外贸、稳外资、稳投资、稳预期"工作要求，目的是确保宏观经济运行平稳，实体经济健康发展。由于近期新兴市场金融风险增加，中美贸易摩擦愈演愈烈，在全球化的大背景下，我国宏观经济运行面临前所未有的挑战。本文结合此前金融危机经验与教训，结合近几年来短期经济资本流动特点、外债变动趋势，为未来经济稳定运行发展提供一个管理思路。

一、新兴市场金融动荡的表现与政府当局的政策选择

近期，新兴市场金融动荡不断，最明显表现是汇率大幅波动。阿根廷比索在 5 月 3 日兑美元暴跌 8.5%。土耳其 5 月中旬下跌 17%。巴西雷亚尔兑美元贬值 12.5%，俄罗斯卢布下挫 8.9%，印度卢比、菲律宾比索贬值超 5%。

新兴市场国家的股市和债市也大幅下挫。2018 年 5 月，MSCI 新兴市场指数较 4 月初下跌 4.2%，其中阿根廷、土耳其、埃及、墨西哥等下挫严重。EPFR 数据显示，投资者 5 月从新兴市场债券型基金撤出的规模达到 47 亿美元。

根据蒙代尔不可能三角理论，货币政策独立性、资本管制和固定汇率制这三个目标，只能够取其二。尽管各国央行使出浑身解数，用弹性汇率、资本管制换取一定程度货币政策独立性，但是在危机如海啸般袭来时，最终各国都选择了放弃汇率，保持货币政策独立性和资本管控。汇率变化无疑会给新兴市场外贸、投资产生一定影响，最终影响到整个经济体系，甚至波及其他国家。

二、我国经济发展面临的挑战

（一）短期资本流动呈现顺周期特点

2014—2017 年，经常项目累计顺差 0.91 万亿美元，资本项目下大部分季度为净流出，共 1.45 万亿美元，外汇储备资产下降 0.58 万亿美元。资本项目逆差超过经常项目顺差成为外汇储备下降、人民币汇率贬值的主要原因。

短期资本流出是指国际收支口径的证券投资差额加其他投资差额加金融衍生品差额加净误差与遗漏。2014 年到 2017 年，我国短期资本流动呈现出较明显的顺周期特点。2014 年第二季度至 2017 年底，短期资本均为净流出，累计短期

资本流出达到 1.72 万亿美元，相当于同期国际收支口径的经常项目顺差与直接投资差额之和的 150%，直接造成外汇储备减少，呈现出较强的顺周期性。

（二）短期外债水平较高

外债是境内机构对非居民承担的以人民币或外币表示的债务。外债的规模风险和结构性风险是外债风险指标中最重要的部分，体现为负债率和短期外债占总外债的比重两个指标。负债率是一国当年的外债余额与 GDP 的比值，反映的是外债的规模风险。短期外债占总外债比反映了期限结构风险。相对于中长期外债，短期外债通常具有流动性和不确定性，一旦国际收支形势发生变化，短期外债项下的资金极易发生扭转，给我国经济金融安全带来风险和隐患。目前国际上认为短期外债占外债余额的比重在 25% 以内比较安全。

以表 1 反映出 2014 年以来外债总规模、负债率、短期外债占比的变化。可以看出外债总额不断增加，负债率缓慢增加，短期外债占比小幅下降，但比重仍比较高，短期外债占外汇储备的比例逐年增加。

与贸易有关的信贷是指除了企业间贸易信贷与预付款外，其他金融机构为贸易活动提供的信贷支持，即外币贸易融资、与贸易有关的短期票据等。近年短期外债中与贸易有关的信贷占比逐年下降，主要原因是境内外利率汇率差距减小，企业基于贸易背景进行跨境融资的成本节约作用降低，大部分公司通过境内借款就可以满足短期资金需求。

偿债率是指外债本金和利息偿还的金额与当年国际收支统计口径的货物与服务贸易出口收入的比率。目前，国际上比较公认的偿债率安全线是 20%。我国偿债率尽管逐年升高，但还在安全线以下。

表 1　　　　　　　　　　2014—2017 年外债主要指标

年份	外债总额（亿元人民币）	负债率（%）	短期外债余额（亿元人民币）	短期外债占比（%）	短期外债中与贸易有关的信贷占比（%）	短期外债占外汇储备的比率（%）	偿债率（%）
2014	54 793	8.64	38 005	69.40	70.50	17.78	1.91
2015	91 962	13	59 782	65	48	28	5
2016	98 551	13	60 414	61	47.50	29	6
2017	111 776	14	71 814	64	38	35	7

数据来源：国家外汇管理局。

三、历史上金融危机经验与反思

（一）拉美债务危机

1973 年和 1979 年发生两次原油危机。为了防止输入型通货膨胀，美国将联邦基金有效利率从9.5%调整到19%。虽然有效遏制了通货膨胀，但导致当时国际资本回流美国，全球资金面严重紧张。拉美国家当时整体偿债率在41%，且中短期债务比重较高，外债负担沉重。最终导致1982年墨西哥宣布无力偿还债务，同年阿根廷也宣布停止支付外债，造成拉美债务危机全面爆发。拉美债务危机起源于美元加息，但造成危机的直接原因是国家偿债能力发生问题，即没有足够的外汇储备应对中短期债务清偿。

（二）亚洲金融危机

亚洲金融危机也与美国相关。美国在20世纪90年代初经济增速放缓，为了刺激经济，美联储采用宽松的货币政策刺激。但从1993年起美国内部通胀飙升。为对冲通货膨胀，美联储逐步加息7次，基准利率从3%调整到6%。在加息之前，亚洲经济呈现高速增长态势，GDP高达9%。各国经济体系杠杆率逐步增加，信贷和投资扩张，房地产和股市泡沫膨胀，短期外债不断增加。最典型的是泰国，经济过热造成进口大量增加，贸易逆差严重，短期外债等资金投入房地产领域，债务期限严重错配。泰国负债率从38.9%升至62%，短期外债占外债余额比重达到62%，偿债率最高达到25.6%，远超过安全警戒线。在美元升值情况下，泰国维持固定汇率制，造成国际游资大量流出，之后被迫放弃固定汇率值，货币贬值，股市和房地产泡沫破裂，银行坏账大量增加。亚洲金融危机直接诱因也是国际资本外流，债务结构不合理，贸易和财政双赤字导致偿债能力丧失，最终造成全面资金断裂。

四、我国宏观经济稳定运行思路探索

按照中央"稳就业、稳金融、稳外贸、稳外资、稳投资、稳预期"工作要求，结合近期新兴市场经济动荡形势，借鉴此前金融危机的经验，我们要谨慎对待当前美元不断加息的形式，防止新兴市场资金外流导致此前金融危机重演。

（一）加强对短期资本流动的监控和管理，防止出现资本外逃

资本流出多说明外汇需求量大，资本流入多说明对人民币需求大。从境内看，考虑了汇率因素后美元资金成本与人民币资金成本基本持平，短期内资本流出动力不足。但是从长期看，美元坚挺的趋势在最近一两年不会出现逆转，资本流出压力仍然存在。汇率稳定主要看资本与金融账户下资本流动状态，我们要严格管理好资本和金融账户，尤其是企业中长期对外投资，确保账户收支平衡。

（二）确保国际收支平衡

金融危机的直接诱因是偿债能力危机，归根到底是外汇储备不足。贸易收支失衡导致主权风险增加，增加货币贬值压力。2018年7月，我国国际收支货物和服务贸易实现顺差73亿美元，其中货物贸易顺差326亿美元，服务贸易逆

差收入 253 亿美元，收支基本平衡。下一步，我们应进一步优化收支结构，力求服务贸易和货物贸易均达到平衡，实现经济均衡发展。

（三）降低短期外债余额

目前我国短期外债占外债余额比例高，短期外债占外汇储备的比例也逐年升高。近年与贸易有关的信贷占比降低，资本项下短期借贷占比升高。下一步应加强短期外债使用和管理，审批具有实际资金需求、经营情况良好的企业借用外债，加强期限管理，防止资金进入房地产等投资领域。

（四）加强转口贸易监控，防止国际游资趁机进攻

资本的本质是逐利，近期新兴市场资本外流就是国际游资大量撤出导致。国际资本借用贸易渠道，尤其是大宗商品贸易渠道，通过上下游账期错配进入或退出新兴市场国家。目前美元处于加息周期，按照以往金融危机经验，资金面会逐步变窄，资金逐步回流美国，给新兴市场国家造成冲击。中国资本项目尚未开放，游资主要通过贸易途径进出。我们要加强对转口贸易等经常项下业务监管，确保贸易背景真实基础上办理付汇，不给国际游资可乘之机。

当前国际金融形势对我国经济金融稳定运行的冲击影响

——废墟中崛起的"诚信"，何惧货币战争

中国工商银行北京市分行　尚　进

2017 年美国总统特朗普访华，中国开出 2 500 亿美元大单，在清晰表明中国的贸易诚意后，特朗普于 2018 年开始了第一次的加征关税同时开启了中美贸易摩擦。2 500 亿美元的蛋糕却远远不能满足美国的胃口，特朗普在回国不久，就签署了台湾旅游法，启动对中国的 301 调查，单方面喊话要求中国立即减少 1 000 亿美元的贸易逆差。我国迅速反应，在大批高级别官员赴美谈判后，美国依旧直接宣布对中国 500 亿美元商品加税，这已经把中国逼到绝境，我们只能选择奋起反击。为什么这次中国无法满足美方的要求，让美方选择如此激烈的手段？原因很简单，美方的要求已经触动了中国的核心原则利益，在核心原则利益上我们无法让步，只能选择强硬反击。

2018 年，中美贸易摩擦后，美国本土经济也受到了严重影响。美联储与政府之间更是多次矛盾升级，2018 年美联储已多次进行加息。提高关税造成的商品价格上升，势必会产生"成本推动的通货膨胀"预期。在没有大额需求情况下，由于供给方面成本的提高所引起的一般价格水平持续和显著上涨，是会导致通货膨胀发生的。美国发起的对世界范围内的增加关税的行为，正好是通胀的教科书式的案例。随着黑色星期五的临近，美国国内各大制造商将会加紧生产节日商品，届时美国的 CPI 指数不稳定，也可能届时商品打折的力度也会大不如前。根据美国官方数据显示，第二季度 GDP 增速 4.1%，带动此次经济加速增长的主要原因是个人消费和出口。其中，耐用消费品消费大幅增速，出口增速也大幅增长。这种 GDP 的增速不具备可持续性。从实际影响分析，贸易摩擦导致的最为直接的结果是相关耐用消费品进口产品的价格上涨，当然"羊毛出在羊身上"，这种价格的上升势必会转嫁到消费者身上，消费者只能通过寻找替代品或选择不购买，造成耐用消费品销路变窄。这会导致耐用消费品消费减少，所以美国第三季度的 GDP 若想重现第二季度的增速。消费品价格上涨本身就对消费者信心造成消极的影响了。美国劳工部 8 月发布数据显示，美国 7 月 CPI 增幅已经超过个人工资涨幅。工资增速并没有跟物价的上涨相匹配，美国人民的信心可谓是受到又一次打击。

美国密歇根大学近期公布的一项调查显示，8月初美国消费者信心指数降至11个月新低。其始作俑者主要就是美国单方面挑起并升级的贸易摩擦。美联储加息确实是对贸易战摩擦造成美国消费者信心不足具有针对性的措施，但也导致美国本土购买力下降，同时会影响世界贸易能力下降。

对我国而言，影响还表现在由于人民币贬值预期，以及中国经济结构转型的不确定性增加，国内外避险资金流出已是趋势。随着投机投资者调低房地产继续上涨的预期，香港楼市、股市将直接受到冲击。正是由于国际游资不断涌入中国香港，香港楼市、股市近年来纷纷在历史高位徘徊，如果一旦游资大规模撤离香港，那将会使香港的金融和经济受到重创，间接影响到内地的经济和金融的安全。汇率对贸易条件具有显著的影响，本币升值时，一国的出口商品价格指数上升，对应的进口商品价格指数不变，则贸易条件得到改善，而本币值时，则意味着贸易条件恶化。这种影响是通过影响进出口商品的名义价格改变贸易条件的。另外，汇率还可以影响进出口商品的成本，从而影响贸易条件。

美联储加息，不仅会对国内金融业乃至整体经济产生影响，更是影响各出口大国、经济结构不稳定国家。以中国、俄罗斯、印度、巴西及南非各国为主要代表的新兴经济体国家将面临一次严峻挑战，我国反对美国实施单边主义、保护主义，在金砖会议上更是承诺中国永远面向世界敞开大门，我们将带动新兴经济体国家坚定支持经济全球化和多边主义的进行，建立金砖国家新工业革命伙伴关系。

针对美联储加息，央行采取一系列政策。现在看来，央行加息力度不大，为限制金融和实体经济脱节，追求稳定经济发展。稳就业、稳金融、稳外贸、稳外资、稳投资及稳预期，成为我国对内政策的首要目标。央行维持小幅度加息不降息，金融机构从央行获取资金成本上升。对外，央行一系列控制中美利差、人民币汇率稳定、增加引资能力等手段，让老百姓看到国家的稳定和强盛。

我国一直是世界出口大国，近3 000亿的贸易顺差也成为了此次中美贸易摩擦的导火索，美国想限制我国制造业出口的同时，维持美国先进技术领先地位遏制新兴经济体国家技术创新。2018年金砖会议上我国提出在大数据、人工智能等方面坚持自主创新、大力发展，这无疑给美国带来当头棒喝，我国人工智能的发展也将帮助人民深度学习、体验，让我们的国家更有创造力。此次贸易摩擦不禁让我想起英国因对华贸易逆差发动的鸦片战争，西方资本主义无数次地想让腾飞的东方巨龙再次沉睡，可一次次的历史证明沉睡的巨龙终将觉醒，让我们真正觉醒的不是这些资本主义强国，而是中国共产党人带给人民的承诺、信念。

中国，一个历经磨难、战争却依然屹立世界之巅的文明古国。纵观历史，中国长期处在受国际金融市场影响的环境下。自明末闭关锁国禁止国际贸易进行直至洋务运动，国际贸易逐渐成为主导中国经济发展的重要因素。从繁盛的大清帝国开始，出口贸易顺差，囤积大量白银，英国为扭转对华贸易逆差，开始了鸦片战争又名通商战争。鸦片战争在我看来又是西方金本位金融体系对中国金融体系的第一次冲击，18%～20%白银因鸦片流出，国外银行开始进入中国，给入不敷出的清政府提供借款，控制关税、盐税进行所谓偿还，金本位的西方金融强国使用利息差、镑亏等手段大肆"掠夺"白银，第一次货币战争的袭来带给这个古国的不仅是深刻教训更是一百余年的破败。

明治维新时期的日本拼尽国力从中国夺走了开启金本位的资本，脱亚入欧融入西方金融体系。民国开始直至抗日战争爆发才将白银、银元废除改用法币，抗日战争时期日本用日货套取法币兑换外汇，又启用伪币导致通货膨胀的全面爆发，历史在无数次地重演货币战争，也在一直提醒着我们信用崩溃的政权是如何的腐朽，抗日战争时期的共产党人是如何坚守诚信在边区给人民提供稳定的生活，也告诉了我们，是共产党人的诚信带给新中国崛起最有力的底蕴。

从负债累累到如今中国成为持有美国国债最多的国家，众所周知美元是最主要的国际货币之一，我国外汇储备更是稳居世界第一。共产党人带领新中国用短短六十余年高速发展，从衰败走向繁荣，从百废待兴走向真正的兴旺昌盛，再到位居世界前列，我们靠的是什么，是中国共产党坚定的信念、是中国共产党代表的先进生产力、是中国共产党对人民的承诺。看今朝，中国共产党第十九次全国代表大会绘制了中国未来发展的宏伟蓝图，全面反映党的十八大以来中国取得了改革开放和社会主义现代化建设的历史性成就。

人类历史上最大的射电望远镜 FAST、全球最大的海上钻井平台"蓝鲸2号"、"墨子号"量子通信卫星、"蛟龙2号"、C919大型客机、复兴号列车……无不展现了我国一系列科技成就，人才储备，科学工作者的追求与奋斗精神；从圆梦工程、科技创新、绿色中国等多角度展现了我国的大国风采；中国桥、中国路、中国车、中国港、中国网等超级工程彰显国家实力的同时，也体现了全国人民不畏艰险、埋头苦干、开拓进取的美好情操，才得以缔造出一个又一个的"中国奇迹"。废除银本位、金本位，中国采用信用本位制度。在信用本位制度下，货币供应量不取决于金属贮存量，而是取决于政府对经济发展或其他因素的判断而制定的货币政策。在这种制度下，货币创造过程轻而易举，受政府不同程度的控制。国家授权中央银行或货币管理当局，通过货币政策对货币供应实施管理，从而可以使货币流通量与经济发展所需货币量相适应。外国银行进入中国，一般情况下，受中国相关金融法律管辖，授受银监会管理。外资银行，一般客户为外资实体单位，主要业务受我国负面清单限制。强大的祖国给人民以信心，逐渐崛起的中国 GDP 稳居世界第二位。共产党从废墟中崛起的"诚信"带给中国如此强大的经济体量，让我们无惧各种货币战争。

关于商业银行交易银行转型
与外汇业务展业三原则落实的粗浅思考

中国民生银行北京分行交易银行部　金　砭　刘欣琪

交易银行在国际上通行的定义是商业银行面向客户提供的在其日常生产经营过程中发生的交易行为所办理的支付结算、贸易融资、财资管理等整合性的金融产品和服务，是集境内外、线上下、本外币、内外贸、离在岸为一体的全球交易银行平台及产品体系。可以满足企业客户流动资本管理需要、管理企业供应链关系以及跨国经营企业跨境资金管理等需求。2008 年金融危机以后，交易银行作为一个新兴概念得到越来越多国内商业银行的重视，诸多商业银行纷纷提出公司业务向交易银行战略转型，并在组织架构上进行调整，成立交易银行部或者环球交易部等交易银行产品部门，统筹管理交易银行产品，推动交易银行业务。

回溯国内商业银行的交易银行转型过程，在组织架构调整上不乏国际结算部—贸易金融部—交易银行部之类的演进路径。因此，外汇业务在已经开始进行交易银行改革的商业银行中，还是即将推动的交易银行改革的商业银行中，都必将是交易银行业务体系内处于基础性地位和不可或缺的一部分。在此前提下，在交易银行转型与发展中如何顺应外汇合规管理要求，外汇合规管理如何约束和推动交易银行改革发展，如何将外汇管理展业三原则的要求落实到交易银行具体业务实践中去，是一个值得探讨的问题。

一、交易银行转型有利于落实"了解你的客户"

按照展业三原则要求，银行在办理外汇时应"了解你的客户"，在与客户建立外汇业务关系或者为其办理业务时，使用可靠、独立来源的文件、数据或者信息对客户身份进行识别和核实，对客户背景开展尽职调查，按照风险等级对客户进行分类管理。这就要求银行应建议一套行之有效的客户背景调查机制，并建立和不断更新客户信息档案。在传统的银行部门架构下，由于产品部门条线分割，外汇管理部门基本很难独立完成客户的背景调查，也只能掌握客户在外汇业务方面的相关信息，对于企业的其他业务非外汇难以做到真正把握，更无法从整体上做到对客户的了解，因此也真正难以将"了解你的客户"原则完全落实到位，在此基础上的客户风险分类也难以做到准确合理。

而交易银行业务要求商业银行以客户为中心，做企业的金融管家，将服务嵌入企业生产到销售的各个环节，围绕客户的交易行为提供如支付结算、现金管理、贸易融资、供应链金融等一揽子金融服务。在提供服务的过程中，交易银行业务可以取得庞大可靠的数据，经过相关专业分析，可更深入、更直接、更明了地评估企业日常交易情况，相关分析在交易银行内部共享，使前台营销人员及中后台审核人员均能借助相关信息做到"了解你的客户"。在此基础上，外汇合规管理人员可以对客户进行外汇业务合规风险等级进行划分，并实施分类管理，对于不同风险类别的主体实施对应的业务审核标准。

二、交易银行业务的线上化趋势与外汇业务展业要求

交易银行的一个重要特征是线上化发展趋势。发展交易银行业务需要打造强大的后台系统、合理有效的产品运营流程和注重客户体验的电子银行服务渠道。目前，在人民币业务方面，企业网银发展已经较为成熟，客户使用体验便捷高效。但因外汇政策监管的严格性等原因，外汇业务线上化发展的路径仍处于初级水平，除较为基础的外汇买卖、经常项目结汇等外汇政策风险较低的业务之外，其他对公外汇业务线上化处理的进展仍然较为缓慢。外汇业务的线上化发展需要事先考虑到将外汇政策要求及展业原则落实到具体的线上业务操作中，包括业务的事前审核、事中操作、事后申报等各环节。国家外汇管理局2016年出台了《关于规范货物贸易外汇收支电子单证审核的通知》（汇发〔2016〕25号），对货物贸易外汇管理电子审单业务提出政策支持措施，允许企业及银行在满足一定条件及内控制度完善的基础上，货物贸易实行电子审单，商业银行可以审核客户提交的电子单证并留存备查。从该政策支持力度下，商业银行提供的货物贸易项下的基础结算及贸易融资业务如国际信用证、托收、押汇、代付等业务，均可以实现全线上流程的制单、审单、资金汇兑等操作。此外，外汇管理局相关跨境资金池政策的出台，也为商业银行利用网银技术，推动跨国公司境内外资金管理需求的线上化运行提供了政策支持。

不过，对于除了货物贸易及跨境资金池等以外的其他外汇业务，商业银行除了允许企业通过网银在线提交申请之外，按照外汇政策管理要求，仍需要求企业线下提交纸质单据供政策审核及签注。但是基于客户对于业务办理便利化和高效率的需求，以及伴随着金融科技的不断发展，在未来，建议外汇管理政策可以在商业银行能够把握"了解你的业务"和"尽职审查"的原则下放开企业服务贸易、资本项目等业务电子审单限制。甚至更进一步，外汇政策可以允许对于可信度较高的客户，银行在办理经常项下业务时单笔业务可以免予提交政策审单单据，而是采取总量核查加定期抽查等方式办理外汇业务。

事实上，监管部门在外汇合规管理考核中一直鼓励商业银行采取科技手段

促进外汇合规发展。在相关的年度外汇考核细则中，监管部门均对相关科技业务列出了考核细项和考核标准，支持商业银行在发展交易银行过程中利用科技手段提高落实外汇业务展业原则的适应性与灵活性，支持商业银行在外汇合规中由形式审核向实质审核的转变，发挥商业银行的主管能动性和积极性，支持商业银行取得业务发展和监管合规的有效统一。

三、交易银行的组织架构有利于展业原则的落实

在传统的商业银行外汇业务管理架构中，由于前中后台部门分散化与岗位设置等原因，市场营销人员往往主要负责业务的营销推动，负责对客户背景的调查及具体业务真实性的把控，中后台合规和操作人员负责业务的具体审核，更多承担单据表面真实性合规性的把控。但市场营销部门人员往往对外汇政策了解较少，很难从外汇合规的角度去了解客户与业务背景，中后台业务操作部门又往往只能关注到客户单笔或者单类业务的合规情况，很难从整体上把控客户背景和业务背景，进而采取针对性单据审核措施。事实上，外汇展业三原则的提出就是要求商业银行外汇从业人员应跳出具体法规的条条框框，不能一味机械地按照法规列举的要求不加思考地套用。更多地了解客户的交易习惯、更多地获取客户经营的信息，以辅助帮助银行做出正确的业务决定，这是"尽职调查"的题中应有之义。但在传统的业务模式下，在信息不能得到充分共享的前提下，前台营销人员往往缺乏"尽职审查"的意识，而中后台人员又很难获得业务"尽职审查"的条件，岗位分工职责使外汇展业原则往往难以真正完全落到实处。

交易银行转型要求商业银行在组织架构优化方面，实现跨产品部门的革新融和和服务流程的优化构建符合客户交易行为特征的组织机制。在此基础上，客户背景及交易行为等信息需在全部门前中后台间共享，外汇业务涉及的各岗位均能完整把握相关交易信息，更有利于业务流程中的各相关岗位提升对业务真实性这一核心地位的把控，前台营销人员能够更加准确把握客户交易特征，对客户交易行为能够动态掌握，中后台人员业务审核人员也能更好地根据客户交易特点，针对性地控制业务的相关单据审核的要素，有效控制业务风险。

此外，在有效整合内部信息的基础上，交易银行部门作为一个综合产品部门，还可以寻求在监管部门等外部机构的支持下，整合外部信息平台，为外汇业务真实性审核创造条件。如建立与外汇局、人民银行、海关、税务、商务、发展改革委、征信及物流等部门的网络信息查询端口，在不违反客户信息保密相关政策的基础上，各机构实现资源的共享，为银行审核客户真实性材料提供便利，提高商业银行资料审核的效率和准确性。如 2017 年 5 月起实施的货物贸易进口付汇报关核验制度，即允许银行标注的进口付汇企业异常信息在金宏系

统内向全国银行开放，实现信息共享，有效防范了企业重复付汇、虚构贸易背景付汇等违规行为的发生。

　　鉴于真实性审核在外汇管理领域的核心地位，无论外汇管理体制如何改革和变迁，商业银行在重构和调整内控制度的过程中，包括推动交易银行转型的过程中均需牢牢把握真实性重点，而展业三原则强调的也正是业务的真实性和合理性。因此，银行在交易银行转型过程中，必须更加细化和落实真实性审核制度，如果无法在客户识别、业务操作、数据采集与报送、事后监管等各环节符合外汇监管政策要求，有效控制合规风险，那么其发展也必然是空中楼阁，没有坚实的基础，甚至走向歧途。同样，外汇展业原则的落实也必须考虑到商业银行业务转型与企业需求不断变化的现实需求，应在确保合规的前提下给予商业银行展业原则的落实更大的灵活性和便利性，遵循实质大于形式的原则，对于商业银行可以把握真实合规性的外汇业务，建议不必拘泥于单据范围及审核方式，允许其以更加灵活的方式完成"尽职调查"。总而言之，交易银行的转型与外汇展业原则的落实相辅相成，互相促进，也只有筑牢外汇合规底线，才是改革成功的根本保障。

商业银行信贷资产跨境转让

——业务实践与政策探讨

中国民生银行北京分行交易银行部　金　砭

随着国内商业银行国际化程度的不断提高，商业银行资产跨境转让的业务需求也将越来越广泛。同时基于资本项目可兑换政策目标的持续推进，金融资产的跨境转让有可能成为下一步跨境改革的方向之一[①]。因此，本文选择此课题，正是基于以上客观现实，对于商业银行跨境业务实践和外汇管理改革的前瞻探讨。

一、资产转让的范围界定

商业银行信贷资产分类标准多样，如从是否列入银行资产负债表角度划分，可分为表内资产和表外资产；从信贷资产的品种分，也可以分为流动资金贷款、固定资产贷款及项目融资贷款资产等；从信贷资产涉及的基础交易划分，还可以划分为跨境信贷资产及境内信贷资产等。本文主要从信贷资产的基础交易角度切入来讨论跨境资产转让的可行性。同时还须明确：一是本文讨论的信贷资产是指确定的、可转让的正常类信贷资产，不良资产的转让与处置目前已经有相关较为成熟的政策规定，同时也并非信贷资产转让的焦点，本文不做过多讨论。但是不良资产转让的法规依据可以为正常类资产的转让提供参考。二是此类资产的转让为真实转让，转让后境内原始融资银行完全从融资关系中脱离，将信用风险、市场风险和流动性风险等完全转移给境外转入方。三是本文探讨范围为境内商业银行将对公信贷资产转让给境外金融机构的出让行为，不包括其从境外金融机构买入境外资产的受让行为，也不包括银行个人信贷资产的跨境出让行为。

二、信贷资产转让的业务实践

虽然本文探讨的是正常类信贷资产的转让，但境内信贷资产的跨境转让是从不良债权为开端的，其主要的管理政策如下。

---

① 2016 年 12 月 19 日外汇局答记者问："外汇局：加强跨境资金监管　研究跨境资产转让举措"。

（一）不良信贷资产转让的政策模式

目前，《国家发展改革委、国家外汇管理局关于规范境内金融机构对外转让不良债权备案管理的通知》（发改外资〔2007〕254号）、《国家发展改革委关于做好对外转让债权外债管理改革有关工作的通知》（发改外资〔2016〕1712号）及《国家外汇管理局关于金融资产管理公司对外处置不良资产外汇管理有关问题的通知》（汇发〔2015〕3号）等对不良债权的跨境转让进行了明确的规定，要求相关境内金融机构及境外投资者需要向发改委和外汇局申请审批或者备案，相关资金汇兑需要办理申报等。发改委还明确要求相关境内企业形成的对外负债，按照企业全口径外债管理要求，统一纳入企业外债实行登记管理。

受制于国内商业银行不良资产的转让模式，商业银行直接向境外投资者转让不良资产的业务实践仍较为匮乏，相关业务实践主要仍由金融资产管理公司来完成。基于此，外汇局主要对金融资产公司对外转让不良债权进行了详细规定，其他金融机构办理相关转让需要发改委的相关审批或备案，并参照金融资产管理公司办理外汇局登记及资金汇兑。同时，政策明确了转让过程中发生的新跨境担保行为，应按照现行跨境担保相关管理办法办理。不过，外汇局一直没有明确规定债务人就转让形成的外债需要办理外汇局外债登记，这与发改委相关外债登记要求是否需在操作上衔接还不得而知。

（二）信贷资产跨境资产转让的试点

除不良资产外，商业银行正常类信贷资产跨境转让在部分特殊经济区域已经先试先行。2015年7月，郑州航空港经济综合试验区试点启动跨境人民币创新业务试点，允许"人民币贸易融资资产跨境转让"，并在当月由交行成功办理了首笔2.19亿元人民币国内证议付资产跨境转让业务。2015年12月11日出台的《中国人民银行关于金融支持中国（广东）自由贸易试验区建设的指导意见》，则明确允许自贸试验区内融资租赁机构开展人民币租赁资产跨境转让业务。

此外，跨境贸易融资类业务的资产转让已经在商业银行中有所实践，如出口贸易融资项下的福费廷向境外转卖等。此外，商业银行开发出的"融资性风险参与"产品，即境外行（称为风险参与行）在风险参与的同时将其参与份额的款项贴现给境内银行（称为风险出让行），风险出让行在到期日收回款项后按照风险参与行参与的比例支付其应得份额。如债权到期后债务人不付款，风险参与行对风险出让行无追索权。考察其业务实质，此类产品已经带有跨境资产转让的性质。

从上述的业务实践看，跨境信贷资产转让在业务领域内主要是贸易融资领域与融资租赁，其中基础交易为国内业务的，主要是采取政策试点许可的模式，且主要是人民币先行试水。对于国际贸易的相关融资，其资产跨境转让模式则主要来自银行的业务创新。涉及跨境人民币贸易融资，则有人民银行的明确支持，2013 年出台的《中国人民银行关于简化跨境人民币业务流程和完善有关政策的通知》（银发〔2013〕168 号）明确规定境内银行可开展跨境人民币贸易融资资产跨境转让业务。且此类转让从目前的业务实践看不占用企业或者银行的跨境融资额度。

三、对于一般信贷跨境转让的探讨

排除上述试点政策及跨境贸易融资类业务，对于商业银行正常的信贷资产转让，我们可以从债务人主体性质及相关信贷对应基础交易性质等方面分层探讨。

（一）债务人为境内企业，基础交易为国际贸易

此类基础交易的债权债务关系已属跨境范畴，对应贸易融资的参与一般不会改变原始的债性方向，或者消灭其跨境债权债务属性，只不过对应债权债务的主体发生改变，因此，此类融资的转让更多是改变跨境资金的流动时点和跨境交易对手，不改变国际收支的实质方向。

对于商业银行此类基于跨境交易的贸易融资类信贷资产，根据目前的全口径跨境融资的政策精神（银发〔2017〕9 号文），企业涉及真实跨境交易产生的贸易信贷（包括应付和预收）和从境外金融机构获取的贸易融资，金融机构因办理基于真实跨境贸易结算产生的各类贸易融资不占用跨境融资额度。因此，境内银行此类基于跨境贸易的信贷资产的跨境转让，建议外汇局、银监等监管部门综合考量此类业务的银行实践现状及对于国际收支的影响，在不带来跨境资金流动风险的前提下，可以在政策方面予以明确许可和支持。同时，对此类交易可以建立完善的统计监测体系，及时掌握商业银行跨境资产动态变化，避免此类业务的异常变化影响国际收支的宏观管理。

（二）债务人为境内企业，基础交易为境内交易或者跨境非贸易

如该信贷资产项下基础交易为境内企业流动资金贷款、境内贸易融资、境内并购贷款或者跨境投资、跨境并购贷款等。此类交易项下资金用途既包括境内，也包括境外，用于境外时主要用来跨境投资（如新设境外子公司、并购境外企业或境外资产等），但债务人仍为境内企业。银行一旦将该信贷资产转让境外，债权人变更为境外银行，对于企业而言，内债转变为外债，此信贷向下附带担保形式也发生改变。此类业务除上述少数试点区域外，目前仍属于未获得发改、外管及银监等监管部门的明确政策允许。基于此，我们从以下几个角度探讨其政策可行性及可能的操作模式。

1. 债务人企业的知情及许可权保证。参考银监会《中国银监会关于进一步规范银行业金融机构信贷资产转让业务的通知》（银监发〔2010〕102 号）关于

信贷资产转让的要求：信贷资产的转出方应征得借款人同意方可进行信贷资产的转让，但原先签订的借款合同中另有约定的除外。同时根据银发〔2017〕9号文的要求，企业和金融机构均可按规定自主开展本外币跨境融资。因此，对于此类转让，商业银行作为出让方事前需获得债务人企业对于相关转让的知情及许可，并在相关业务流程中获得债务人及担保人（如有）的配合。或者双方在签订贷款合同时就在相关条款中明确债务人允许银行将相关信贷资产进行跨境转让，并承诺自身及担保人（如有）配合办理转让的相关业务流程，如可能涉及的相关外债或者跨境担保登记等。

2. 外债额度。银发〔2017〕9号文出台后，除政府融资平台和房地产企业之外的非金融企业，均可获得2倍净资产额度的跨境融资风险加权额度（注意并非企业可以获得2倍净资产的外债额度，融资风险加权余额计算是一个复杂的过程，在此不做赘述）。因此，在外债额度方面可以给予跨境资产转让一个较为宽松的数量余度。但是考虑到如果企业在多家银行借用的内债均被转让，企业的外债余额可能超限。如何保证银行办理转让前获知企业的外债额度，以免相关资产的转让给企业造成被动负担超额外债，还需要进一步明确相关防控手段。

3. 原始信贷资金的使用与外债使用政策的契合性。外汇局及人民银行对于外币及人民币外债的使用用途规定十分严格，基本采用负面清单管理及其他限制性措施等进行管理。同时，银行在审核企业外债资金使用时也需按照外汇"展业三原则"的要求对资金使用的真实合规性进行审查。而如果企业的内债因商业银行的跨境转让行为变为外债时，其原先的债务资金已经使用的部分是否还需再回溯进行真实性核查，并比照负面清单及跨境人民币外债使用政策要求真实性核查，未通过的是否就不允许转让需要明确。

4. 外债及跨境担保登记。按现行外债政策，企业对外负债需要在外汇局办理外债登记，外汇局准予备案的，出具相关业务凭证或者核准件。同时参考不良债权转让的政策要求，相关外债属于发改委纳入备案范围的，还需要在发改委办理登记。对于跨境担保，境内非银行机构及个人对外提供担保的形成内保外贷或者外保内贷的，需要到外汇局办理登记，其他形式的跨境担保则无须登记。

如资产跨境转让形成外债，还需明确是由转让银行还是企业办理外债登记，如果银行办理登记（或者报送的，类似于银行对于自身外债的报送），建议将需要相关外债登记（报送）信息通过书面形式告知企业，使企业掌握自身对外负债情况。

原境内信贷资产涉及相关境内担保的，转让后担保形式转化为内—内—外形式的跨境担保（债务人和担保人在境内，债权人在境外），按现行跨境担保政策无须办理担保登记。如果信贷资产转让后，境外银行要求境内债务人的境外关联方提供担保的，则构成内—外—外形式（债务人在境内，债权人和担保人在境外）的其他形式担保，同样无须办理担保登记，但是如果相关担保履约的，应在履约后办理外债登记。同时，如果商业银行境内信贷资产为外保内贷项下业务，即境外担保人对境内债务人提供跨境担保的，信贷资产转让后则需要境内银行注销担保登记。

（三）债务人为境外企业

此类信贷资产的转让，一般而言，只需出让银行在对外金融资产负债表中进行相关报送，境外债务人无须遵照境内企业扣减外债额度或者办理相关可能的外债登记或者备案等。但考虑到国家发改委对于境内企业发行外债登记备案的相关要求，如果境外债务人为境内企业所控制或者是境内企业的分支机构，且债务期限超过一年，那么该境内企业需要在发改委办理外债登记备案，纳入境内企业外债管理。此外，该信贷资产下如有相关担保，其性质也可能发生变化，如担保人为境内主体的，则担保性质将变更为内保外贷（担保人、债权人和债务人为内—外—外模式），境内担保主体需要按照跨境担保政策要求办理内保外贷登记。

此外，信贷资产的跨境转让还涉及相关境外投资者的准入标准或者备案要求、转让中可能产生的税务问题等诸多问题，都需要在政策设计时予以考虑，在此拟不进行详细讨论。

四、结语

无论是从契合国家推进资本项目可兑换的长远政策目标，还是从配合当前"控流出、扩流入，维持跨境资金流动双向平衡"的管理措施看，信贷资产跨境转让均是一项值得期待和尝试的改革创新举措。商业银行的信贷资产跨境转让，一方面有利于扩宽境外资金流入渠道，便于企业利用境外市场资金；另一方面，有利于商业银行拓宽信贷资产转让作为资产负债管理工具、融资工具和风险管理工具的使用空间，也有利于扩大商业银行积极融入和利用国际金融市场，提升跨境业务经营管理水平。从改革路径看，不妨将信贷资产跨境转让进行先期试点，试点地点可选择自贸区等特殊经济区域，试点业务可先从贸易融资开始等，最后再根据试点效果酌情向全国推行。

在"一带一路"倡议下进行
外汇管理和风险防范

中国工商银行北京市分行 杨　辉

一、"一带一路"倡议的提出

关于"一带一路"倡议最早由习近平主席在 2013 年 9 月 7 日于哈萨克斯坦纳扎尔巴耶夫大学作演讲时提出，当时建议为共建"丝绸之路经济带"，为"一带一路"倡议思想的雏形。之后，习近平主席进一步提出共建"丝绸之路经济带"和"21 世纪海上丝绸之路"的重大倡议。2013 年 11 月 12 日，中国共产党十八届三中全会在《中共中央关于全面深化改革若干重大问题的决定》中明确要求，"加快同周边国家和区域基础设施互联互通建设，推进丝绸之路经济带、海上丝绸之路建设，形成全方位开放新格局"，"一带一路"倡议写入政府文件。到了 2015 年 3 月 8 日，国家发展改革委员会、外交部、商务部联合发布了《推动共建丝绸之路和 21 世纪海上丝绸之路的愿景与行动》，提出以共商、共享和共建为原则，合作打造新亚欧大陆桥、中蒙俄、中国—中亚—西亚、中国—中南半岛、中巴和孟中印缅甸等经济合作走廊，为"一带一路"倡议的推进提供指导。而丝路基金和亚投行的先后成立，为"一带一路"倡议的实施提供支持和保证。2017 年 5 月，第一届"一带一路"国际合作高峰论坛在北京举办，加深了"一带一路"沿线国家的沟通和合作，形成共 76 大项，270 多项具体成果。在 2017 年 11 月的中共"十九大"会议上，习近平主席在报告中继续强调要以"一带一路"为重点和积极促进"一带一路"国际合作的思路，将"一带一路"倡议成为坚持对外开放基本国策的重要组成部分。

二、"一带一路"国家经济及汇率特点

（一）东盟

东盟国家经济各有特点，包括资源丰富、劳动力成本低以及部分国家拥有先进的技术水平，因此成为中国制造业对外投资的青睐地区。例如，新加坡、马来西亚和泰国的产业发展较为先进并且在一些产业方面与中国存在互补性和

图1　"一带一路"建设规划①

竞争性，中国企业更多以学习合作的态度进行投资。②而产业发展相对落后的国家却拥有丰富的自然资源和农业资源，因此成为中国的原材料供应伙伴，如柬埔寨、老挝和缅甸拥有丰富的农业资源，印度尼西亚和菲律宾则吸引了对于石油和天然气的投资。同时，这类发展相对落后的国家也为中国基建项目提供了广阔舞台，如中老铁路、中缅铁路和中缅天然气管道项目等。对于经济发展程度高的国家，其货币汇率走势更加呈现出自由化，经济相对落后国家的货币汇率则呈现较为僵化的走势。

（二）中东及转型经济体国家

中东及转型经济体国家有着丰富的油气资源，因此中国的投资主要集中于对油气的勘探与开发。其中，以沙特阿拉伯为首的中东国家一直是传统的原油供给人国，资源开采设备和技术已成熟，但经济对资源的过度依赖导致中东国家基础设施建设和轻工业方面存在较大发展缺口。转型经济国家则是在近几十年里经济制度从计划经济向市场经济转变的国家。根据联合国贸发会议分类，该类国家有 18 个，主要分布在中亚、西亚及中东欧部分地区，并且大多数为"一带一路"沿线国家。转型经济国家也有着丰富的油气资源，但除矿产外的其

---

①　商务部投资促进事务局中国服务外包研究中心，《"一带一路"战略下的投资促进研究》，第 3 页。

②　李荣林、马霞：《"一带一路"建设与中南双向投资》，载《太平洋学报》，2016 年第 2 期，第 96 页。

他经济建设方面也存在着缺口。一带一路"建设有望为中国与中东及转型经济体国家之间的投资开创了一个平台，中国对这些地区和国家的投资主要集中于石油勘探与开采、交通及通信建设、化工、农副产品加工和制造业等行业，如沙特阿拉伯延布炼厂、哈萨克斯坦苏克石油天然气公司、白俄罗斯中白工业园和土耳其 Kumport 码头收购等①。这两类国家的货币汇率走势较为僵化，特别是中东地区很多国家采取盯住美元汇率制度。当外汇储备缺乏、通胀高企以及油价长期低迷时，这类货币容易面临脱钩美元进而大幅贬值的风险。

转型经济体国家包括：阿尔巴尼亚、格鲁吉亚、塞尔维亚、亚美尼亚、塔吉克斯坦、阿塞拜疆、吉尔吉斯斯坦、马其顿、白俄罗斯、黑山、土库曼斯坦、波黑、摩尔多瓦、乌克兰、克罗地亚、俄罗斯、乌兹别克斯坦。

（三）南亚

尼泊尔、印度、巴基斯坦、孟加拉国和斯里兰卡是五个代表南亚的重要贸易投资国家。其中，印度是该地区影响力最大的国家，但对待外资的限制较多，特别是与中国的经济合作常因边境问题受到影响。此外，由于印度在电信、通信和科技方面有较快发展，中国企业倾向于对印度的中小企业进行收购，特别是运输行业及科技、传媒和电信行业的公司②。南亚地区的另一大国巴基斯坦，虽与中国保持着长期紧密的战略伙伴关系，但其国内基础建设和经济环境仍较为落后，因此与中国的合作领域重点主要放在基础建设方面。其他南亚国家的投资也主要在基础建设方面，如孟加拉的帕德玛大桥及河道疏浚项目和中孟友谊七桥。由于印度在该地区占据主导地位，因此南亚一些小国的汇率制度采取盯住印度卢比的方式，但该方式对这些国家的经济实力和外汇储备提出一定要求。

（四）非洲国家

非洲国家基础建设和经济发展更为落后，甚至部分国家尚处于军阀分裂割据的格局。而恐怖主义和疫情流行也威胁着该地区的社会经济发展。因此，我国在该地区的投资贸易主要为国家或大型国有企业牵头的大型项目，涉及领域包括基础建设和能源开发。埃及为该地区影响力较大的国家，是"一带一路"覆盖的重要非洲伙伴国。其采矿、纺织、皮革产品等行业对中国投资企业就有一定的影响力。尽管不在"一带一路"名单之列，但由于安哥拉和尼尔利亚拥有丰富的石油资源，也吸引中国的石油勘探和开发的项目。未来如果非洲国家的政治局势出现显著的改善，将吸引更多的中国建设企业承揽基建项目。这些

---

① 李曦晨、王永中，中国对"一带一路"沿线国家投资风险评估，《开放导报》2015 年第 4 期，第 30 页。

② 李荣林、马霞：《"一带一路"建设与中南双向投资》，《太平洋学报》，2016 年第 2 期，第 97 页。

非洲国家的货币汇率走势也较为僵化，如果经济环境恶化或商品价格低迷将会引起货币的大幅贬值。

三、"一带一路"国家外汇市场风险类别

（一）外汇汇率变动的风险

近几年，国际金融市场黑天鹅事件、主权债务危机和地缘政治风险等因素加剧了全球金融市场的动荡，也对海外投资收益产生了较大的影响。以2016年英国为例，当年的英国富时100指数创造了14.43%的升幅，但由于英国脱欧公投事件令英镑当年贬值超16%，反而令很多在英国投资的海外投资者出现了亏损。同样，中国的"走出去"企业在对外投资、贸易、服务等业务过程中常常涉及由于多币种计价结算、多国外汇管理政策以及资金跨境流动等因素带来的外汇损失风险，给"走出去"企业的经营结果带来巨大的不确定性。

由于"一带一路"国家国情不一，因此导致货币汇率变动的因素也呈现多样性。其中对于采取挂钩美元汇率制度的国家而言，如沙特阿拉伯和阿联酋等中东产油国，外汇储备的充足与否起到至关重要的因素，如埃及因多年外储缺乏导致在2016年宣布埃及镑与美元脱钩，造成埃及镑当年贬值56.86%。对于经济严重依赖单一商品的经济体，则需注意该商品价格给货币汇率带来的影响，如俄罗斯卢布在原油价格持续疲弱时出现大幅下跌。此外，俄罗斯卢布的疲弱还在于当时俄乌地缘政治紧张局势的影响。

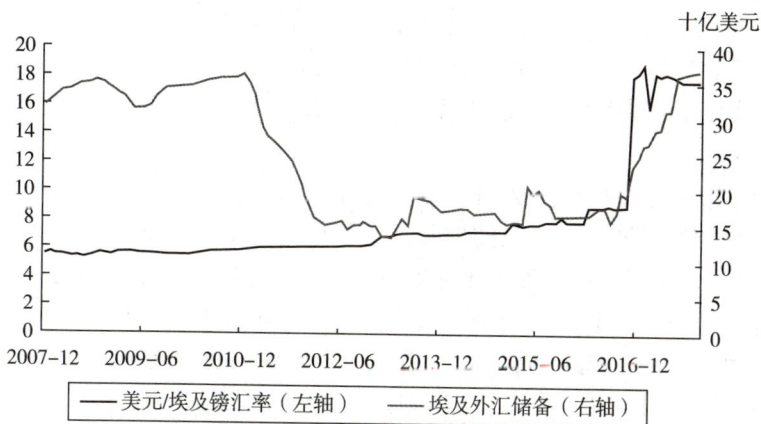

图2　埃及外汇储备与美元/埃及镑汇率走势

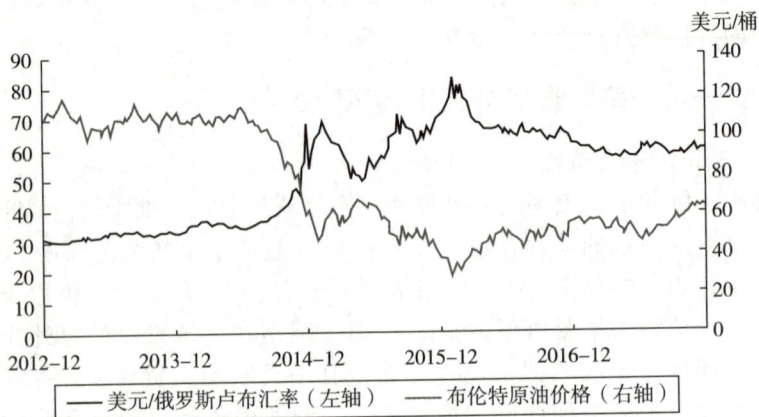

美元/桶

图3　布伦特原油价格与美元/俄罗斯卢布汇率走势

（二）货币不能自由汇出的风险

对于一些经济抵抗力较弱，并且对外汇储备有较强依赖性的国家通常会实施严格的外汇管制，即不允许将当地币资金兑换为自由外币汇出国外。外汇管制将导致"走出去"企业在这些国家投资和经营获得的收益及资金盈余难以兑换和汇出。通常这类国家由于落后的经济环境和不完善的市场机制，往往伴随着当地货币贬值和通货膨胀等多重问题，这将容易导致资金滞留在当地的"走出去"企业遭受巨大的资产和利益侵蚀。例如安哥拉在2016年通胀率一度飙升至41.95%，其货币安哥拉宽扎兑美元汇率在当年出现了近20%的跌幅。但由于安哥拉有着严格的外汇管制，因此很多中资企业难以快速地进行货币兑换和资金汇出，导致当地投资收入大大降低甚至出现损失。

（三）因所在国发生动乱、战争、重大自然灾害等状况造成外汇资金损失的风险

地缘政治的角力和不同文明间的冲突等不稳定因素长时间对一些发展中国家的政治和经济形势带来巨大的威胁，其货币的价值也因此充满不确定性。而"一带一路"的很多沿线国家处于冲突热点地区，给在这些国家进行投资、贸易和服务的中国企业带来巨大的经营损失威胁。如果没有充分的对抗风险预案和保险措施，一旦冲突或战争爆发，"走出去"企业的货币资金恐将来不及收回，企业将承受巨大损失。

四、汇率风险的防范措施

（一）明确的管理原则和完善的内部风险控制机制

金融风险管理往往需要企业从最高决策层开始制定风险防控文化和相关制

度。对于面临多重风险难题的"走出去"企业更是需要建立一套完整的外汇风险管理体系,包括确定外汇风险管理的原则、目标和控制流程①。由于外汇风险管理会涉及一定的成本费用,因此在原则方面不应以盈利为目的,而是应该将重点放在如何将外汇风险控制在企业可承受范围这一目的上。从技术上看,企业选择按工程或业务线统筹计算可承受风险值,并计提相应规模的风险准备金。对于跨国集团还需整合全球的外汇资金,制订合理的计划使用外汇资源,将不可对冲的外汇资金规模控制在合理的较低水平,减少外汇风险敞口暴露。

(二)选择合适的交易结算币种

对于一些国家风险较大或经济基础较为落后的国家来说,其货币的外汇风险通常高于美元、欧元等流动性好的主流货币。以前文的埃及镑在 2016 年大幅贬值为例,如果一些"走出去"企业使用该国货币作为主要结算工具,将可能遭受巨大的汇兑损失。如果以主流货币结算,其货币将受货币发行国的强大经济背景支撑,市场流动性和汇率波动性都较为稳定。此外,如果以人民币作为结算币种,对于"走出去"企业而言将不必面临需要将收回的货币进行兑换的问题,从而规避了外汇风险②。随着人民币国际化的步伐继续迈进,将来会有越来越多的国家使用人民币进行合同结算。

(三)及时平衡外汇资产

对于结算币种为主流货币的"走出去"企业,应根据外汇收支以及资金周转的情况,进行外汇收支的币种、规模、期限匹配,及时调整外币资产负债结构。例如,如果人民币相对某种外币升值,可增持相应的外币债务;如果人民币相对某种外币贬值,可增持相应的外币资产③。此外,一些企业还可以通过灵活调整进出口业务结构来降低外汇风险。例如,在人民币处于升值通道的背景下,可通过扩出口减进口和争取收人民币付外币的方式控制人民币升值带来的风险。在收付汇时间匹配方面,"走出去"企业可考虑使用出口融资和福费廷等工具进行收汇和付汇期限的灵活调整,减少汇率的风险敞口。

(四)合理利用套期保值工具

企业在加强汇率风险管理的过程中,还要实时关注国际政治和经济形势的

---

① 周家义、杨天福:《新形势下"走出去"企业的外汇风险控制》,载《国际经济合作》,2013 年第 7 期,第 57 页。

② 周家义、杨天福:《新形势下"走出去"企业的外汇风险控制》,载《国际经济合作》,2013 年第 7 期,第 57 页。

③ 张秋虹、钟懿辉:《汇率风险对企业集团出口项目的影响及其对策研究》,载《经济与管理研究》,2012 年第 4 期,第 122 页。

发展变化，合理利用各种金融避险工具，如外汇远期、外汇掉期和外汇期权等①。对于有外汇管制或货币流动性差的市场，则可采用非本金交割外汇远期交易来控制项目的汇率风险。如果外汇远期成本较高，企业还可考虑以卖出期权的方式来改善汇率套保的综合成本，但汇率套保范围会相应降低（图4为外汇远期与卖出外汇期权组合）。需要注意的是，金融衍生工具的使用不应以盈利为目的，过高的杠杆或过于复杂的金融衍生品使用可能会使风险不降反升。2008年中信泰富因复杂外汇衍生品交易出现的巨亏便是前车之鉴。

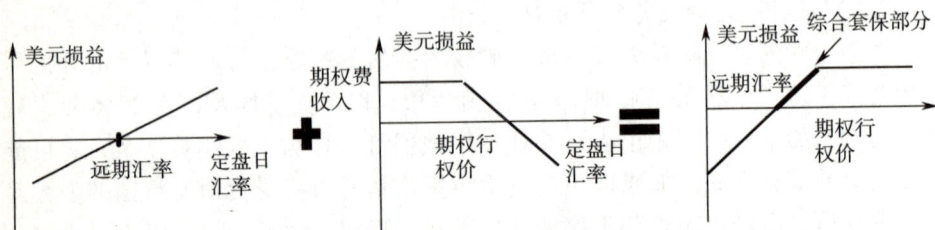

图4　外汇远期与卖出外汇期权组合

（五）充分利用保险的保障作用

投保是对抗风险的通用手段。为了促进本国企业的对外贸易、投资和服务，有效抵御在海外业务可能遭到的风险，很多国家都设立了专门的保险机构，例如中国出口信用保险公司。② 如果进行外汇汇兑风险相关的投保，"走出去"企业在境外因战争、动乱、政府管制等原因造成的汇兑风险和损失可以获得一定程度的赔偿。此外，该类保险公司提供的地域风险报告以及外交部门的风险警示也应及时引起"走出去"企业的高度关注，做到对投资目的地国家风险的防患于未然。

---

① 马昀：《"一带一路"建设中的风险管控问题》，载《政治经济学评论》，2015年第4期，第202页。

② 马昀：《"一带一路"建设中的风险管控问题》，载《政治经济学评论》，2015年第4期，第201页。

中国经济金融形势、风险研判及应对策略

北京银行国际业务部　范莉丽

一、引言

2018年6月14日，美联储货币政策会议决定再次加息25个基点，将联邦基金目标利率区间上调至1.75%～2.0%。自2018年3月美联储加息以来，截至6月13日，美元指数累计涨幅达到4.1%，一度突破94关口。随着美元持续走强，新兴市场国家货币普遍面临贬值压力。其中，阿根廷比索的表现最为突出，5月7日至6月13日，阿根廷比索兑美元汇率下跌超17.88%，最低下探至25.86的历史新低。从历史经验来看，美元短期内大幅上涨通常伴随资金从新兴市场迅速撤离，导致新兴市场发生货币危机。如果美元升值幅度超出预期，对主要依靠海外资本流入的新兴经济体来说，必然会产生很大威胁。

面对复杂多变的国际环境，我国经济金融发展也面临一系列突出的矛盾和问题，风险挑战有所上升，平稳健康发展压力加大，形势总体趋于严峻复杂。本文将在分析我国当前经济金融形势的基础上，给出相应的对策建议，以期妥善应对并化解经济运行中的风险。

二、我国当前经济金融形势的基本特点

我国当前经济是外部挑战和内部压力交织，很多新情况、新问题值得关注。中美贸易摩擦已成现实，外贸出口难度加大。上半年我国货物进出口总额14.1万亿元，同比增长7.9%，增速比第一季度回落1.5个百分点，其中出口额7.5万亿元，增长4.9%，回落2.4个百分点，我国对美出口额增长5.7%，回落2.4个百分点。1—5月，我国实际利用外资金额同比仅增长3.6%。下阶段随着中美贸易战加剧，美国加大对我国高技术产品出口管制，扩大外资审查范围，对我国发展的不利影响将持续显现。目前，国内经济形势呈现以下三个特点。

（一）宏观经济形势渐趋复杂

由于产业分工、供应链和价值链的全球化的影响，宏观经济形势变得越来越复杂。中国的发展与世界的发展互动性越来越强，相互影响、互为条件，而国内的实体经济、金融、房地产之间相互嵌入越来越深，紧密关联，越来越难以分别施策来解决各自的问题。

（二）宏观经济不确定性大幅增加

WTO 规则越来越没有约束力，国际社会的无政府主义状态，使当前宏观经济呈现高度的不确定性。同时，从国内的经济金融来看，土地、基金、人才教育等要素脱实向虚，宏观杠杆率高企，居民企业以及地方债务也是很高，政府、企业、居民的资产负债表都趋向脆弱化。

（三）公共风险上升

目前，各种公共风险相互关联嵌套，相互转换叠加，宏观经济中的风险容易出现蝴蝶效应，导致风险扩散，而转变成公共风险。在这种情况下，各种行为主体的预期比经济数据更加重要，经济数据有自发性，反映的是过往，而预期是对未来的看法，预期紊乱就会出现行为紊乱，行为紊乱会引发秩序紊乱，秩序紊乱会引起恐慌，恐慌则会导致踩踏事件的发生，最终产生经济危机或者金融危机。经济中的产业链、供应链、产业链、价值链、资金链、债务链等经济关系会因为行为主体的异动而导致断裂的可能性会大大增加，由此引发连锁反应，从而导致风险爆发形成危机。

三、我国金融运行中需要关注的三个问题

（一）理性客观看待人民币汇率变化

2018 年 6 月中下旬以来，受美元走强，中美贸易摩擦不确定性增加，以及季节性购汇等多重因素的影响，人民币对美元出现了快速贬值趋势。6 月人民币对美元汇率下跌超过 3%，为 1994 年我国汇率并轨以来出现的最大单月跌幅。回顾近期人民币汇率走势，可以看出人民币汇率波动呈现两个特征。

一是人民币汇率弹性进一步增强。随着汇率市场化改革的持续深化，人民币汇率双向波动区间明显加大，日间经常出现数百点的宽幅震荡，人民币汇率弹性逐步增强。从外汇储备角度来看，6 月、7 月尽管人民币汇率快速走低，但外储规模却连续两个月小幅回升，可以看出央行已基本退出常态式的外汇干预，更加注重发挥市场在汇率形成中的决定性作用。

二是当前跨境资金较为理性，市场预期相对稳定。外汇局表示，当前远没有达到 2015 年和 2016 年资金流出压力较高的时期，个人结售汇日均逆差仅为当时最高月份日均水平的 28%，跨境资金日均净流出只是当时最高月份日均水平的 12%。此外，近期离岸人民币汇率与在岸人民币汇率之间的价差相对稳定，甚至出现了境内外汇差倒挂现象，可以看出市场对人民币汇率预期相对稳定，对人民币汇率波动的适应性明显增强。

可以看出，一方面 2018 年以来人民币汇率波动的主要原因在于美元走强，在美元走强的背景下，人民币汇率总体上还是保持了稳定。2018 年 6 月以来，对美元的快速下跌，既有市场信心波动的因素，也有一定的补跌成分，同时

也有一定的汇率弹性增大机制的因素。人民币对一篮子货币的有效汇率，在2018年上半年还是升值趋势。8月10日，自美国总统特朗普宣布对土耳其钢铝产品征收惩罚性关税后，土耳其里拉大跌，部分表现疲软的新兴市场货币也接连受到冲击。在此背景下，大规模避险资金回流美国，加上美国经济基本面强劲，共同推升了美元指数。之后，随着特朗普抨击美联储渐进加息策略，美元指数有所回落，人民币对美元汇率也实现了四连升。另一方面中美货币政策分化，也影响了人民币汇率波动。当前，美国货币政策仍处于加息及缩表进程中，美元流动性不断回笼；我国在稳健货币政策下，先后四次定向降准，货币政策呈现"宽松"态势。从近期公布的上半年国际收支数据及7月外汇储备数据来看，当前跨境资金流动形势总体稳定，外汇市场相对平稳。

当前国际金融形势的确非常的复杂，主要经济体央行的货币政策在大调整，贸易摩擦的前景不确定，不同经济体经济周期出现的经济强弱对比的变化也是非常大，所以不排除美元进一步的升值的可能。我国跨境资本流动和人民币汇率面对的不确定性还有可能有所提高。但是，需要明确的是，汇率根本上还是取决于中国经济的基本面，当前我国经济结构的调整正取得积极进展，经济增长的韧性也在一步步地增强，跨境资本流动和外汇储备处于稳定状态，金融风险总体可控，这是人民币汇率保持合理均衡水平稳定的关键的支撑。

（二）全社会融资规模增速放缓

2018年上半年社会融资规模累计增量9.1万亿，同比少增加了2.03万亿。社会融资规模增速回落的直接原因是金融监管加强背景下表外融资规模的快速下降，其中比较突出的是委托贷款和信托贷款。6月末委托贷款同比下降了4.6%，降幅比上个月扩大了1.23个百分点。信托贷款同比增长10.1%，增速比上个月回落了5.9个百分点。除了这个直接原因外，我国社会融资规模的增速放缓还有两个重要的背景：一是居民储蓄率下降，导致社会融资规模趋势性的回落。居民部门的储蓄是我们国家企业部门债务增长的重要来源之一，从中长期来看，居民储蓄率出现趋势性下降，居民部门向企业部门转移过剩储蓄的能力就会逐渐的收缩，跨部门转移储蓄产生的融资相应减少，会导致社会融资规模增速出现趋势性回落。二是实体经济新增融资的能力出现了整体的弱化。尽管2018年以来人民银行已经分别在1月、4月、7月和10月四次实施定向降准，但是由于我国实体经济部门还本付息压力巨大，银行体系即使有钱也很难贷出去，因此新增融资的能力主要是实体经济新增融资能力在快速减弱。社会融资规模增速放缓，代表实体经济融资水平不断放缓的信号值得高度重视。

（三）防范化解金融风险任重道远

一方面，2017年以来我国宏观杠杆率上升势头明显放缓，稳杠杆取得初步成效。2017年杠杆率比2016年只高出了2.4个百分点，增幅比2012年到2016

年杠杆率年平均增幅低了近 11 个百分点。2018 年第一季度杠杆率虽然比 2017年高出 0.9 个百分点，但是增幅比上年同期又降低了 1.1 个百分点。在总杠杆率得到有效控制的同时，杠杆结构也开始呈现优化的态势。第一，企业部门杠杆率下降。2017 年下降了 1.4 个百分点，这也是 2011 年以来首次出现净下降。2012 年到 2016 年，年平均增长 8.8 个百分点。第二，居民部门的杠杆率在持续上升，但是上升的边际速率放缓。截至 2018 年 5 月末，居民贷款增速已经连续13 个月在回落，从 2017 年 4 月的峰值24.7%降到了今年 5 月的 19.3%，所以居民部门的债务风险总体还是处于可控的。第三，政府部门杠杆率持续回落。2017 年，政府部门杠杆率比 2016 年低了 0.4 个百分点，连续三年回落，2018 年第一季度进一步回落了 0.7 个百分点。

另一方面，防范化解金融风险的任务依然艰巨。第一，企业债务风险在持续的暴露，包括超大型企业集团前期资产扩张快、负债水平高，集团内部存在大量的互保互联，融资性违约风险突出，并且正在不断地向金融体系传染。第二，部分金融机构和金融控股集团的风险非常集中，部分中小金融机构扩张快、资本金不足、不良率上升，信用风险比较突出。一些金融控股集团因为快速扩张，资产负债率长期高位运行，一些非银行金融机构的资产负债期限错配非常严重。第三，房地产市场和上市房企风险仍然需要重点关注。前期房地产企业股权抵押融资、境内资产证券化以及海外融资快速增长，上市房企平均负债率达到 79%，排第一位，并且超过第二位电力行业资产负债率 15 个百分点。第四，地方政府债务风险仍然比较突出，融资平台借新还旧的模式已经难以持续，并且融资成本也在升高，部分地方已经存在着逃废金融债务的倾向。

四、保证我国经济金融体系健康发展的政策建议

1. 在坚持稳健中性货币政策的基础上，需要加大预调微调的力度，要加强对国内外形势预判和前瞻性预调微调，保持合理性流动充裕，引导货币信贷和社会融资规模，保持平稳适度增长。要建立市场沟通机制，及时引导金融市场预期，对汇率既要坚持汇率市场化改革的方向，也要保持人民币汇率在合理均衡水平上的基本稳定。

2. 进一步地完善中国的宏观审慎政策框架，加强系统性风险的防范和化解。宏观审慎评估体系需要快速的完善，要推动将更多的金融机构和金融活动纳入宏观审慎政策的框架中来，同时引导金融机构要加大对于市场化、法治化债转股支持力度。要掌控好非标转标，表外回表的力度和节奏，有序处置各个系统的风险，补齐金融控股集团监管短板，加快不良资产的处置，并且要加快研究拓宽外资机构参与不良资产处置的有效途径。

3. 拓宽银行资本的补充渠道，增强金融机构支持实体经济的可持续性。加

快资本市场改革开放和资本工具的创新,适当加快信贷资产证券化的备案流程,逐步释放出更多的资本金。

4. 多措并举,加大对小微企业的金融支持力度,要落实好前期已经出台的各项定向调控和精准调控的政策措施,鼓励中小金融机构为小微企业提供信贷支持。要增大单户授信额度 500 万元以下的小微企业的贷款定价弹性,加强对小微企业的金融支持。

转口贸易下银行对贸易背景真实性
审查标准之探析

中国农业银行北京市分行　屈玟希

2017 年 7 月 28 日，国家外汇管理局发布《关于外汇违规案例的通报》，其中，若干家银行涉嫌未对转口贸易及单证真实性、合理性进行尽职审核进而违规办理转口贸易汇付。8 月 17 日，国家外汇管理局在京召开 2017 年银行和财务公司座谈会，其用意在于深入贯彻落实全国金融工作会议精神，分析当前外汇市场形势，并再次对近期银行外汇领域违法违规案例进行通报批评。国家外汇管理局党组书记、局长潘功胜强调，银行和财务公司作为外汇业务的一线服务窗口、外汇政策传导的重要纽带，对维护外汇市场健康发展具有极其重要的作用。各银行和财务公司要做到：第一，全面提高服务实体经济的效率和水平，发挥好在外汇资源配置中的重要作用，服务和支持国家的对外开放战略，为市场主体利用国际国内两个市场提供便利，满足客户合理的贸易投资需求；第二，要遵守外汇管理政策，完善外汇市场自律机制，严格执行外汇业务展业要求，合理引导市场预期；第三，要增强内控意识，加强内部职业道德和法律法规教育，强化外汇从业人员管理，严格履行真实性、合规性审核责任，配合监管部门严厉打击、遏制外汇违法违规行为，为维护国际收支平衡，促进经济和金融良性循环、健康发展发挥积极作用①。

如果说 6 月底前，各界对于外汇监管政策收紧仅仅停留在猜测中，那么，在座谈会后如是猜测可以尘埃落定。对于商业银行而言，其真实性、合规性审核责任的强化再次被强调。商业银行在外贸融资中的审查责任，虽然根据国际惯例，仅仅要求表面真实，但是在中国，外管局则提出了真实性、合规性审查责任。尽管这一规定明显高于国际惯例，但是却并未做出明确规定，以至于在落实中出现有意或者无意的偏差，本文开头即是一例。有鉴于此，本文意在探析，针对转口贸易融资过程中，商业银行对于贸易背景真实性、合理性审查这一义务在履行中存在的问题，并综合其他类似审查活动和国外银行审查情况提出建议，从而为我国商业银行贸易融资审查义务履行提供些许参考。

---

① 国家外汇管理局召开银行和财务公司座谈会，国家外汇管理局网站。

一、背景介绍

2017 年 7 月 28 日，国家外汇管理局综合司发布《关于外汇违规案例的通报》，目的在于围绕党中央、国务院工作部署，积极服务实体经济，加强外汇市场监管，依法严厉查处各类外汇违法违规行为，打击虚假、欺骗性交易行为，从而维护健康良性的外汇市场秩序。八家银行被点名批评，其中，涉嫌违反《中华人民共和国外汇管理条例》第十二条办理转口贸易付汇、融资的银行就有七家银行。案例 19 宁波银行上海张江支行违规办理转口贸易付汇案、案例 20 重庆农村商业银行违规办理转口贸易付汇案和案例 22 恒丰银行泉州分行违规办理转口贸易付汇案，均被指出违规，其共同原因在于涉案银行没有对转口贸易及单证真实性、合理性进行尽职审核。宁波银行上海张江支行和恒丰银行泉州分行是由于银行没有对转口贸易及单证真实性、合理性进行尽职审核，在企业提交的海运提单为复印件、收货人名称与该企业不一致，进而不能证明该企业拥有相关货权和真实转口贸易背景的情况下，银行为企业办理转口贸易付汇；而重庆农村商业银行则是在企业提交的提单中为虚假记名提单，收货任命陈玉与该企业不一致，提单、装箱单中商品数量、重量等基本计量单位缺失的情况下办理了付汇。据此，可以看出，国家外汇管理局对于商业银行在转口贸易中付汇、融资的审查标准，不仅仅是单证必须一致，同时要求银行必须对单证的基础，即商业贸易合同，乃至整个贸易的背景，进行真实性、合理性审查。

二、义务来源及审查原因

在国际贸易中，信用证是主要的国际结算方式之一，而转口贸易的发展也离不开银行的信用证业务。根据《跟单信用证统一惯例（2007 年修订本）》（以下简称 UCP600），对于银行兑付标准为"单证相符"，同时 UCP600 专门将单据与信用证相符的要求细化为"单内相符，单单相符，单证相符"，单据内容必须在表面上具备所要求的单据的功能。同时，与《跟单信用证统一管理（1993 年修订本）》（以下简称 UCP500）相比，UCP600 在第四条专门增加了"开证行应劝阻申请人试图将基础合同、形式发票等文件作为信用证组成部分的做法"，体现了国际商会认为信用证无须太复杂的精神①。

与国际惯例相比，外汇管理局对于商业银行在转口贸易付汇、融资的要求显然更高，究其原因主要在于转口贸易特殊性。所谓转口贸易，又称中转贸易或再输出贸易，是指国际贸易中，进出口货物的交易不是在生产国与消费国之间直接进行，而是通过第三国中转手的贸易。在转口贸易中，作为中间商的第

---

① 《跟单信用证统一惯例》，载"智库·百科"，http://wiki.mbalib.com/wiki/UCP600.

三国企业从中获取买卖差价。这种贸易，对于中转国企业而言就是转口贸易。交易的货物可以由出口国运往第三国，在第三国不经过加工再销往消费国；也可以不通过第三国而直接由生产国运往消费国，但生产国与消费国之间并不发生交易关系，而是由中转国分别同生产国和消费国发生交易①。在正常的贸易模式下，转口贸易的发生主要是为了规避贸易制裁，特别是在中国企业"走出去"过程中，转口贸易可以帮助出口企业突破贸易壁垒，拓展国际市场，合理避税，降低财务成本，从而有利于外贸企业发展。

　　然而，在转口贸易中，由于贸易的买卖双方在境外，境内部门无法了解境外企业情况，尤其是当境内企业与境外企业存在关联关系时，完全有可能进行套利。一方面，这种套利行为影响了国家外汇统计数据的准确性，危害国家金融秩序和金融安全；另一方面虚假转口贸易使银行将资金集中于这类企业，令这类企业进行跨境套利，同时对于银行而言也有利于完成存贷款等各类考核指标，这种行为看似"共赢"，但是这也将导致大量信贷资金的"空转"，对于真正从事实体经济的企业而言，由于信贷资金头寸市场被从事虚假转口贸易的企业抢占，其申请信贷支持的难度会不断加大，不利于国家经济的长久发展②。

　　有鉴于此，《中华人民共和国外汇管理条例》第十二条规定了"经营结汇、售汇业务的金融机构应当按照国务院外汇管理部门的规定，对交易单证的真实性及其外汇收支的一致性进行合理审查。"从而为商业银行在结售汇的审查中做了抽象和宏观性规定。对于转口贸易而言，也不例外。2012 年，国家外汇管理局出台了《货物贸易外汇管理指引》，在指引中对转口贸易的审查做出了规定。其中，第四章第十九条规定了外汇局对于转口贸易主体实施专项监测。第六章规定了外汇局根据非现场或者现场核查结果，结合企业遵守外汇管理规定等情况，将企业分成 A、B、C 三类。同时出台的《货物贸易外汇管理指引实施细则》规定了，企业在满足同一合同项下转口贸易收支日期间隔超过 90 天（不含）且先收后支项下收汇金额或先支后收项下付汇金额超过等值 50 万美元（不含）的业务时需要向外汇局报送信息。③ 针对 A 类企业，《货物贸易外汇管理指引实施细则》并未规定商业银行办理转口贸易的限制。对于 B 类企业，则规定了对于转口贸易外汇收支，商业银行应当审核买卖合同、支出申报凭证及相关货权凭证；同一合同项下转口贸易收入金额超过相应支出金额 20%（不含）的贸易外汇收支业务，商业银行应当凭《登记表》办理。B 类企业不得办理收支日期间隔超

①　转口贸易，智库·百科网站，http://wiki.mbalib.com/wiki.
②　吴迪，梁驰：《浅析虚假转口贸易融资套利及应对措施》，载《吉林金融研究》，2014 年第 3 期。
③　国家外汇管理局《货物贸易外汇管理指引实施细则》第 37 条，汇发〔2012〕38 号.

过 90 天（不含）的转口贸易外汇收支业务[①]。对于 C 类企业，在其拿到外汇局《登记表》之前，商业银行不得办理转口贸易外汇收支[②]。

国家外汇管理局在一方面强调了企业办理转口贸易中需要与外管局的对接外，另一方面仍未放松商业银行的审查义务。《货物贸易外汇管理指引实施细则》第十二条规定了"金融机构为企业办理贸易外汇收支业务时，应当通过监测系统查询企业名录状态与分类状态，按本细则规定对其贸易进出口交易单证的真实性及其与贸易外汇收支的一致性进行合理审查。"进而明确了商业银行的审查标准是企业贸易进出口交易单证的真实性及其与贸易外汇收支的一致性。为进一步强调商业银行的尽职义务，外汇管理部门在一系列改革法规中明确要求银行办理各项业务时要严格遵守展业三原则这一国际惯例，即"了解你的客户""了解你的业务"和"尽职审查"，进而再一次细化了银行的义务。

《货物贸易外汇管理指引实施细则》详细规定了外管局的义务，为外管局在转口贸易中履职提供了切实可行的操作指引。但是，对于商业银行而言，只有政策性的展业三原则规定，这种抽象而模糊的规定，为商业银行在转口贸易中审查单证及贸易背景真实性、合理性提出了挑战。

三、当前审查实务操作及存在问题

由于展业三原则仅是宏观性的指导，因此，在实务操作中不可避免地存在一些问题。

第一，标准不够细化。由于展业三原则没有详细规定银行如何操作，使得银行在办理结售汇业务中，对于客户提供资料的内容存在差异，审核的严苛程度也完全由银行自主决定。这种灵活性的处理方式，一方面，这使一些银行为了拓展业务，放松了对自己的要求，进而放松了对贸易背景的审查。更有甚者，一些银行自身也存在着对展业三原则执行标准的忽略，缺乏相关配套制度和措施。另一方面，抽象的展业三原则要求银行对于企业的贸易背景做真实性和合理性审查，这种高要求对于银行前台的审查员而言，无疑加大了其责任的承担，过重的压力难免会对审查员的工作带来负面影响，进而不利于银行信贷资金安全。

第二，标准可行性不强。国有大行为落实外汇管理局规定，依据展业三原则制定了相应的真实性审核标准，但是这些审核标准却存在着　些问题。首先，对于贸易背景的审查，主要是由银行网点工作人员进行，但是审核标准要求比

---

① 国家外汇管理局《货物贸易外汇管理指引实施细则》第四十条、第六十条，汇发〔2012〕38 号

② 国家外汇管理局《货物贸易外汇管理指引实施细则》第四十条，汇发〔2012〕38 号．

较高。譬如，根据中国农业银行办公室下发的《关于在当前形势下做好贸易融资业务管理工作的通知》，对于贸易背景真实性审查要求做了如下规定，"按照'了解你的客户'和'尽职调查'原则，准确分析客户融资目的、还款来源和还款能力。厘清贸易项下货物流、资金流、单据流的流转方式和管理模式，了解客户真实的贸易方式、履约能力和上下游交易对手情况。关注商品、汇利率等市场价格变动，判断对融资安全的影响。了解客户在他行授用信情况，防止过度授信和用信，控制系统性风险。"为落实规定，农业银行又组织培训，投入大量人力物力。但是，即便是如此，又不得不承认，规定的内容对于网点员工仍旧提出了高的要求，起码从分行自查和总行抽查情况来看，依旧存在着网点工作人员对于审查职责认识不清、分析不详的问题①。同时，对于部分银行而言，如果对交易背景的真实性调查往往会出现投入较大的人力物力还得不到满意效果的现象，这就有可能致使部分银行重结果轻过程，只审查业务资料的表面真实性，与国家外汇管理局规定相背离。此外，由于商业银行存在逐利本性，不自觉地会以业务便利度为借口降低真实性审核标准。

第三，缺乏长效机制。展业三原则具有极强的抽象性，何为尽职调查、了解客户、了解客户业务，都存在着很大的解释空间，但不可否认，这又是一项十分高的标准，加上银行内部标准化配套措施制度的缺失，导致在依据展业三原则审查过程中，对于银行外汇从业人员的专业性要求极高，一旦银行外汇从业人员岗位发生变动，后来者很有可能因经验缺乏而无法尽快地正常开展审核工作②。

四、国际上其他代表银行对于展业三原则的落实

以渣打银行为例，为了落实展业三原则，渣打银行主要把工作划分为内在意识转变和外在制度规范及合作加强。具体体现在以下两点：

一方面，注重员工内在意识转变。这一点主要体现在渣打银行将自律机制和审单观念潜移默化植入员工心中。为了实现审查工作的规范，渣打银行通过建立工具箱手册，加强员工之间的实务操作交流，让员工意识到自律审单的重要性；运用员工培训、案例分享、知识竞赛等方式培养员工自律精神，促使其观念从单纯的审单向展业三原则转变。意识上的转变使得员工时刻注重真实性审查，从而有助于提升其自身的业务能力，确保贸易背景真实性审查目的的

---

① 中国农业银行（国际业务部）：《关于国际贸易融资业务背景真实性和防范非法套利专项检查的通报》，农银外〔2014〕14号.

② 种庆作，戚靓：《银行办理结售汇业务落实"展业三原则"的难点和建议》，载《武汉金融》，2016年第10期。

实现。

另一方面，加强外部制度规范建设及部门合作。在制度规范建设上，渣打银行基于不同员工在审单经验上的差异性，建立了员工审单经验交流制度，实行审单员互帮合作，加强彼此之间的经验，真正实现展业三原则的要求。此外，考虑到展业三原则的抽象性所带来的操作上的困难，渣打银行发挥团队精神，运用前后台合作的方式力求实现对贸易背景的真实性审查。譬如，就对"关注客户"和"可新客户"的甄别上，前后台合作主要体现在：第一，在新客户加入阶段，前台人员做好对客户的尽职调查，结合客户的货物贸易评级，对客户做好分类；第二，对于后台而言，要时刻关注客户的交易状况，对客户行为进行监控，做好预警与提示工作；第三，在后台根据其定期挖掘和排查到的交易数据，筛选出需要关注的客户名单后，提交至业务部门，由客户部门决定是否要改变客户的资信分类。正是通过这种分级—提示—分级的方式，渣打银行以前后台合作落实了对贸易背景审查的展业三原则。① 协同配合不仅仅减轻了前台工作人员，尤其是网点员工的责任压力，同时，团队合作的集体荣誉感也会增强网点员工的责任心。

就澳大利亚西太平洋银行而言，对于展业三原则的落实，提出了客户经理可以从七个方面进行审查，分别是：加强对进出口企业的尽职调查；认真分析企业进出口量与库存结构的变化；跟踪了解企业的贸易流向；关注企业进出口贸易的交易对手与贸易模式；定期分析企业在海关、外汇局及税务局等机构的申报数据，并与企业财务报表的相关数据进行比对分析；银行单证部门应加强对贸易融资所涉及的相关单据的审核；对高价值商品及大宗商品的贸易融资应从严控制。② 从审查的内容上来看，除了单据表面审查外，更多地强调了对贸易背景真实性审查的追求。从审查的方式上看，包括非现场核查与现场核查，尤其对于客户背景，特别是企业生产经营，强调客户经理注重开展现场核查。此外，西太平洋银行还强调了针对不同客户、不同业务的差异性审查，在落实"展业三原则"的同时，力求提高效率。比如，要求客户经理对高价值商品及大宗商品的重点关注，考虑到企业在货物贸易项下进行的套取银行信用行为，主要集中于黄金、珠宝、电子产品等价值高且易于运输的商品，因此应当着重关注此类商品的贸易背景真实性监测。对于定期分析企业的现金流量表方面，客户经理要特别关注资金增加的来源，从而避免资金空转套利。

---

① "从表面真实性审查到外汇业务展业三原则：自律机制下外汇业务展业实践"，载"chinamoney magazine"，https：//mp. weixin. qq. com.

② 查忠民：《贸易融资中真实贸易的把握》，载《中国外汇》，2014 年第 14 期。

五、建议

在国家鼓励转口贸易、惠及转口贸易的今天，随之而来的是一些不法分子为了追求利益而制造虚假贸易，在影响实体经济发展的同时，给国家外汇秩序带来极大损害。国家外汇管理局一方面加强了其自身对于转口贸易的监管，制定了较为明确、可操作的规定，另一方面也对商业银行提出了要求，即展业三原则。由于展业三原则本身具有抽象性，各家商业银行有必要探究转口贸易实质，提出符合国家外汇政策的，并且切实可操作的具体配套规则。

第一，银行尽可能制定出完备的尽职调查指南。贸易背景真实性审查的责任主要在于网点一线工作人员，为了有效地管理网点工作人员，同时也为了让网点工作人员在从业中有规矩可依，各家银行管理部门应当尽可能地制定出完备的尽职调查指南。首先，由于企业分类是由各地的外汇局操作，其中可能会存在偏差，银行应当开展尽职调查。具体而言，银行有必要设定对于企业从事转口贸易融资、收付款业务的门槛要求。就中国农业银行而言，主要是按照《货物贸易外汇管理指引》中对于企业 A、B 和 C 类分类后作出的不同要求。此外，还可以审查企业的转口贸易资质，譬如，原则上正常经营转口贸易至少 2～3 年以上，其间无监管处罚等不良记录，执行动态的名单制客户管理。其次，调查客户的转口贸易历史记录及历史收付汇情况，即该类客户不能仅有转口贸易这一单一的经营范围，以排除专门依靠虚构转口贸易背景而设立的"空壳公司"。这一点中国农业银行已经制定了相关规定，指出"客户所有贸易往来模式均为转口贸易方式的，应审慎介入。"① 具体而言，除了按照参照《货物贸易外汇管理指引实施细则》规定，审查客户资金流，对于同一合同项下转口贸易收入金额超过相应支出金额 20% 的，审慎介入外，同时，还可通过第三方调查机构查询其境外上下游企业资信，如对在香港区域注册的交易对手，可以直接通过查询香港公司注册处等官方机构加以核实。对于跨国银行而言，可以优先通过当地分行了解上下游企业资信情况。最后，对于银行而言，不仅要关注企业自身的资信情况和经营状况，也要进一步排查其与上游和下游客户是否存在关联关系，彼此之间是否开展关联交易，以避免在转口贸易中，境内外企业相互勾结，联合虚构贸易背景以套取银行资金。具体而言，可以通过查询股东名册，调查股东情况，以及搜索证券交易所披露信息，从而审查企业是否具有关联关系。尽可能详细的尽职调查指南的制订，使得前台操作人员便于理解和学习，即便是出现临时换血，也不至于因为审查要求高、复杂性强导致出现审查漏洞。

---

① 中国农业银行办公室《关于明确转口和来料加工等贸易项下国际贸易融资业务有关事项的通知》，农银办发〔2013〕205 号.

第二，审查交易的必要性和合理性。中国农业银行要求，客户在申请转口贸易融资时，需要提供转口项下的进、出口合同①。在商事交易中，合同作为买卖双方履行义务的依据，是审查交易行为合理性和必要性的重点。银行在审查时，应当重点关注双方的权利义务、合同标的。具体而言，对于合同权利义务的审查，应当关注双方地位是否平等，当一方明显在合同中处于优势地位时，一般情况下有必要归入可疑类别，对其进行重点关注。另外，还应当注意的是，在转口贸易中，中间商不承担资金交易风险和标的物价格变动风险，原则上，中间商分别与上下游企业签订购销合同，并在内容上会采取"背对背"的方式约定，以有效避免交易风险，因此，在审查合同时，银行审查员应当重点关注相关购销合同之间价款是否在合理偏差范围之内。而对于合同标的的审查，主要关注当事人是否对标的享有处分权，譬如，当事人是否享有提单下的权利，以及交易货物定价及货值变动是否合理。此外，对于合同的审查还有必要关注合同的履行地当地的法律和政策，目的是为了防止因为受到政策和法律的限制合同无法履行进而无效，从而给银行造成损失。银行审查人员应当综合以上要素进行审查，同时要注重考虑相关标的物在国际贸易市场上通常交易情况，从而判断交易行为的必要性和合理性，以防止虚假转口贸易的发生。

第三，做好对企业"三流"环节的监控与核查，从而把握贸易流向。针对企业贸易活动，特别是转口贸易，银行应加强对企业股东、高管情况、公司治理情况、市场经营及财务报表情况等业务背景资料的审查，把握企业贸易项下货物流、资金流、单据流的流转方式和企业的经营管理模式。②具体而言，针对企业单据，应当通过海关、外管等外部监管系统联网核查的方式，核实单据的真实性，同时查看单据的备注，以明晰单据的流转前后手。此外，还应当加强对单据之间逻辑关系和匹配性的分析与判断，确保单单对应。对于资金而言，可以通过查询企业财务报表和银行账户明细的方式，监测资金是否流入了关联账户、非交易对手账户、个人账户等情况，及时发现关联交易、虚假交易，从而及时采取措施，避免发生实质性损失。

第四，各部门加强协调配合，提高审查意识。从渣打银行和西太平洋银行的实践中可以看出，银行对于展业三原则的落实，不能仅靠一个部门，而是靠几个部门的联动与配合。前台对于初始客户要进行尽职调查，后台根据调查结果建立大数据库以在今后的贸易中供前台业务部门参考。通过集体协作，既减轻了前台部门审查的压力，使分工合理，同时团队合作有助于增强每一成团的

---

① 中国农业银行办公室《关于明确转口和来料等贸易项下国际贸易融资业务有关事项的通知》，农银办发〔2010〕205号.

② "如何落实转口贸易'展业三原则'"，载"小熊说外汇"，https://mp.weixin.qq.com.

责任感，从而有利于展业三原则的落实。此外，渣打银行的经验表明，对于网点员工而言，还应当提高其审查意识，将自律机制潜移默化融入其心中。

第五，建立全程监控系统。银行对于贸易融资的控制是一个持续的过程，除了在放贷之前应当强化对于客户贸易背景的审查之外，在放贷之后也应当对于客户资金使用进行持续监测。在持续监测中，一旦发现客户可能从事虚假的转口贸易，应当立即采取措施，包括冻结其名下账户、暂停其用信乃至限期收回其用信等方式，从而实现补救。同时，持续监测中如果发现资金往来异常和还款来源异常的客户，对于可能涉嫌洗钱等犯罪的，应当及时上报，实现早发现早退出。

六、结语

从当前政策来看，2017 年我国外汇监管力度进一步强化。为了执行国家外汇管理局政策要求，实现自身整改，中国农业银行有必要进一步加强自身转口贸易业务的审查和监管。在国家外汇管理局对于转口贸易中商业银行义务的新规定未出台前，银行在符合新规的情况下应当加强内控合规，从而强化对于客户贸易背景真实性、合理性审查。此外，考虑到国家宏观经济安全和金融安全，我们建议加强同业之间的沟通与交流，面对日益复杂的关联交易、虚假贸易行为，共谋出路、做好监控预防工作，以保证国家外汇秩序稳定与金融安全，实现国家经济长久快速发展。

中美贸易摩擦前景及应对

——基于博弈论的简单分析

中国民生银行北京分行交易银行部　金　砭

近期，中美贸易摩擦爆发并不断升级，双方对从对方进口的部分商品均采取了加征关税的惩罚性措施。中美贸易摩擦以及美联储加息等一系列事件的发生，给我国宏观经济带来了系统性风险冲击。中美贸易摩擦是一场国家利益与国家意志的博弈，在博弈的过程中，需要了解对方的思路与利益，预判对方的策略，进而针对性采取本方策略，使博弈达到一个有利于本方的均衡，保障本方的合法利益。

本文试从最基础的博弈论理论对中美贸易争端进行简略分析，判断其未来发展走势，并提出相应应对措施。

一、基于中国视角的一次简单博弈

假设中美贸易摩擦是简单的一次博弈，并同时采取行动。基于中国视角，该博弈的收益矩阵假设简略如下。

表1　　　　　　　　　基于中国视角的一次博弈收益矩阵

		美国	
		打贸易战	不打贸易战
中国	打贸易战	-2，-2	1，-1
	不打贸易战	-1，1	2，2

注：这里用数字表达的收益只是一种收益相对大小的抽象化表达。

该收益矩阵主要含义为：

1. 如果中美同时打贸易战，那么中美的收益均为 -2，即均损失2；

2. 如果中国选择打贸易战，美国选择妥协，不打贸易战，那么中美收益分别为1及 -1，即中国获得好处1，美国损失1；

3. 如果美国选择打贸易战，中国选择妥协，不打贸易战，那么中美收益分别为 -1及1，即中国损失1，美国获得好处1；

4. 如果中美都不打贸易战，那么中国和美国的收益均为2。

收益矩阵隐含了如下假设：中国认为目前的中美贸易格局最有利于双方的

利益，如果双方选择贸易战，都面临巨大损失。如果一方选择贸易战，另一方选择妥协，那么挑起贸易战的一方虽然会取得收益，但收益要小于都不打贸易战（如打贸易战的一方因为虽然可以减少对方出口，增加己方关税收入，但己方国内也将承受物价上涨压力带来的福利损失）。同时在贸易战中妥协的一方将承担更多损失。

很明显，对于中美双方而言，该博弈矩阵下占优策略为（不打贸易战，不打贸易战），此时双方的收益均可实现最大，此次的策略也是一个纳什均衡。

二、基于美国视角下的一次简单博弈

但实际上，我们看到的情况是贸易战依然发生了，且中美均采取了对抗措施。由此来看，上述博弈结论与事实不符，那么一定是假设出现了问题。上述假设的主要问题是收益的衡量，该收益的衡量是基于中国的视角，而基于美国的视角，在当前贸易格局下，美国并非获得收益，而是遭遇巨大损失，基于美国的视角，收益矩阵可能是如下情况：

表2　　　　　　　　　　基于美国视角的一次行动博弈收益矩阵

		美国	
		打贸易战	不打贸易战
中国	打贸易战	−1，1	3，−3
	不打贸易战	−2，1.5	2，−2

该收益矩阵的含义为，在美国看来：

1. 如果中美同时选择打贸易战，那么中国的损失为 −1，美国的收益为1；

2. 如果中国选择打贸易战，美国选择妥协，不打贸易战，那么中美收益分别为3及 −3，即中国获得好处3，美国损失3；

3. 如果美国选择打贸易战，中国选择妥协，不打贸易战，那么中美收益分别为 −2 及1，即中国损失较选择抵抗要高，同时美国获得收益1.5；

4. 如果中美都不打贸易战，那么中国的收益为2，美国的收益为 −2。即美国认为中国会继续从当前美国宣称的不平衡的贸易关系中获利，而美国继续损失。

因此，该收益矩阵里隐含了如下假设：美国认为选择贸易战是对自身利益的维护，而中国应对贸易战的措施如果为对抗，其收益要大于选择妥协，而中国选择妥协时，美国在贸易战中的收益更大。

在该收益矩阵下，占优策略为（打贸易战，打贸易战），同时该策略也是一个纳什均衡。即在该博弈下，美国必然要挑起贸易战，以维护自身利益，而中国只能以贸易战的方式应对。

该分析似乎与现实相符：美国选择了贸易战，中国选择了抵抗，出台了对等的关税加征措施，但随后美国又出台了更为严厉的制裁措施，使局势进一步升级。因此，从实际情况看，中国选择了对抗后，美国并没有取得预想的收益，因此其采取了进一步的行动，此时中美双方进入了一个重复博弈的过程，且更真实的情况是，美国作为首先行动方，在博弈中先行一步，率先发起了贸易战，中国作为延后行动方，采取对应策略，而后美方针对中方行动采取下一步行动，接着双方进一步开展重复博弈，该博弈为序贯重复博弈。

三、重复博弈项下的中美最优策略

因为无法知晓中美博弈未来博弈的局数，在此认为该博弈为无限次重复博弈过程，这里的无限次博弈指的是对于博弈过程局数的不确定，非指的是博弈没有终局。同时假设该博弈项下每局的实际收益矩阵为表1中基于中国视角的博弈收益矩阵。

此博弈终局结果有两种可能，一是相互对抗，即中美两国陷入更严重的斗争，双方互不信任；二是合作共赢，中美和解，保持正常的合作关系。很显然，第二种策略既是占优策略，也是纳什均衡，且帕累托有效。

为了达到该占优均衡，作为延后行动参与者，在博弈中我方需要采取以下策略。

（一）"针锋相对"策略，或称为"跟随"策略

对于美国上一步骤采取的策略，中国按同一策略跟进。即美国发起贸易战，中国采取报复措施，美国继续升级贸易战，中国采取更大的报复策略。这种策略将使对手意识到，对于对手的不理智行为，中国将立即采取对应惩罚手段，使之付出相应的代价，而不是姑息任之。一直到美国改变策略，选择合作。此时，中国也将立即采取合作的手段，给予博弈对手合作的奖励，此时博弈结束，博弈结果达到均衡，并实现帕累托有效，当然这也是最优结果。

（二）"说服"策略

我方需要在重复博弈中不断通过谈判和自身行动告知对手，改变对手对自身博弈收益的认知，中美贸易摩擦之所以发起，主要原因是美国宣称中美贸易存在严重的不均衡，美国在其中受到了极大的利益损失，美国发起贸易战就是为了维护自身利益，并惩罚对手，即美国产生了错误的贸易战博弈收益预期，与中国对于贸易战参与与否的收益预期存在较大分歧。中国需要"说服"美国认知到表2美国视角下的收益矩阵的错误，承认或者接受表1中国视角下的收益矩阵。

同时，无限次重复博弈的最终达到最优结果的前提是首先行动方对于延后行动方的信任，既要使对方相信在对抗下，我方既存在坚决不后退的意志，也

有相应的惩罚手段，使对方既无法取得预期收益，还要承担额外损失；另一方面还要使对方相信，其如果采取合作策略，我方给予对方的承诺一定能够兑现。

因此，中国在上述策略下需要采取的主要措施是：

第一，需要继续与美国直接谈判，告知对方事实情况，使对方认识到合作的巨大利益和对抗的巨大损害。第二，传达我方对于不屈于压力，反击到底的坚定意志。第三，加紧调整内部政策，让对方意识到合作后利益的可实现性。

美国一直宣称中国违反世贸组织贸易规则，对企业采取不当补贴和扶持，操纵汇率，对美国企业取得不正当竞争优势等。中国需要消除美国对上述问题的认知偏差，认可中国的国内政策也符合美国利益，则需要：一是继续改革内部政策，推动经济市场化发展。如采取更加透明的汇率定价机制，减少企业补贴和税收返还等政策（实际对企业过多的补贴有可能增加企业的依赖性，降低企业的竞争力，新能源汽车补贴就是一个典型案例。并且只对部分企业补贴，对未取得补贴的企业而言，违反市场公平原则，因此应该使用普惠性质的降税措施代替随意性较强的补贴措施）。二是扩大市场开放程度，优化外商投资营商环境，增加从美国的货物和服务进口等，消除或者减轻美国对于美国企业受到所谓不公正待遇以及贸易逆差的抱怨。

事实上，中美贸易逆差的根源是中美在国际产业体系中分工的差异所致，而非中国采取了不正当的竞争手段。中美争端（不仅是贸易争端）的根本原因是对自身利益认知的不同，美国认为中国非但没有融入美国主导的国际秩序，反而是现今国际秩序的破坏者，挑战了美国的主导地位，同时利用现有规则取得了不当利益，相应损害了美国的利益。因此美国借贸易等问题不断发难，中国则被迫应战。从中美贸易摩擦的发展前景看，基于重复博弈的视角，中美贸易摩擦短期内不会停止，并将可能继续升级，一直到美国认为中国的改革使其满意后，才会取消相关对抗措施，此时该博弈才会在均衡中结束。

稳中有变　危中有机

——助力企业融资方式创新，支持实体经济发展

中国邮政储蓄银行北京分行　应海芳

2018 年以来，受减税政策刺激，美国失业率创 50 年以来新低，7 月以来的工业总体产出指数连续回升，消费者信心指数 9 月突破 100，美国经济保持了强劲的增长势头。9 月 26 日美联储 9 月议息会议以 9:0 的投票结果通过了年内第三次加息 25 个基点，上调联邦基金目标利率区间为 2.0% ~ 2.25%。与此相对照的是欧洲经济表现不及预期且隐忧颇多，同时新兴市场国家资本大量外流，部分货币贬值幅度达到 20% ~ 50%，这些国家的货币政策和经济发展面临巨大挑战。全球贸易争端升级以及地缘政治经济风险事件也给全球经济发展带来较大不确定性，中国、世界主要发达经济体、新兴经济体的发展分化。

就中国而言，中美贸易摩擦的逐渐升级带来巨大影响，7 月 6 日，美国对中国 340 亿美元商品正式加征关税；8 月又对中国 160 亿美元商品加征关税；9 月又对约 2 000 亿美元的中国产品加征关税，税率为 10%，并将在 2019 年 1 月 1 日起上升至 25%。在国际国内经济金融形势错综复杂的情况下，党中央提出了"稳就业、稳金融、稳外贸、稳外资、稳投资、稳预期"，这是对实施"稳增长、调结构、去杠杆、抑泡沫、防风险"以来面临的新问题新挑战进行研判后的新思路。在诸多因素影响下，一方面我们要清醒地认识稳中有变。全球金融危机十年来世界经济出现了显著恢复，但这在很大程度上依赖于实施的低利率与量化宽松政策，近期国际政治或经贸冲突的加大将严重威胁发展前景。另一方面也要看到危中有机。随着国内一系列市场开放政策的推行，金融市场开放程度逐渐提高，在境内境外本币外币的汇率利率波动频繁的情况下，对部分境内企业而言可以利用两个市场、两种资源进行择优融资。

一、2018 年以来金融市场情况概要分析

（一）人民币和美元利率因素

美联储从 2015 年 12 月第一次加息以来，联邦基金利率已经从 0.25% 加息至 2%，2018 年已累计加息 3 次（利率提高 0.75%），预测 2018 年底的目标利率将达到 2.4%。同时，1 年期 Libor（见图 1）2018 年以来从 2.1% 上涨至目前的 2.8%，美元融资成本逐步提高。

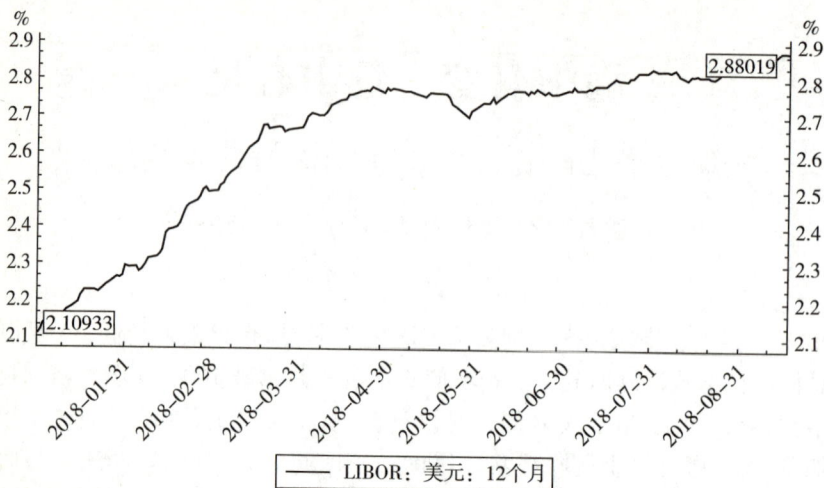

图1　1年期 USDlibor 发展趋势图

中国人民银行公布的 2017 年 M2 增速仅为 8.2%，远低于 12% 的年初计划目标，社会融资成本随之持续上行，进入 2018 年以来，我国宏观经济政策逐渐从"去杠杆"调整为"稳杠杆"，特别是 6 月以来，为降低中美贸易摩擦等外部因素的变化对实体经济的冲击，货币政策进一步发生调整，央行灵活运用逆回购、中期借贷便利（MLF）、常备借贷便利（SLF）等工具提供不同期限的流动性，在落实普惠金融定向降准之外，2018 年已 4 次下调金融机构存款准备金率，逐渐加强结构性引导，人民币融资利率大幅降低（见图2）。

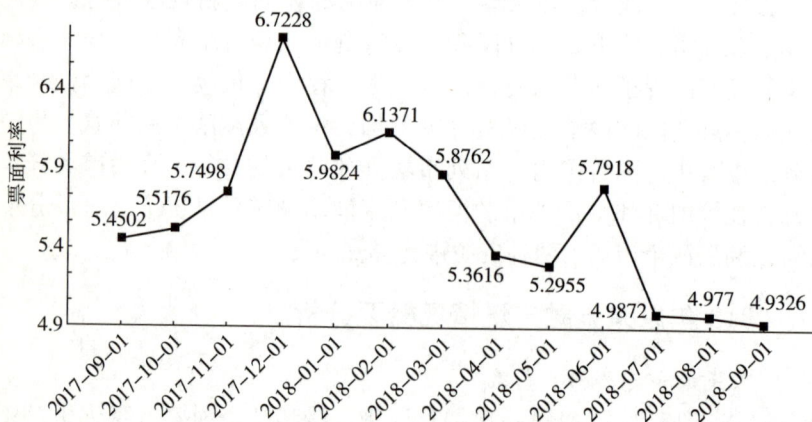

图2　公司债发行利率走势

（二）人民币和美元汇率因素

2018 年年初人民币汇率持续走强，2 月 7 日升值至今年以来的高点 6.2596。4 月以来，受美联储加息预期导致美元指数持续上涨以及中美贸易战对市场情绪的影响，人民币单边走弱，央行宣布自 8 月 6 日起，将远期售汇业务的外汇风险准备金率从 0 调整为 20%；8 月 15 日创下年内低点 6.9350，并呈现易跌难涨的"顺周期"行为，8 月 24 日晚外汇交易中心宣布人民币对美元中间价报价行重启"逆周期因子"，随后人民币汇率逐渐趋稳，目前在 6.8～6.9 窄区间内双向波动（见图 3）。而人民币掉期市场受中美利差缩窄、人民币流动性持续宽松等影响下，人民币兑美元掉期点大幅下降（见图 4），例如 1 年期掉期点从年初 1 000 点以上水平大幅下降，8 月以来一度形成贴水之势，目前也维持在全年较低水平（40pips）。

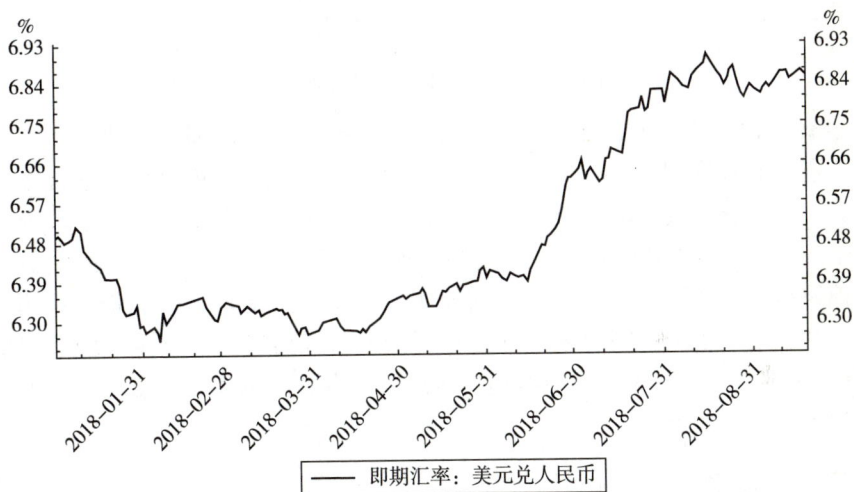

图 3　美元兑人民币即期汇率走势图

二、跨境融资便利化政策进程

近年来，根据国内经济、对外开放和国际收支的发展变化，我国资本项目的总体可兑换水平显著提高，为跨境融资的创新发展提供了有力支撑。

2017 年 1 月《中国人民银行发布关于全口径跨境融资宏观审慎管理有关事宜的通知》（银发〔2017〕9 号，以下简称 9 号文）发布，进一步完善推广跨境融资管理框架，对境内机构的境外融资实行本外币一体化管理，更便利企业开展境内外两个市场的融资，是支持实体经济融资方式创新，降低融资成本的一项便利化政策。在原试点的基础上，企业可按照两倍于净资产的规模开展跨境融资，企业的跨境融资额度上限扩大了一倍。

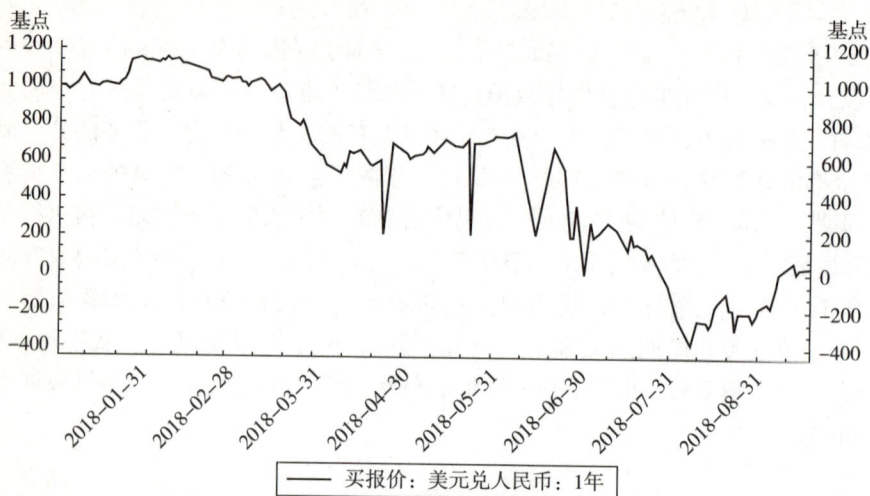

图4　美元对人民币1年期掉期点

　　国家外汇管理局近年来不断完善促进贸易投资的各项便利化措施，调整优化境外资金流入管理，为外债资金流入境内提供便利，在审慎管理基础上提高了企业跨境融资的资金利用效率。在外债资金结汇管理方面，统一了境内机构资本项目外汇收入意愿结汇政策，大幅缩减资本项目收入及结汇用途负面清单，极大地便利了外债资金流入境内后的使用。这些政策调整为中资企业利用境外融资打开了市场空间，同时正如外汇局新闻发言人所言，后续需要统筹平衡好"降低实体经济融资成本、防范跨境融资风险、促进国际收支平衡"的关系，确保外债风险总体可控。

三、企业融资方式选择

　　中资企业除了传统的国内信贷融资和资本市场融资外，随着9号文的发布，可根据自身净资产情况借用境外资金并可流入结汇使用，为中资企业跨境融资在额度和操作等方面给予了更多的支持，对于降低实体经济融资成本具有积极意义。当然，在市场选择和窗口选择时因为利率汇率在境内外的快速变化，在不同时期企业需要参考多种因素进行融资选择。下文以企业一年期境内人民币贷款和跨境美元贷款为例进行分析比较。

　　（一）境内人民币贷款

　　境内人民币贷款是企业传统融资方式，随着金融去杠杆和监管政策持续推进，表外融资渠道收紧，表内贷款需求增加，2018年上半年，央行公布的金融机构人民币各项贷款余额129.15万亿元，同比增长12.7%，银行以表内规模承接表外融资需求压力增加，企业在境内以较低利率获得人民币贷款难度较高，债券市场也发行不畅。自 7 月以来，随着"稳杠杆"政策的推进，贷款发放、债券发行改善将很大程度上缓解融资紧张状况。企业境内融资难度下降，成本降低，优质企业可获得基准利率人民币贷款。

（二）跨境美元贷款

企业以跨境贷款的方式直接从境外银行以境外市场利率借入外币贷款，主要包括跨境直贷和内保直贷两种方式。跨境直贷方式适用企业在境外银行核有授信，或适用银行境内外分支机构统一授信的情况。内保直贷则适用企业在境外银行无授信，需通过境内银行向境外银行提供保函/备用信用证增信的情况。同时，如企业需使用人民币资金，且无外汇收入，贷款到期需以人民币购汇归还的情况下，需同时办理外汇掉期业务，锁定远期购汇汇率规避风险。

1. 跨境贷款成本测算。跨境贷款成本主要包括三个方面：境外银行贷款利率、外汇掉期成本、境内银行担保费用（如有）。

（1）境外贷款利率：企业境外融资利率以 1YLibor + 100 个基点计（含税），2018 年以来随着美元加息逐步落地，境外融资利率呈缓慢抬升态势，企业的融资利率从年初约 3.1% 提升至 8 月约 3.85%。

（2）掉期成本：2018 年以来，美元兑人民币掉期点呈趋势性下降趋势，2 月掉期成本约 1.77%，自 6 月贸易战后人民币快速贬值，同时随着利差进一步缩窄，导致掉期成本快速下降，至 8 月一度转为掉期收益 38 个基点，逐渐转向利于企业境外融资。

（3）境内保函费用（如有）：境内银行开立融资性保函/备用信用证费用一般为 0.5% ~ 1%。

综上，企业跨境融资成本主要受美元利率及汇率的双重影响。目前，境外美元利率呈上升趋势，而美元兑人民币掉期成本则呈下降趋势。因掉期成本下降幅度较大，企业跨境融资成本自 2018 年第二季度开始逐渐下降。在 8 月掉期成本一度为负（转为收益），在不包括保函费用的情况下，企业跨境融资成本最低达 3.45%，明显低于境内融资成本（以一年期贷款基准利率为例，见图 5）。

2. 外汇管理要求。企业跨境贷款纳入企业外债管理，借款企业需确保自身有足够的外债额度，并按规定办理外债登记等手续。贷款资金结汇需按资本项目外汇结汇管理要求执行。

3. 融资渠道选择。企业的贷款渠道除境外银行外，还可通过国内银行的离岸业务部门办理，此外随着我国自贸区政策及银行 FT 账户体系的逐步推广和完善，还可以内保 FT 贷款等模式实现。

（三）企业融资选择分析

企业可根据自身情况（如可借用外债额度等）并结合境内外利率、汇率变化选择融资工具。如 2018 年上半年，企业境内人民币贷款的难度较大、成本较

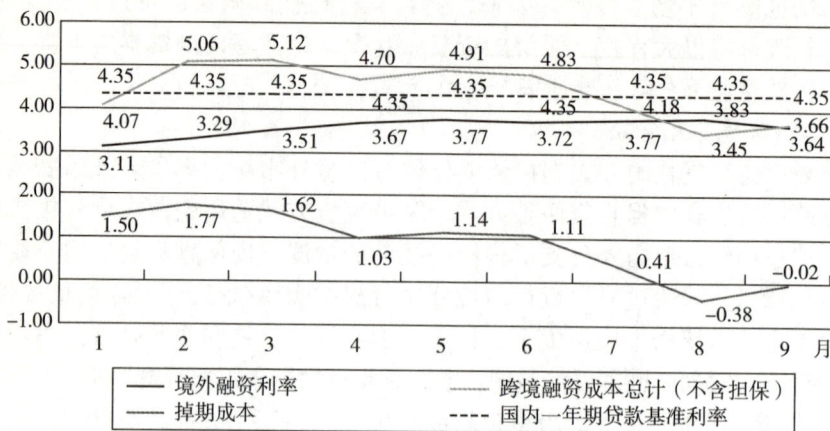

图 5　企业融资成本比较

高，而跨境贷款相对不受境内贷款规模限制，成本也在可承受范围，因此可选择跨境直贷解决融资需求。7 月之后，虽因掉期成本下降（8 月低至历史低点，企业可获约 0.38% 掉期收益），跨境贷款成本具有较大优势（特别是不含担保费用的跨境直贷成本一度降至基准以下），但同时境内人民币贷款成本也逐渐下降，且操作简便，企业可综合考虑成本及操作流程进行选择。进入第四季度后，随着美元加息进程发展，企业跨境贷款成本可能提升，同时，央行 10 月 15 日起第 4 次降准，将进一步降低国内融资成本，企业选择境内人民币贷款可能性更大。

四、助力企业融资方式创新，积极支持实体经济发展

（一）企业层面——善用政策、顺势而为，拓宽融资渠道

改革开放 40 年来，全球一体化已经深刻影响了中国企业，随着政策向"扩流入"的变化，除了进出口企业、"走出去"企业外，越来越多的国内企业也加入全球化配置资源的趋势中。作为企业有必要充分了解国家政策，合理运用政策进一步丰富融资渠道，为自身经营发展拓宽资金来源，优化筹融资方案规划。

以上述业务为例，9 号文政策实施前，中资企业借用境外资金需要由发改委或外汇管理局核定可借款的额度，程序复杂，且借用的外币资金不能兑换为人民币使用。新政策实施后，中资企业可根据自身净资产情况借用境外资金，外币资金也可以兑换为人民币使用，企业可以根据自身需求适时进行外币兑换，也可以一次性将境外借入的外币资金意愿结汇为人民币，并存放于结汇待支付账户，进行专户管理。企业跨境融资自主权增加了，融资成本也可以得到降低。

同时中资企业，尤其是纯境内经营企业，也要增强全面风险管理理念，有

效规避汇率风险。借入境外资金为外币的，存在汇率风险。以上述业务为例，企业如未通过银行进行汇率锁定，到期还款时如遇美元升值，则需要支付更多人民币资金偿还贷款。因此，企业须充分了解运用好政策，结合境内外两个市场融资环境、融资成本、操作时效等因素综合考虑，同时做好风险控制，有效支持企业发展。

（二）银行层面——强化服务，做好风控，助力实体经济发展

随着境内外市场的联动性趋强，境内外投融资主体合作也越加紧密，跨境融资在一定条件下有助于降低融资成本，缓解企业"融资难、融资贵"问题，也为银行拓展跨境业务开辟新的空间。作为银行，在及时学习掌握相关政策的前提下，首先要强化服务意识，及时向企业传导相关政策，有针对性地筛选目标适用客户，创新产品，优化业务流程，帮助企业实现融资方式创新；其次要防范合规风险，必须严格执行跨境政策规定，按照国家外汇管理规定，贯彻落实展业三原则，履行真实性合规性审核要求，严控规避政策投机套利行为；最后要不断提升汇率、利率风险管理能力，提高银行自身风险管理和产品营销能力，适时为企业提供管控风险产品，帮助企业在多变的市场环境中抓住机会，为企业提供全面金融服务，有效支持实体经济发展。